2004–2017

# HEALING ARCHITECTURE

## CHRISTINE NICKL-WELLER (HRSG.)

Technische
Universität
Berlin

Institut für Architektur

Entwerfen von Krankenhäusern
und Bauten des Gesundheitswesens

Architecture for Health

Gewidmet den
Studierenden des Instituts für Architektur
Technische Universität Berlin


Dedicated to
the students of the Institute of Architecture
Berlin University of Technology

# VORWORT

## JÖRG H. GLEITER

Die hier präsentierte Synopse der vierzehnjährigen Lehr- und Forschungstätigkeit des Fachgebiets „Entwerfen von Krankenhäusern und Bauten des Gesundheitswesens" führt eindrucksvoll vor, wie Architektur diejenige zentrale kulturelle Praxis ist, mit der der Mensch sich eine ihm zuträgliche, einzig angemessene Umwelt schafft. Das ist die ethische Forderung in ihrer ganzen Breite, die der Architektur zugrunde liegt. Und das gilt besonders für die Bauten des Gesundheitswesens, für die Krankenhäuser, Forschungszentren und Wohnbauten. Die ethische Dimension, die in der Flüchtigkeit des Alltags oft unbewusst bleibt, ist in den Bauten des Gesundheitswesens immer und überall als Thema präsent.

Marcus Vitruvius, von dem wir mit *Zehn Bücher über Architektur* die älteste überlieferte Architekturtheorie besitzen, widmete der Gesundheit und der „Wahl gesunder Plätze" ein eigenes Kapitel am Anfang seines Buches. Er war der Meinung, dass die Grundfunktion der Architektur im Ausschluss von Kälte und Hitze, Wasser, Schnee und Eis besteht. Das ist das klassische Verständnis und mag vielleicht für die Anfänge gegolten haben. Heute müssen wir mehr von der Architektur fordern. Sie soll nicht nur Unliebsames fernhalten, nein, wir erkennen, dass sie eine aktive Rolle einnimmt und stimulierend auf das Denken und den Körper einwirkt.

Und für was würde das nicht mehr gelten als für die Bauten der Gesundheitsfürsorge und -vorsorge, physisch wie auch mental. Der Philosoph Gernot Böhme spricht zum Beispiel von der Ekstase des Materials, dass etwas von den Dingen in ihrer Materialität ausgeht und ausströmt, das erfahren werden kann. Das Blausein einer Wand ist mehr als die blaue Farbe an der Wand.

Wir tauchen in es ein, es durchdringt uns, es bleibt nicht äußerlich, wenn wir vor der Wand stehen. So tauchen wir ständig in die Atmosphäre der Architektur ein und die Architektur in uns. Das macht die Magie der Architektur aus und die Besonderheit der „Healing Architecture".

Prof. Nickl-Weller sei für vierzehn Jahre erfolgreicher Lehr- und Forschungstätigkeit und die konstruktive Mitarbeit am Institut für Architektur gedankt. Dieses Buch gibt ein beredtes Zeugnis ihrer umfassenden Tätigkeit ab. Bei aller Liebe zum Detail blieb der Blick immer auf das Ganze gerichtet. Es macht den besonderen Status der Forschung in der Architektur aus, dass Forschung in der Architektur – wie anderswo – analytisch und aufs Detail fokussiert ist, dass aber als eine konstruktive kulturelle Praxis die Architektur immer auch die Pflicht hat, die gewonnenen Teilergebnisse synthetisch im Gesamt(-kunst-)werk der Architektur zusammenzuführen und sie so erst im Alltag wirksam werden zu lassen.

# PREFACE

The overview of fourteen years of teaching and research work, presented here, impressively demonstrates how architecture is a central, cultural practice where people create a healthy, individually appropriate environment for themselves. That is the broad ethical challenge that underpins architecture. It is particularly relevant for healthcare buildings, such as hospitals, research centres and residential buildings. The ethical dimension, of which people are often unaware in the fleetingness of everyday life, is an omnipresent theme in healthcare buildings.

Marcus Vitruvius, whose *The Ten Books of Architecture* is our oldest recorded architectural theory, dedicated a whole chapter at the start of his book to health and the "choice of healthy places". He believed that the basic function of architecture was to keep out cold, heat, water, snow and ice. This classic understanding might have been relevant at the beginning. Nowadays, though, we expect more from architecture. We believe that it should not only protect us from unpleasant things, but also assume an active role and have a stimulating effect on mind and body.

And where could this be more relevant than in buildings for medical care and prevention, both physical and mental? Philosopher Gernot Böhme, for example, talks about the ecstasy of material and how something that we can experience radiates from objects in their materiality. The blueness of a wall is more than the blue paint on the wall. We immerse ourselves in it and it takes hold of us, rather than just remaining extrinsic as we stand in front of it. Thus, we always become part of the atmosphere of architecture and architecture becomes part

of us. This is what constitutes the magic of architecture and the distinctive feature of "Healing Architecture".

Thanks to Prof. Nickl-Weller for fourteen years of successful teaching and research work and fruitful collaboration at the Institute for Architecture. This book bears eloquent witness to her extensive work. Attention to detail while never losing the overall perspective. Research in architecture has special status because, unlike elsewhere, it is analytical and detail-oriented, but architecture, as a constructive, cultural practice, also always has the responsibility of synthetically bringing together partial results into the complete "artistic" works of architecture and only then making them effective in everyday life.

# DAS FACHGEBIET „ARCHITECTURE FOR HEALTH"

## CHRISTINE NICKL-WELLER

Gottfried Semper verbindet in seinem architekturtheoretischen Grundsatzwerk *Vier Elemente der Baukunst* von 1851 den Ursprung der Baukunst mit dem Feuer. Die Feuerstelle diente als erster Versammlungsort, an dem sich die Artikulation des Menschen entwickelte, an dem erste kulturelle und soziale Ausdrucksformen entstanden. Die darauf folgenden Elemente, das Dach, die Umfriedung und der Erdaufwurf, dienten schließlich als schützende Umfassung des Feuers. In Vitruvs geschichtlicher Beschreibung erfolgte die Fortentwicklung des Bauens durch den Wetteifer der Menschen untereinander, von der einfachen Überdeckung aus Zweigen hin zum Schichten von Steinen. Basierend auf der Grundlage, die Umfassung des Raumes, entstanden nachfolgend die Künste und die Wissenschaft. Die Entwicklung der Fähigkeit, räumliche Gebilde zu erstellen, wird somit zur Wiege der Menschheit, oder, um Heidegger zu zitieren, es sei unbekannt, ob „Satzbau" oder „Dingbau" älter seien. Architektur stellt somit die Lehre des „Dingbaus" dar.

Bis heute sind die drei Begriffe, die Vitruv mit der Architektur assoziiert, zentral. Die Festigkeit, die Zweckmäßigkeit und die Anmut begleiten grundsätzlich jeden Entwurfsprozess. Jedoch erfährt die Architektur mit fortschreitender Entwicklung der Gesellschaft auch eine Erhöhung der Komplexität. Hoch spezialisierte Zweckbauten, darunter auch Forschungseinrichtungen und Krankenhäuser, aber auch Herausforderungen wie städtebauliche Konzepte oder energetische Betrachtungen werfen die generelle Frage auf, inwieweit ein Studium der Architektur neben der Grundausbildung, in Anlehnung an Laugier die Lehre von Säule, Gebälk und Giebel, spezifisches Wissen vermitteln sollte.

An der Technischen Universität Berlin wird am Fachgebiet „Entwerfen von Krankenhäusern und Bauten des Gesundheitswesens" – kurz „Architecture for Health" – die Architektur in Bezug auf die Gesundheit erforscht und Studierenden vermittelt. Die ganzheitliche Betrachtung der Variable „Gesundheit" in allen Lebensbereichen, gerade in Bezug auf die räumliche Ausprägung und Manifestation, stellt den Mittelpunkt der Tätigkeit dar.

Als Forschungsinstitut für „Internationales Krankenhauswesen" im Jahr 1950 nach schwedischem Vorbild und auf Anregung der Internationalen Krankenhausgesellschaft an der Fakultät für Architektur der TU Berlin gegründet, wurden bezüglich seiner Aufgabe zunächst folgende Schwerpunkte festgeschrieben:

„[…] die wirtschaftlichen und technischen Grundlagen für die Planung, den Bau und die Einrichtung zeitgenössischer Krankenhäuser zu erforschen, die gewonnenen Ergebnisse interessierten Kreisen zugänglich zu machen und insbesondere für den akademischen Unterricht zur Verfügung zu stellen."

Als Schlüsselkompetenz des Fachbereiches habe ich stets das Entwerfen betrachtet. Getreu der Semperschen Einordnung der Architektur als „Mittlerin zwischen den Welten des Richtigen, des Schönen und des Praktischen" ist es Ziel des fiktiven studentischen Entwurfes, diese drei Welten zu vereinigen. In praktischen Übungen, beginnend mit Kurzentwurf über Semesteraufgaben bis zum Vertiefungsentwurf als integrierter Entwurf, werden die Studierenden an diese Aufgabe herangeführt, immer im Fokus, sie nicht als Spezialisten auszubilden, sondern ein breites Spektrum an Wissen zu vermitteln. Diesem didaktischen Konzept dient auch der intensive Austausch mit anderen Fachbereichen wie zum Beispiel der Tragwerkplanung, der Gebäude-Energie-Systeme oder der Landschaftsplanung. Außerdem werden die Studierenden motiviert, an internationalen Studentenwettbewerben teilzunehmen, um ihre eigene Fähigkeit im Vergleich mit anderen zu testen; dies

# THE DEPARTMENT "ARCHITECTURE FOR HEALTH"

In his fundamental book on architectural theory *The Four Elements of Architecture* published in 1851, Gottfried Semper connects the origins of architecture to fire. The hearth served as the first gathering point at which human articulation developed and at which first cultural and social forms of expression came into being. The elements that followed – the roof, the enclosure, and the mound – served ultimately as protecting enclosure of the fire. In Vitruvius' historical description, the development of construction resulted from the competition among people, from a simple covering made of twigs and branches to the finishing of stones. Based on the principle of the enclosure of space, arts and science subsequently came into being. The development of the ability to create spatial structures thus becomes the cradle of humankind or, to quote Heidegger, it is not known if the construction of sentences or of objects is older. Architecture represents therefore the teaching of "object construction".

The three principles Vitruvius associated with architecture are central to this day. Firmness, commodity, and delight are fundamental to any design process. However, as the development of society advances, the architect also experiences increasing complexity. Highly specialised functional buildings and hospitals, but also challenges such as urban concepts or energy-focused considerations raise the question in general as to what extent the study of architecture should teach, alongside basic education, specific knowledge based on Laugier – the study of columns, entablature, and pediments.

At the Technical University of Berlin, architecture is explored and imparted to the students in relation to health in the subject "Design of Hospitals and Healthcare Building" – in short, "Architecture for Health". The holistic consideration of the variable "health" in all areas of life, particularly in relation to spatial expression and manifestation, represents the focus of activity.

Founded as a research institute for "International Hospital Systems" in 1950 based on a Swedish model and at the recommendation of the International hospital association in the Faculty for Architecture at the TU Berlin, the following points of emphasis were defined initially as the task:

"[…] To explore the scientific and technical principles for the planning, the construction, and the furnishing of hospitals and to make the insights gained accessible, and in particular to make them available for academic teaching."

I have always considered design as the key competence of the subject area. True to Semper's classification of architecture as "mediator between the worlds of the right, the beautiful, and the practical", the goal of the fictitious student designs is to unite these three worlds. In practical exercises, beginning with a brief outline on semester projects to an in-depth design as integrated design, the students are introduced to this task, with the focus always on training them not as specialists but instead on imparting a broad range of knowledge. An intensive exchange with other departments, such as structural planning, building energy systems, or landscape design, serve this didactic concept. The students are also motivated to participate in international student competitions to test their own abilities in comparison with others; this provides insight into how they are to be mastered one day in daily practice.

Since 2012, it has been possible to earn a Master Certificate in "Architecture for Health" as one of the four specialisations at the Institute for Architecture. Thus, the TU Berlin has obtained a unique position within the German academic landscape.

The research activities in this department have a consistent interdisciplinary design. Architecture uses scientific methods and insights. It is inevitably interdisciplinary.

Foto: Werner Huthmacher
Photo: Werner Huthmacher

Christine Nickl-Weller und Mitarbeiter des Fachgebiets „Architecture for Health" im Institut für Architektur (IfA). Seit 1968 ist das Gebäude von Bernhard Hermkes am Ernst-Reuter-Platz die Heimat der Architekten an der TU Berlin. 1969 wurde es um einen Flachbau nach Plänen von Hans Scharoun ergänzt.

Christine Nickl-Weller with scientific assistants and staff members of the department "Architecture for Health" in the Institute for Architecture (IfA). Since 1968, the building of Bernhard Hermkes at Ernst-Reuter-Platz has been home to the architects at TU Berlin. In 1969, it was completed by a building planned by Hans Scharoun.

gewährt Einblicke, wie sie einmal in der täglichen Praxis zu bewältigen sind.

Seit 2012 ist es am Institut für Architektur nun möglich, das Master-Zertifikat „Architecture for Health" als einen von vier Schwerpunkten zu erlangen. Damit hat die TU Berlin ein Alleinstellungsmerkmal in der deutschen Hochschullandschaft erhalten.

Die Forschungsaktivitäten des Fachgebiets sind durchgängig fachübergreifend angelegt. Architektur bedient sich wissenschaftlicher Methoden und Erkenntnisse. Sie denkt notwendigerweise interdisziplinär. Die „Wissenschaft von der Architektur" jedoch gibt es nicht. Hingegen ist es ein differenziertes fachliches Spektrum

von Ingenieur- und Naturwissenschaften bis hin zu Sozial- und Geisteswissenschaften, das in seiner unvergleichbaren Breite die Identität der Architektur prägt. Im Krankenhausbau spiegeln sich all diese Belange wider.

Fragen der Gesundheitswissenschaften, des Gesundheitsmanagements, der Technologie und der Soziologie werden im Zusammenhang mit Bauten des Gesundheitswesens beleuchtet. Seit einigen Jahren haben zudem die Erkenntnisse der Neurowissenschaften Einzug in die Diskussion um lebenswerten Raum für Kranke und Gesunde gefunden. Aktuelle Forschungsthemen am Fachgebiet sind die Entwicklung mobiler Versorgungsmodule und deren Weiterentwicklung zu einer „Pocket Clinic" sowie die Wechselwirkung zwischen räumlicher Umgebung und medizinischer Versorgung im Krankenhaus und nicht zuletzt die Optimierung der Energieeffizienz in hoch technisierten Gebäuden vor dem Hintergrund international variierender Anforderungen.

Das vorliegende Buch bildet die Inhalte meiner vierzehnjährigen Tätigkeit am Fachgebiet ab: Gesundheit, Wissenschaft und gesunde Stadt, überschrieben im Kontext der globalisierten Wissenschaftssprache mit den Anglizismen „Health", „Science" und „Healthy City".

„Health" stellt die Kernkompetenz des Fachgebiets dar, vom Krankenhaus über Zentren für Prävention und Therapie, von Bauten für die besonderen Bedürfnisse von Kindern bis hin zur Frage der Energieeffizienz im Krankenhausbau.

„Science" beschreibt das Entwerfen von Forschungseinrichtungen und Laborbauten. Analog zum Gesundheitsbau erfordert diese Bauaufgabe eine Auseinandersetzung mit komplexen Raumprogrammen – ein Ausloten zwischen hoch technisierten Räumen und lebenswerten Arbeitsumwelten.

„Healthy Cities" thematisiert die Verbesserung des urbanen Wohnraumes: Zeitgemäße Wohnformen und hybride Bauten, welche gesundes Leben in der Stadt unterstützen, stellen das Anrecht jedes Menschen auf die gesunde Stadt dar, eine Forderung, die bereits Lefebvre in seinem Werk Le droit à la ville unterstreicht.

Die Gastprofessorin Tanja Vollmer beleuchtet abschließend ein junges Thema des Fachgebiets, die Rezeption des Raumes durch die menschliche Psyche.

However, there is no "science of architecture". Rather, it is a differentiated spectrum of subjects from engineering and natural sciences to social sciences and humanities, which characterises in its unparalleled breadth the identity of architecture. All of these considerations are reflected in hospital construction.

Issues relating to health sciences, healthcare management, technology, and sociology are illuminated in connection with healthcare buildings. Moreover, neuroscience findings have been incorporated for several years now in the discussion on livable space for ailing and healthy people. Current research topics in the department include the development of mobile care modules and their further evolution into "Pocket Clinics", as well as the interaction between spatial environment and medical care in the hospital, and last, but not least, the optimisation of energy efficiency in high-tech buildings amid varying international requirements.

This book comprises the contents of my 14 years of activity in the field, transcribed in the context of globalised scientific language with the terms "Health", "Science", and "Healthy City".

"Health" represents the core competence of the specialisation, from hospitals to centres for prevention and therapy, from buildings for special needs children to the question of energy efficiency in hospital construction.

"Science" describes the design of research facilities and laboratories. Similar to healthcare buildings, this construction task requires analysis of complex spatial programs – a gauging between highly engineered areas and livable work environments.

"Healthy Cities" addresses the improvement of urban living space: contemporary housing options and hybrid structures that support healthy life in the city represent every human being's right to the city, a claim already underscored by Lefebvre in his book *Le droit à la ville*.

Guest professor Tanja Vollmer illuminates conclusively a recent topic in the field, the reception of the room by the human psyche.

# ARCHITEKTUR
# LEHREN

## MENA THEISSEN-HELLING

Architektur ist eine theoretische und praktische Disziplin, welche sich heute stärker als je zuvor neuen Herausforderungen (ökologischer, ökonomischer, technologischer Art) stellen muss, aber auch eine Vielzahl an zukunftsweisenden Potenzialen (Krankenhaus als Lebenswelt, Plusenergiehaus, Mehrgenerationenwohnen) mit sich bringt. Doch „How to teach architecture?" – Wie lehrt man Architektur vor diesen wachsenden Anforderungen? Unterscheidet sich das heutige „Lehren und Lernen" von dem Vorgehen in den vergangenen Jahrzehnten oder gar Jahrhunderten? Wie wichtig ist noch die handgefertigte Skizze im direkten Vergleich zu den Möglichkeiten der Computerdarstellung oder das schnelle Arbeitsmodell gegenüber der komplexen 3D-Modellerstellung?

Das Fachgebiet „Architecture for Health" geht dabei den Weg des logischen Verständnisses, das heißt, der Zusammenhang zwischen verschiedenen architektonischen Elementen, ihre Sinnhaftigkeit und ihre gegenseitigen Wechselwirkungen werden vermittelt. Dazu wird eine Entwurfsaufgabe in vier Aufgabenbereiche unterteilt und durch eine schrittweise Annäherung eine Lösung erarbeitet. Der Student wird dabei in seiner Selbstständigkeit gefördert, als Generalist ausgebildet und auf ein Leben und Arbeiten in einem internationalen Raum und Markt vorbereitet. Dabei wird am Fachgebiet auch das „Basishandwerk" (schnelle Ideenvermittlung durch Handskizzen und Überprüfung anhand eines Arbeitsmodelles) eines jeden zukünftigen Architekten vermittelt und abverlangt. Neue Technologien werden in die Lehre integriert und in Beziehung zur aktuellen Forschung gesetzt.

Am Fachgebiet wird nunmehr seit 2004 den Studierenden das Entwerfen von Krankenhäusern und Bauten des Gesundheitswesens gelehrt. Dabei ist und bleibt der Entwurf das zentrale Element der Architekturlehre. Das Ziel ist es, die für den Entwurfsprozess notwendigen Kenntnisse in der Planung von Bauten für die Gesundheit im Gesamtkontext von gestalterischen, funktionalen, konstruktiven, ökonomischen und medizinischen Anforderungen zu vermitteln. Genauso essenziell ist die Vermittlung von Bautypen, Funktionsbereichen und konstruktiven Systemen (Rohbau, Ausbau), technischer Ausrüstung, Grundlagen des Gesundheitswesens, soziologischen Bedingungen, geschichtlicher Entwicklung, Gestaltung und Lebensqualität. Neben den organisatorischen und technischen Grundlagen steht die inter- und transdisziplinäre gesamtheitliche Betrachtung von Architektur und Gesundheit im Entwurfsmittelpunkt.

Durch die Unterteilung einer komplexen Entwurfsaufgabe in Übungen „erlernen" die Studenten ein systematisches Erarbeiten eines Lösungsvorschlages. Dieses „Erlernte" wird sie in allen Bereichen ihrer architektonischen Laufbahn ihr Leben lang begleiten.

**ÜBUNG 0:** Ad hoc – Entwürfe aus dem Stegreif

Noch vor Angehen der eigentlichen Entwurfsaufgabe wärmen sich die Studierenden in einer kleinen „Fingerübung" auf. Eine Woche steht ihnen zur Verfügung, um ad hoc ein präzise formuliertes, abstraktes Thema entwerferisch umzusetzen. Der spielerische Umgang mit Ideen und Raumformen steht im Vordergrund. Den Lehrenden dient diese Übung dazu, einen ersten Eindruck über Stärken und Defizite der Studierenden zu erlangen.

**ÜBUNG 1:** Ort – Analyse und Sortierung

Jeder Standort ist geprägt von Überlagerungen aus Geschichte, Raum und Architektur. Diese zu analysieren, zu sortieren und zu bewerten, ist das Ziel dieses Übungsabschnittes. Die geschichtlichen und kulturellen Hintergründe jedes Standortes bilden Rahmenbedingungen, welche direkten Einfluss auf das weitere Vorgehen nehmen. Gerade für Studierende liegt die Schwierigkeit darin, die wichtigen Informationen von den weniger wichtigen zu trennen und eigene Überlegungen zu einem Vorankommen im Entwurfsprozess anzustellen. Diese Ergebnisse werden schließlich in erste städtebauliche Volumina münden.

**ÜBUNG 2:** Gebäude – Funktion und Raum

Jedes Gebäude wird wesentlich von seiner Nutzung, den funktionalen und räumlichen Ansprüchen beeinflusst und durch diese charakterisiert. Ein Ordnungsprinzip muss gefunden werden, das den funktionalen Anforderungen und dem Kontext entspricht; des Weiteren sollen räumliche und ästhetische Qualitäten vereint werden. Eine ständige Überprüfung im Kontext ist dabei unabdingbar.

**ÜBUNG 3:** Struktur – Konstruktion, Material und Energie

Die immer wichtiger werdende energetische Optimierung von Gebäuden verlangt eine starke Verknüpfung von Gebäudetechnik, Materialien, Fassade und Konstruktion zu einer integrierten Funktionseinheit. Die Gebäudehülle, als Trennelement von Innen- und Außenraum, bildet dabei eine sichtbare Abschottung von Witterungs- und Umwelteinflüssen, welche mit den richtigen Mitteln aber auch eine eigene „Corporate Architecture" für das Gebäude erreichen kann.

**VERTIEFUNG:** Integriertes Entwerfen

Im Masterstudium wird von den Studierenden über das architektonische Gesamtkonzept hinaus der vertiefte Einblick in verschiedene Felder des Bauwesens erwartet. Dementsprechend werden Entwurfsaufgaben an Vertiefungsübungen in den Bereichen Konstruktion, technischer Ausbau, Innenausbau, Lichtplanung oder Landschaftsgestaltung gekoppelt. Den Studierenden wird eine integrierte Herangehensweise vermittelt, die sie auf die Interdisziplinarität ihres künftigen Berufes vorbereitet.

**ÜBUNG GESAMTKONZEPT:**

Der letzte Entwurfsschritt dient der Zusammentragung aller gewonnenen Entwurfskenntnisse und der überzeugenden Darstellung und Präsentation zum Semesterabschluss. Vor einem Fachpublikum wird das Konzept präsentiert, hinterfragt und in einer Diskussion auf seine Stimmigkeit hin überprüft. Der dabei stattfindende Diskurs ist gerade für junge Architekten ein berufsbestimmender Aspekt.

# TEACHING ARCHITECTURE

## MENA THEISSEN-HELLING

Architecture is a theoretical and a practical discipline. Today, more than ever, it must face new challenges (environmental, economic, technological), but it also brings a number of trend-setting potentials (livable hospital, plus-energy house, multigenerational living). But how to teach architecture facing these growing requirements? Is "teaching and learning" different from the procedures of the past decades or even centuries? How important is the hand-drawn sketch compared to the possibilities of computer animations or the work model compared to complex 3D-modelling?

The department "Architecture for Health" applies a method of logical understanding; that is to say, students learn about the relationship between various architectural elements, their purpose and their mutual interactions. Design tasks are divided into four phases and solutions are developed in a step-by-step approach. Thereby, students are encouraged to work independently. They are trained as generalists and prepared for a career in an international market. In this process the "basic trade" of any future architect is taught at the department: fast idea mediation by hand-drawn sketches and review on the basis of a working model. New technologies are integrated into the teaching and related to latest research.

Students of the department "Architecture for Health" have been taught how to design hospitals and healthcare buildings since 2004. Design is and remains the key element of architecture teaching. It aims to teach the knowledge required for the design process in the planning of healthcare buildings, in the overall context of creative, functional, constructive, economic and medical requirements. It is equally essential to teach building types, functionalities and construction systems (shell, extension), technical equipment, basic healthcare principles, sociological conditions, historical development, design and quality of life. In addition to organisational and technical principles, design mainly focuses on interdisciplinary and transdisciplinary overall consideration of architecture and health.

By dividing a complex design task in exercises, students learn a systematic approach to a solution. What they have learned will accompany them in all phases of their architectural career for the entire life.

IN THIS FIELD, KNOWLEDGE ABOUT DESIGN IS TAUGHT IN FOUR EXERCISE AND DESIGN STAGES, WHICH AIMS TO ENABLE STUDENTS TO MAKE ORGANISED AND STRUCTURED PROGRESS THROUGH THE DESIGN PROCESS:

**EXERCISE 0:** Ad hoc – impromptu designs

Before tackling the actual design exercise, students warm up with a little "finger exercise". They have a week to translate a precisely formulated, abstract theme into an ad hoc design. The emphasis is on playing with ideas and spatial forms. The teacher uses this exercise to gain a first impression of students' strengths and weaknesses.

**EXERCISE 1:** Location – analysis and sorting

Every location is characterised by combinations of history, space and architecture. This section of the exercise aims to analyse, sort and assess them. The historical and cultural background of each site form the prevailing conditions that have a direct influence on how to proceed from there. Separating important information from less important information and their own thoughts about how to move forward in the design process are especially difficult for students. These results will ultimately result in the first town-planning volumes.

**EXERCISE 2:** Building – function and space

Each building is essentially influenced and characterised by its use and functional and spatial requirements. A principle of order has to be found that corresponds to the functional requirements and the context. Spatial and aesthetic qualities should also be combined. It is essential that constant checks are made in this context.

**EXERCISE 3:** Structure – construction, material and energy

The increasingly important energy optimisation of buildings requires strong links to be forged between building technology, materials, facades and construction, to make an integrated, functional unit. The building shell, as the element that separates inside and outside, forms a visible barrier against weather and the environment, which, using the correct methods, can also give the building its own "corporate architecture".

**CONSOLIDATION:** Integrated design

Students on the Master's course are expected to have a deeper insight into the different areas of construction, over and above the overall architectonic concept. Design exercises are correspondingly linked with consolidation exercises in the fields of construction, technical extension, internal construction, light planning or landscaping. Students are taught an integrated approach that prepares them for the interdisciplinary nature of their future career.

**EXERCISE:** Overall concept

The last design stage brings together all of the knowledge about design that has been acquired, for convincing presentation at the end of the semester. The concept is presented to an audience of experts, analysed and its coherence tested in a discussion. This discussion is a career-defining aspect, especially for young architects.

Stegreifentwurf „Up and Down"
Daniela Sarnowski & Daniel Güthler
2012
Ad hoc design "Up and Down"
Daniela Sarnowski & Daniel Güthler
2012

# RAUM & ORT

## SPACE & PLACE

# RAUM & ORT

## CHRISTINE NICKL-WELLER

Jedes Bauwerk, jede räumliche Komposition, muss sich im Kontext seines Ortes bewerten lassen. Ein „Ort" ist die Summe einer Vielzahl von Räumen. Der Philosoph Gernot Böhme definierte diese als „Konkrete Räume", „Soziale Räume" und „Virtuelle Räume". Gebaute und natürliche Strukturen, Freiflächen, Topografie und Materialität, aber auch die geschichtliche, soziale, politische und ökonomische Situation bis hin zu noch nicht greifbaren, aber möglichen Strukturen machen einen Genius Loci aus. Die Charakteristika eines Ortes zu erkennen, zu verstehen und darzustellen, ist daher die erste Aufgabe im Studium der Architektur, noch vor der Konzeption von Raum. Dafür stehen nicht nur klassische Darstellungsformen zur Verfügung wie etwa der Massenplan oder das Modell. Medien wie Fotografie, Video- und Tonaufnahmen können unterstützend ein differenziertes Bild der Phänomene eines Ortes widerspiegeln und die Studierenden werden dazu ermuntert, sich ihrer zu bedienen. Die Dokumentation des persönlichen Zugangs zu einem Ort kann dann als Grundlage für die Entwicklung eines städtebaulichen und architektonischen Konzeptes herangezogen werden.

Den Studierenden des Fachgebiets „Architecture for Health" sind die unterschiedlichsten Szenarien als Standorte für Entwurfsprojekte vorgeschlagen worden. Von der Baulücke in der Metropole bis hin zur einsamen Bergspitze galt es stets, den Anforderungen des Ortes entsprechend zu planen.

Doch auch die Gültigkeit der bisher so festen Größe „Standort" muss in Zeiten von Globalisierung, Vernetzung und Digitalisierung überdacht werden. Das Projekt des „Running Patient" verdeutlicht in besonderer Weise, dass Gesundheitsversorgung und Gesundheitsvorsorge im digitalen Zeitalter einerseits ortsungebunden und andererseits allgegenwärtig sind:

Rastlos von Stadt zu Stadt reisende Geschäftsleute gelten als Sinnbild für die global vernetzte Ökonomie des 21. Jahrhunderts. Flughäfen sind Transitzonen – Schnittstellen in Raum und Zeit – die dem Reisenden einen Übergangsraum zwischen verschiedenen Welten bieten. Eincheck- und Übergangszeiten machen den Stopover zum temporären Erlebnis eines inszenierten, sehr urbanen Ortes, voller Künstlichkeit und vielfältigem Angebot. Für diese Klientel sollten im Projekt „Running Patient" Angebote im Healthcare- und Wellnessbereich im Inneren oder außerhalb eines internationalen Flughafens geschaffen werden, die sich an den Bedürfnissen der Reisenden und Besucher orientieren.

Running Patient-Projekt
Nadine Koch & Olimipia Tomaszewska
2009
Running Patient project
Nadine Koch & Olimipia Tomaszewska
2009

Running Patient-Projekt
Yusi Zhao & Sebastina Welzel
2009
Running Patient project
Yusi Zhao & Sebastina Welzel
2009

Der Entwurf aus dem Stegreif, der „Ad Hoc"-Entwurf, ist die Aufwärmübung für die Studierenden der Architektur, wie sie die Fingerübung für den Pianisten ist. In einer einwöchigen „Aufgabe 0" erarbeiten sie die Fähigkeit, abstrakte Aufgabenstellungen in einen stimmigen konzeptionellen Ansatz und eine prägnante Präsentation desselben umzusetzen. Die Werkzeuge, welche später für die „großen" Entwurfsaufgaben gebraucht werden, können so gewissermaßen spielerisch erprobt werden. Gebauter Raum oder theoretisches Modell, Stadtmöbel, modularer Kiosk oder hängender Garten – der Vielfalt ist im rein konzeptionellen Raum keine Grenze gesetzt. Auch hier muss die erste Fragestellung lauten: „Wie passt der Raum zum Ort?"

So wie dieses erste Kapitel die Beziehung des Gebäudes mit seinem Standort, gewissermaßen das von außen Vorgegebene, beleuchtet, endet das vorliegende Buch mit dem Blick von innen heraus. Die Existenz des Menschen im Raum soll abschließend betrachtet werden, die Rezeption des Raumes durch die menschliche Psyche.

„Raum und Ort" und „Raum und Psyche" bilden mithin den Rahmen, worin die nachfolgenden Projekte ein lebendiges Bild der architektonischen Auseinandersetzung mit Bauaufgaben rund um das Thema Gesundheit zeichnen.

# SPACE & PLACE

## CHRISTINE NICKL-WELLER

Every building, every spatial composition must be evaluated in the context of its location. A "place" is the totality of a large number of spaces. The philosopher Gernot Böhme defined these as "Concrete Spaces", "Social Spaces", and "Virtual Spaces". Man-made and natural structures, free areas, topography, and materiality, but also the historical, social, political, and economical situation, including not yet conceivable but possible structures, constitute a genius loci. Identifying, understanding, and representing the characteristics of a place comprise therefore the first task in the study of architecture, even before the conception of space. For this, there are not only classic forms of representation available, such as the mass plan or the model. Media, such as photography, video and audio recordings can support the reflection of a differentiated image of the phenomena of a place, and students are encouraged to make use of these. The documentation of the personal access to a place can then be used as basis for the development of an urban and architectural concept.

Students in the department "Architecture for Health" are given the most diverse scenarios as proposed places for design projects. From vacant lots in the metropolis to isolated mountaintops, the requirements of the place always had to be considered in the planning.

Yet also the validity of the previously very fixed variable "location" must be reconsidered in times of globalisation, interlinking, and digitalisation. The project "Running Patient" illustrates in a unique way the fact that in the digital age the provision of healthcare and preventive healthcare are place-bound on the one hand and omnipresent on the other hand:

Business people travelling restlessly from city to city are seen as a symbol for the globally interlinked economy of the 21st century. Airports are transit zones – interfaces in space and time – that offer the traveller a transitional space between different worlds. Check-in and transitional periods transform the stopover into a temporary experience of a staged, very urban place, full of artificiality and varied offerings. In the project "Running Patient", offerings in the healthcare and wellness area inside or outside an international airport must be created for this clientele that are oriented on the needs of travellers and visitors.

The impromptu design – the "ad hoc" design – is the warm-up exercise for students of architecture, similar to finger exercises for the pianist. In a one-week "Task 0", they develop the ability to transform abstract assignments into a coherent conceptual approach and a concise presentation of the same. The tools that will be needed later for the "big" design tasks can be tried out in play, so to speak, in this way. Constructed space or theoretical model, public amenities, modular kiosk, or hanging garden – there are no limits to the variety in the purely conceptual space. Here as well, the first question to be asked is: "How is the space consistent with the place?"

In the same way that this first chapter illustrates the relationship of the building with the location, the external given, so to speak, this book ends with the view from the inside out. The existence of people in the space should be considered in conclusion, the reception of the space by the human psyche.

"Space and Place" and "Space and Psyche" thus form the framework in which the subsequent projects draw a living picture of the architectural analysis with building tasks relating to health.

„Ad hoc"-Entwurf
Seyhan Özgen 2013
"Ad hoc" design
Seyhan Özgen 2013

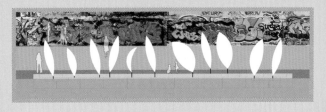

„Ad Hoc"-Entwürfe der Studierenden des Fachgebiets
„Architecture for Health" 2004–2017
"Ad hoc" designs of students of the department
"Architecture for Health" 2004–2017

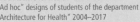

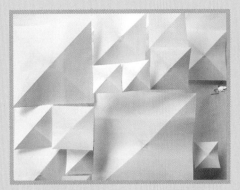

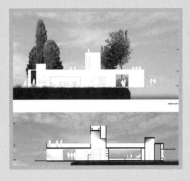

Visualisierung der Eingangssituation des „Neuen Hauners"
Eltern-Kind-Zentrum am Campus Großhadern des Universitätsklinikums München
Nickl & Partner Architekten AG
Visualisation of the entrance area at "Neues Hauner"
Parent-child-centre at the University Hospital Munich Campus Großhadern
Nickl & Partner Architekten AG

# DER MENSCH STEHT IM MITTELPUNKT

OUR FOCUS IS PEOPLE

# HEALTH

GESUNDHEITSBAUTEN

# HERAUSFORDERUNGEN IM KRANKENHAUSBAU

## CHRISTINE NICKL-WELLER

Architektur von Gesundheitsbauten ist an technische, soziologische und medizinische Entwicklungen in der Gesundheitsversorgung gekoppelt. Um heutige Herausforderungen an die Architektur von Krankenhäusern zu verstehen, lohnt daher zunächst ein Blick auf die wichtigsten Trends der medizinischen Versorgung in Deutschland, die weitgehend parallel zur globalen Entwicklung verlaufen. Wie sehen diese Trends aus?

Minimal-invasive Methoden ersetzen mehr und mehr die traditionelle Chirurgie. Herzklappenprothesen müssen beispielsweise nicht mehr in einer OP am offenen Herzen durchgeführt werden, sondern können über Katheter an die richtige Position gebracht werden.

Was bedeutet das für das Krankenhaus? Es verändert dessen Prozesse und die dafür benötigten Räumlichkeiten. Mehr Platz muss für Diagnostik und Bildgebung vorgehalten werden. Der Aufenthalt im Krankenhaus verkürzt sich weiterhin. Auch Tageskliniken beziehungsweise ambulante Interventionsabteilungen werden mehr Platz benötigen und die Zahl der Kurzzeit-Intensivpflege-Betten wird steigen.

Ein weiterer Trend betrifft das medizinische Personal. Die Zukunft der Gesundheitsversorgung ist weiblich. Bei der Zulassung zum Medizinstudium in Deutschland stellen die Frauen inzwischen zwei Drittel der Studierenden. Familienorientierte Beschäftigungskonzepte und Betreuungsangebote für Kinder innerhalb der Krankenhäuser werden daher künftig im Wettbewerb um qualifiziertes Personal große Bedeutung haben.

Und eine weitere Tendenz lässt sich in Bezug auf die Ärzteschaft ablesen. Sie bleibt längst nicht mehr ihrem Ausbildungsplatz treu, sondern ist mobil auf der Suche nach den besten Konditionen.

Auch dieser Trend fordert ein Umdenken seitens der Architekten und des Managements, denn die Attraktivität des Arbeitsplatzes kann dazu beitragen, kompetentes Personal an ein Haus zu binden.

Vernetztes Arbeiten und digitale Lösungen werden auch hier an Bedeutung gewinnen.

Als dritter und durchaus besorgniserregender Megatrend ist die Zunahme von nosokomialen Infektionen zu nennen. Infektionen also, die sich Patienten erst im Krankenhaus zuziehen.

Diese Entwicklung stellt ein tief greifendes Problem dar und führt uns vor Augen, dass wir mit unseren bisherigen Maßnahmen zur Krankenhaushygiene nicht weiterkommen. Allein der verschwenderische Umgang mit Desinfektionsmitteln kann keine Lösung sein. Wir müssen die Prozesse im Krankenhaus grundsätzlich überdenken, Schwachstellen aufdecken und ihnen entgegenwirken, ganz besonders für die hochinstallierten Bereiche von Intensiv- und Intermediate Care. Doch auch bei der Aufnahme muss bereits die Möglichkeit zur Isolierung infektiöser Patienten gegeben sein, genauso bei der Unterbringung auf der Bettenstation. Technische Anlagen zur Kontrolle des Raumklimas sind oft Verbreitungsherde für Keime. Hier ist die Umrüstung auf hygienische Luftfilter und dezentrale Systeme notwendig.

Doch nicht nur die Entwicklungen der Gesundheitsversorgung beeinflussen deren Architektur. Die Rahmenbedingungen werden durch die ökonomische und politische Situation des jeweiligen Landes geschaffen. Diese Rahmenbedingungen erfahren in Deutschland derzeit einen tief greifenden Strukturwandel. Die Anzahl der deutschen Krankenhäuser ist in den letzten 25 Jahren um circa 20 Prozent gesunken, die der Betten sogar noch stärker. Ein Trend, der sich in den letzten Jahren beruhigt hat. Aktuell wird die Anzahl auf rund 2000 Krankenhäuser beziffert (im Jahr 2015 wurden 1956 Krankenhäuser gezählt), welche zu ungefähr je einem

# CHALLENGES IN
# HOSPITAL CONSTRUCTION

Architecture of healthcare buildings is coupled with technological, sociological, and medical developments in healthcare. In order to comprehend current challenges in the architecture of hospitals, it is worthwhile to take a look at the most important trends in medical care in Germany, which are largely parallel to global developments. What do these trends look like?

Minimally invasive methods are increasingly replacing traditional surgery. For example, artificial heart valves no longer need to be done in open heart surgery in the OP but can instead be positioned by catheter. What does that mean for the hospital? It changes its processes and the space requirements. More room must be reserved for diagnostics and imaging processes. Hospital stays continue to be shortened. Day clinics also, respectively ambulatory intervention units, will need more space and the number of short-term intensive care patient beds will increase.

Another trend relates to medical staff. The future of healthcare is female. Women now make up two thirds of students admitted to medical schools in Germany. Family-oriented employment concepts and childcare offerings in the hospitals will therefore take on great significance in the future in the competition for qualified personnel. A further trend can be seen with respect to physicians. They are no longer remaining true to their place of training but are becoming mobile in the search for the best conditions. This trend also requires a rethinking on the part of architects and management, because the attractiveness of a workplace can contribute to retention of competent personnel. The importance of networked working and digital solutions will also increase in this regard.

A third and definitely alarming mega trend is the rise of nosocomial infections – infections, in other words, that patients first contract while in the hospital.

This development represents a pervasive problem and illustrates that we are not making progress with our existing hospital hygiene measures. The profligate use of antiseptics alone cannot be the solution. We must fundamentally rethink the processes in the hospital, identify weak points and counteract them, especially for the highly equipped areas of intensive and intermediate care. Even in admissions, it must be possible to isolate infectious patients, as well as in placement on the wards. Technical systems for indoor climate control are often sources for propagation of germs. In this regard, a change to hygienic air filters and decentralised systems is necessary.

Yet not only developments in healthcare influence their architecture. The framework conditions are created by the economic and political situation in the respective country. Currently, in Germany these framework conditions are undergoing far-reaching structural changes. Over the last 25 years, the number of German hospitals has decreased by approximately 25 per cent, and the number of beds has decreased even more strongly. This trend has calmed down in recent years. There are at present roughly 2,000 hospitals (in 2015, there were 1,956), of which approximately one-third respectively operate as public, non-profit, and private institutions.

While the number of patient beds in Germany is dropping, the number of cases per bed is growing. Only every other hospital is currently operating in the black. Alongside strong economic pressures, far-reaching structural changes in Germany are forcing hospitals to adopt new strategic positions: the ageing population (in 2030 more than a third of the population will be over the age of 60) involves changing patterns of disease. The growing number of people in need of long-term care will face fewer and fewer family members. New care concepts are therefore needed and partnerships

Drittel als öffentliche, freigemeinnützige oder private Institutionen geführt werden.

Während die Anzahl der Betten in Deutschland sinkt, steigt die Anzahl der Fälle pro Bett. Nur jedes zweite Haus schreibt aktuell schwarze Zahlen. Zu neuen strategischen Positionen zwingen die Häuser neben dem starken wirtschaftlichen Druck auch weitreichende strukturelle Veränderungen in Deutschland: Die alternde Gesellschaft (2030 werden mehr als ein Drittel der Bevölkerung über 60 Jahre alt sein) bringt veränderte Krankheitsbilder mit sich. Der wachsenden Anzahl Pflegebedürftiger stehen immer weniger pflegende Familienangehörige gegenüber. Neue Pflegekonzepte sind daher gefordert und Partnerschaften zwischen Krankenhäusern und Pflegeeinrichtungen. Der Arbeitsmarkt verändert sich wie oben dargestellt und allgemein leidet die Gesundheitsbranche unter Fachkräftemangel. In der Folge setzen neben dem Bettenabbau viele Häuser auf Umstrukturierungen.

Die Architektur von Krankenhäusern wird dementsprechend von den nachfolgend zusammengefassten Tendenzen bestimmt:

## DAS VERNETZTE KRANKENHAUS

Krankenhausbetreiber in Deutschland haben die große Bedeutung der Vernetzung innerhalb der Gesundheitslandschaft einer Region und die Bedeutung der Zentrenbildung innerhalb einer Organisation erkannt. Um Ressourcen zu schonen, Expertise zu bündeln und damit effiziente Angebote an die Kunden – die Patienten – machen zu können, ist die fachgebietsübergreifende Vernetzung von Kapazitäten notwendig und sinnvoll. Das bedeutet, dass klassische medizinische Fachbereiche zunehmend in interdisziplinären Zentren aufgehen, die sich speziellen Krankheitsgruppen annehmen. Interdisziplinarität und Vernetzungsmöglichkeit erfordert bau-

liche Flexibilität, was sich architektonisch in kompakten Baukörpern widerspiegelt, welche über eine modulare, statische Grundstruktur verfügen. Digitale Kommunikationsmedien, digitale Patientenakten und Telemedizin schaffen die Voraussetzung für effektive interdisziplinäre Zusammenarbeit und ermöglichen schon heute, standortübergreifend zu agieren.

Räume für Kommunikation, sowohl der digitalen, besonders aber auch der analogen Kommunikation, sind im Netzwerkkrankenhaus bedeutender denn je. In einem Krankenhaus, das ein Kontinuum ineinandergreifender Funktionen und Fachbereiche darstellt, ist den Schnittstellen, an denen Menschen aufeinandertreffen, besonderes Augenmerk zu schenken. Kommunikationsräume, welche zu Begegnung, Verweilen und Austausch einladen, sind entscheidend für die Qualität von Krankenhausarchitektur.

## HEALING ARCHITECTURE

Der Mensch mit seinen Bedürfnissen muss im Mittelpunkt aller architektonischen Bemühungen im Krankenhausbau stehen. Ich fasse diesen Gedanken unter dem Titel „Healing Architecture" zusammen, in Anlehnung an den aus der Umweltpsychologie stammenden Begriff „Healing Environment".

„Healing Architecture" beschäftigt sich mit den Gestaltungsprinzipien von gebauter Umwelt und ihrer Auswirkung auf die Verarbeitung von Krankheit bei Patienten sowie auf Effizienz und Zufriedenheit bei Personal und Angehörigen. Das übergeordnete Ziel ist die Verbesserung der Qualität von Gesundheitsbauten durch eine den Bedürfnissen des Menschen folgenden und dessen Genesung unterstützenden Architektur. Die zentrale Frage dabei lautet: Wie kann Architektur zur Heilung beitragen? Räume erzeugen Atmosphären und Atmosphären beeinflussen das körperliche und seelische

between hospitals and care facilities. The job market is changing, as outlined above, and in general the healthcare sector suffers a shortage of qualified personnel. Consequently, many hospitals are focusing on restructuring in addition to reductions in patient beds.

The architecture of hospitals will be determined accordingly by the trends summarised below:

## THE NETWORKED HOSPITAL

Operators of hospitals in Germany have recognised the great significance of networking within the healthcare landscape of a region, and the importance of the formation of centres within an organisation. In order to conserve resources, bundle expertise, and thus provide the customers – the patients – with more efficient offerings, a cross-disciplinary networking of capacities is necessary and meaningful. Consequently, classic medical specialties will merge increasingly into interdisciplinary centres that take on specific groups of diseases. The interdisciplinary nature and networking possibility require structural flexibility, reflected architecturally in compact building structures having a modular, static basic structure. Digital communication media, digital patient files, and telemedicine create the necessary conditions for effective interdisciplinary cooperation and make it possible already today to work simultaneously across multiple locations.

Areas for communication, not only digital but particularly also analog communication, are more important than ever in the networked hospital. In a hospital, which represents a continuum of interlinked functions and departments, special attention must be given to the interfaces at which people interact. Communication areas that encourage people to meet, spend time, and exchange with one another are decisive for the quality of hospital architecture.

## HEALING ARCHITECTURE

Human beings with their needs must be at the centre of all architectural efforts in hospital construction. I summarise these concepts under the title "Healing Architecture" based on the term "Healing Environment" from the field of environmental psychology.

Healing Architecture deals with design principles of the constructed environment and its effects on the processing of illness with patients, as well as on efficiency and satisfaction of personnel and family members. The overarching goal is the improvement of the quality of healthcare buildings through architecture that is based on the needs of people and supports their recovery. The central question is: How can architecture contribute to healing? Spaces generate atmospheres and atmospheres influence the physical and mental well-being of people. They can produce or alleviate stress and anxiety, influence behaviour, and cause specific healthy or harmful reactions. Factors such as spatial proportions, lighting, climate, floor plan organisation, access to outdoor space, and interior design can impact this.

As obvious as this statement is, it is equally difficult to produce proof as to how spaces function. A growing pool of scientific studies in hospital construction can make a statement about specific situations for clearly defined user groups. These findings can flow into planning decisions when using planning methods such as evidence-based designs (EBD). However, due to a multitude of influencing criteria in the planning process, the step from a finding on spatial function to actual implementation of this finding in an architectural overall project remains a challenge that must be faced with experience and a creative approach by the architect.

Wohlbefinden des Menschen. Sie können Stress und Ängste erzeugen oder mindern, Verhalten beeinflussen und konkrete gesundheitsfördernde oder -schädigende Reaktionen herbeiführen. Faktoren wie Raumproportionen, Belichtung, Klima, Grundrissorganisation, Zugang zum Außenraum und Innenraumgestaltung können darauf Einfluss nehmen.

So einleuchtend diese Aussage ist, so schwer ist es, den Nachweis darüber zu führen, wie Räume wirken. Ein wachsender Fundus wissenschaftlicher Studien im Krankenhausbau kann Aussagen über spezifische Situationen für klar definierte Nutzergruppen treffen. Diese Erkenntnisse können in Planungsentscheidungen unter Anwendungen von Planungsmethoden, wie des Evicence-based Designs (EBD), einfließen. Der Schritt von einer Erkenntnis über Raumwirkung hin zur Umsetzung dieser Erkenntnis in ein architektonisches Gesamtprojekt bleibt aber auf dem Weg durch eine Vielzahl von beeinflussenden Kriterien im Planungsprozess weiterhin eine Herausforderung, welcher mit Erfahrungswerten und kreativer Annäherung seitens des Architekten begegnet werden muss.

## GRÜN & NACHHALTIG

Wie in der gesamten Baubranche ist der Krankenhausbau in Deutschland dem Thema Nachhaltigkeit verpflichtet. Und es mangelt nicht an Kriterienkatalogen zur Regulierung des nachhaltigen Bauens. Der European Standard EN NR reguliert beispielsweise Terminologie sowie allgemeine Anforderungen, und die Zertifizierung durch die DGNB (Deutsche Gesellschaft für nachhaltiges Bauen), aber auch internationale Zertifizierungssysteme wie LEED, BREAM gelten in Deutschland als Standard. Auch krankenhausspezifische Systeme wie das Label „Blue Hospital" des VDE oder das Zertifikat für Gesundheitsbauten des DGNB sind in der Entwicklung.

An der TU Berlin haben wir mit dem Fachgebiet „Architecture for Health" in zwei Projekten zur weiteren Erforschung nachhaltiger Krankenhausarchitektur beigetragen: mit „Krankenhaus +" und der „Green Hospital Studie".

Die in diesem Kapitel vorgestellten Studentenentwürfe und Dissertationen greifen verschiedene Aspekte der hier angesprochenen Tendenzen auf. Während sich die Semesterprojekte der Bachelor- und Masterstudenten auf kleinere Entwurfsaufgaben konzentrieren, wie Gesundheitszentren oder medizinische Versorgungszentren (MVZ), eignet sich der Entwurf eines Krankenhauses aufgrund seiner Komplexität für Abschlussarbeiten zum Master (beziehungsweise Diplom). In den zwei vorgestellten Dissertationen werden spezifische infrastrukturelle Probleme hinsichtlich der Hygiene und der Notaufnahme in Krankenhäusern diskutiert.

## GREEN & SUSTAINABLE

Just as the overall construction industry, hospital construction in Germany is obligated to the theme of sustainability. And there is no lack of criteria catalogues for the regulation of sustainable construction. For example, the European Standard EN NR governs terminology and general requirements. Certification by the German Sustainable Building Council (Deutsche Gesellschaft für nachhaltiges Bauen, or DGNB), but also international certification systems such as LEED and BREAM, are considered the standard in Germany. Specific hospital systems are also in development, such as the label "Blue Hospital" from the German Association of Engineers (Verein Deutscher Ingenieure, or VDE) or the Certificate for Healthcare Buildings from the DGNB.

At TU Berlin we have contributed, with the department "Architecture for Health", to two projects for further research on sustainable hospital architecture: the "Krankenhaus +" project and the "Green Hospital Study".

The student designs and dissertations presented in this chapter address various aspects of the trends mentioned here. While the semester projects of undergraduate and graduate students focus on smaller design tasks, such as healthcare centres or medical care centers ("MVZ's"), the design of a hospital is suited due to its complexity for thesis projects for the Master's degree (or diploma). In the two dissertations presented, specific infrastructural problems regarding hygiene and emergency admissions in hospitals are discussed.

# 10 THESEN

**Anhand der Erfahrungen und Erkenntnisse aus der Planung von Gesundheitsbauten haben wir 10 Thesen entwickelt, welche die vielfältigen Aspekte einer – aus unserer Sicht – zukunftsfähigen Architektur reflektieren, die sich nicht nur an Funktionalität, sondern am Menschen und seinen Bedürfnissen orientiert.**

## CHRISTINE NICKL-WELLER & HANS NICKL

### THESE 1 | BASICS

Architektur kann die sinnliche Organisation von Nutzungen und die Gestaltung sozialer Räume formen; sie ist in der Lage, die Wahrnehmung zu steuern und Begegnungen zu lenken. Aufgabe des Architekten ist es, Räume zu schaffen, die sinnlich sind, also sämtliche Sinne des Menschen erfassen und eine Bildhaftigkeit erzeugen.

### THESE 2 | IDENTITY

Was die visuellen Qualitäten einer Stadt ausmacht, sind Klarheit und Ablesbarkeit; Bereiche und Elemente der Stadt müssen leicht identifizierbar sein. Erst eine logische, einfache Struktur verleiht einem Gebäude Identität, Wiedererkennungswert und architektonische Qualität. Allein diese Qualität ermöglicht die Identifikation einer breiten Bevölkerungsschicht mit der gebauten Umwelt.

### THESE 3 | SOCIAL JUSTICE AND FUNCTIONALITY

Die Qualität von Städtebau und Architektur trägt wesentlich dazu bei, mit der Suche nach der optimalen Gestaltung sozialer Kernbereiche für lebenswerte, gesunde Räume zu sorgen, die unsere kulturellen und ästhetischen Ansprüche erfüllen. Architektur muss und kann Antworten geben auf die von der Gesellschaft geforderten Werte wie Solidarität oder die Idee des privaten Wohlbefindens als kollektive Leistung.

### THESE 6 | PROGRAM

Den Menschen in den Mittelpunkt der Architektur zu stellen, bedeutet, eine ständige Auseinandersetzung zwischen Funktion und Form zu erreichen. Weder ein Funktionalismus, der Architektur als Vielzahl kleiner Probleme sieht, noch ein Formendrang, der ohne Rücksicht auf Bestand und Anforderungen einen bloßen Baukörper schafft, sind die Lösung. Eine eingehende Beschäftigung mit den Bedürfnissen und der Geschichte des Ortes sowie die optimale Erfüllung des Programms führen dagegen immer zu einem für alle Seiten befriedigenden Ergebnis.

### THESE 7 | CHANGE

Gesellschaftlicher Wandel sowie neue technische und funktionale Möglichkeiten erfordern, Kapazitäten für Veränderung und Erweiterung von Anfang an einzuplanen. Absolute Flexibilität ist jedoch falsch und eine Illusion. Vielmehr geht es um das Entwerfen eines offenen, auf künftige Bedürfnisse reaktionsfähigen und dennoch ökonomischen Programms. Die Überführung des Programms in nachvollziehbare Strukturen ermöglicht folgenden Generationen, die Entwicklung fortzuführen.

### THESE 8 | SPACE

Architektur erzeugt, gestaltet und gliedert Raum. Sie entsteht im Zusammenfügen von Funktionen, die ihrer Nutzung entsprechend gestaltet werden. Dabei werden definierte Räume erzeugt und solche, die nicht festgelegt sind und als Zwischenräume fungieren. Diese eignen sich besonders, soziale Räume zu werden. Damit kann Architektur aus einer funktionalen Notwendigkeit einen Erlebnisraum schaffen.

## THESE 4 | URBANISM

Jede Stadt besteht aus einem Grundgerüst von Bauten und öffentlichen Räumen. Sie formen die Stadt und dienen dem Menschen zur Orientierung und Identifikation mit ihr. Es ist das soziale und kulturelle Kapital der Gesellschaft und das Fundament für zukünftige Projekte, sich in das Stadtbild einzufügen. Die Verzahnung und Interaktion eines Gebäudes mit dem städtischen Umfeld ist sein funktionaler und ästhetischer Mehrwert als Teil der Stadt.

## THESE 5 | POLITICS

Politik bestimmt gewisse Entwicklungen – gute wie falsche – und auch das Wesen der Baukultur. Um dem demografischen und sozialen Wandel standzuhalten, müssen Architektur und Städtebau nachhaltige Strukturen bieten, die sich auf das Wohl des Menschen und die Gesellschaft richten. Gelingen kann dies nur unter der Voraussetzung einer wohlwollenden Unterstützung der Politik, die die Dringlichkeit einer zukunftsfähigen Stadtstruktur als Chance erkennt, einen gesellschaftlich wichtigen Beitrag zu leisten.

## THESE 9 | HUMAN

Architektur ist nie anonym, sie ist stets persönlich. Sie ist von Menschen für Menschen geschaffen und tritt in Interaktion mit dem Menschen, indem sie seine Sinne anspricht und ein positives oder negatives Befinden hervorrufen kann. Erst in der Aneignung durch den Menschen entfaltet ein Bauwerk seine Wirkung. Architektur trägt damit entscheidend zum kulturellen und sozialen Gesicht einer Gesellschaft bei.

## THESE 10 | CHALLENGES

Die Qualität von Städtebau und Architektur prägt die Welt von morgen, in der wir leben müssen. Um Qualität zu erreichen, ist es nötig, sich der Herausforderung im Wettbewerb zu stellen. Nur in Konkurrenz und im Bestreben, die beste Lösung für eine Aufgabe zu erzielen, wird die Innovationsfähigkeit und Relevanz von Architektur unter Beweis gestellt und die beste Basis für zukunftsfähige Konzepte, Ideen und Perspektiven geschaffen.

# 10 THESES

**We have developed 10 theses based on our experience of designing buildings for the healthcare sector. These reflect the many different aspects of what we believe is the architecture of the future, focusing not just on function, but on people and their needs.**

CHRISTINE NICKL-WELLER &
HANS NICKL

### THESIS 1 | BASICS

Architecture can shape the way in which we use our senses to perceive the world around us, and it can bring people together. The role of the architect is to create spaces that appeal not just to our eyes, but to all our senses.

### THESIS 2 | IDENTITY

The visual quality of a city is defined by its clarity and legibility. Its various areas and elements must be easily identifiable, and buildings must have simple, logical structures if their purpose is to be recognised by the general public.

### THESIS 3 | SOCIAL JUSTICE AND FUNCTIONALITY

The quality of architecture and planning is a major factor when deciding how to create healthy, liveable core areas that meet people's cultural and aesthetic needs. Architecture must provide answers to the demands expressed by society, including social cohesion and communal achievement based on personal well-being.

### THESIS 6 | PROGRAM

People-centred architecture must strike a constant balance between form and function. The solution lies neither in formalism that creates buildings with no regard for their surroundings or for society's needs, nor in functionalism, which regards architecture simply as a solution to a large number of small problems. Buildings will satisfy everyone only if they respect the history and circumstances of the area, and comply with urban plans.

### THESIS 7 | CHANGE

Social and technological change demands that the capacity for alteration and expansion be built in from the outset. But this total flexibility is an illusion, and instead we must create open-ended designs capable of responding to future needs while remaining cost-effective. If subsequent generations can see the connections between buildings and the underlying urban plans, they will continue the trends that we have set in motion.

### THESIS 8 | SPACE

Architecture creates and shapes space, and gives it structure. Some spaces are clearly defined beforehand, but others that connect them may not be set in stone. These make them particularly suitable for human interaction, so architecture can turn a purely functional space into an experience.

## THESIS 4 | URBANISM

Every city has a basic framework of buildings and public spaces that gives it shape and helps people to find their way around and identify with it. This forms part of the city's social and cultural capital, and any new projects must harmonise with it. Buildings must interlock and interact with their environment if they are to add functional and aesthetic value.

## THESIS 5 | POLITICS

Some changes, both good and bad, are the result of politics and the culture of building. If architecture and planning are to keep pace with social and demographic change, they must create sustainable structures that maximise the well-being of individuals and society. They can do this only if they receive positive support from politicians who see the need for sustainability as an opportunity to make an important contribution to society.

## THESIS 9 | HUMAN

Architecture is never anonymous, always personal, created by people for people. It interacts with us by appealing to our senses and creating positive or negative perceptions. Buildings are effective only if they are suitable for people, so architecture plays a key role in the social and cultural face of the community.

## THESIS 10 | CHALLENGES

Tomorrow's world will be affected by the quality of today's architecture, and this quality is dependent on the challenges of competition. Only by competing to find the best solutions to tasks can we show that architecture is relevant and innovative, and that it provides the best basis for the concepts and perspectives of the future.

2007

# HAFENCITY HAMBURG

## TILO FREUDENBERG &
## CHRISTIAN HANNIG

**EXCHANGING TRACKS**

Inmitten der Hamburger HafenCity, einem der größten Bauprojekte Europas, wird auf einem Grundstück der Bau eines Gesundheitshauses geplant. Das Gebiet zeichnet sich durch eine hohe Nutzungsmischung aus Wohnen, Büro, Freizeit, Einzelhandel und Kultur aus.

Das Konzept sieht einen klar strukturierten Baukörper vor, der von einem „Stadtweg" durchdrungen wird. Dieser Weg, der sich vom Erdgeschoss bis zum fünften Obergeschoss durch das gesamte Haus zieht, beinhaltet gewerbliche Funktionen, die im Zusammenhang mit dem Thema Gesundheit stehen und das medizinische Angebot ergänzen. Der Übergang zwischen den Nutzungsbereichen wird durch den begrünten Innenhof und den freien „Stadtweg" ermöglicht.

**EXCHANGING TRACKS**

There are plans to build a healthcare care centre right in the heart of Hamburg's HafenCity, one of the biggest building projects in Europe. The area has a high degree of mixed-use buildings, with residential, office, leisure, retail and cultural facilities.

The concept envisages a clearly structured building with a "city path" passing through the building.

This path extends through the entire building from the ground floor to the fifth floor and comprises commercial health-related functions that complement the medical services.

The green courtyard and the open "city path" enable the transition between the various function areas.

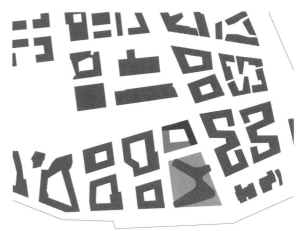

Exchanging Tracks. Lageplan Hamburg HafenCity
Exchanging Tracks. Site plan Hamburg HafenCity

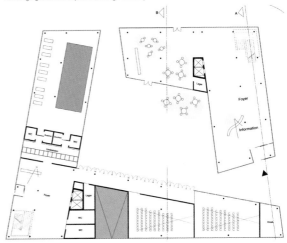

Exchanging Tracks. Grundriss Erdgeschoss
Exchanging Tracks. Ground floor plan

Exchanging Tracks. Modellfoto
Exchanging Tracks. Scale model

2009–2010

# CHECK UP & CHECK IN

## KAI ROHRBACH & MATTHIAS LENGELSEN & TER BRAAKE

In verschiedenen Entwurfsprojekten beschäftigen sich die Studierenden mit der Konzeption von medizinischen Versorgungszentren (MVZ). Bei den zwei Beispielen handelt es sich um Arbeiten in unmittelbarer Nachbarschaft des Campus Mitte der Charité Universitätsmedizin am Robert-Koch-Platz in Berlin.

### MEDICUBE

Der Entwurf des MediCubes greift die städtebauliche Kontur des Robert-Koch-Platzes auf und schließt ihn mit dem massiven Gebäudeteil. Er trägt dazu bei, die städtebauliche Situation sehr viel klarer strukturiert erscheinen zu lassen. Der MediCube ist von der Luisenstraße ein Stück zurück versetzt und suggeriert, sowohl durch diese städtebauliche als auch die fassadengestalterische Reaktion, die Sensibilität und Kostbarkeit eines „Juwels" aus Glas.

Durch den Einsatz von unterschiedlichen Bodenbelägen und Bäumen spannt der Entwurf zwischen dem Bettenhochhaus der Charité einen für beide Gebäude attraktiven Zwischenraum auf.

Je weiter der Besucher in den Zwischenraum eintritt, desto stärker wird er die zunehmende Ruhe und Abgeschiedenheit fühlen und genießen. Wer als Patient oder Besucher die freie Zeit anders effektiv verbringen will, kann durch die Geschäfte im Erdgeschoss des Hauses stöbern oder im Restaurant des MediCubes Platz nehmen.

In various design projects, the students develop concepts of medical care centres (MVZ). The two examples are projects in the vicinity of the Charité Universitätsmedizin Berlin Campus Mitte at the Robert-Koch-Platz in Berlin.

### MEDICUBE

The design for the MediCube takes up the outline of Robert-Koch-Platz and encloses it with the solid part of the Medi-Cube building. The design contributes to making the town planning situation appear very much more clearly structured. The MediCube is set back a little from Luisenstraße and conveys the delicacy and preciousness of a "jewel" made from glass, both through this town planning response and the design of the facade.

The design creates a space between the high-rise building of the Charité that is equally attractive for both buildings, by using different floor coverings and tree elements.

The further visitors go into the space, the more they feel and enjoy the increasing peace and seclusion. Anybody who, as a patient or visitor, wants to make good use of their free time in a different way, can browse shops in the building's basement or take a seat in the MediCube restaurant.

MediCube & Medipack. Lageplan Berlin Robert-Koch-Platz
MediCube & Medipack. Site plan Berlin Robert-Koch-Platz

MediCube. Grundriss Obergeschoss
MediCube. Upper floor plan

2005–2006

# PRAXIS IDENTITY

## BENJAMIN JASTRAM & JULIANE POPP

### MEDIPACK

Das medizinische Versorgungszentrum (MVZ) im Berliner Zentrum gleicht einem Verbandskasten beziehungsweise Medipack, der die Vielfalt der medizinischen Behandlungsmethoden und Fachrichtungen beinhaltet, die alle dem gleichen Zweck – der Heilung – dienen. Das Erdgeschoss ist thematisch getrennt und fungiert als öffentlicher Raum.

Im nördlichen Teil befindet sich der Zugang zu den Praxismodulen und im südlichen Teil der Zugang zum Hotel. Die elf Arztpraxen im nördlichen und exponiertesten Gebäudeteil ordnen sich durch ihre modulare Gestaltung alternierend im Gebäuderiegel an und thematisieren das Ineinandergreifen der verschiedenen Fachrichtungen. Im östlichen, ruhigeren Gebäudeteil ist das Hotel mit Pflegestufenkonzept untergebracht. Um die Gesamtidee der medizinischen Versorgung zu gewährleisten, ist neben einem Restaurant und einem Bistro, ein Fitness- und Wellnessbereich in den oberen Etagen geplant.

### MEDIPACK

The Medical Treatment Centre (MVZ) located in Berlin city centre can be compared to a first-aid kit, or Medipack, containing a wide variety of treatment methods and specialist divisions all serving one specific purpose: that of treating and curing patients. The ground floor is separated into individual divisions and acts as a public space.

The north section provides access to the practices, while the hotel can be accessed in the south section. The modular design of the eleven doctors' surgeries in the north and most exposed part of the building mean the surgeries are arranged in an alternating sequence in the building bar and reflect the interaction between the various specialist divisions. The hotel is based on a care level concept and accommodated in the east building wing that offers greater peace and quiet. To address the holistic concept of medical care, a gym and spa area are planned in the top floors in addition to a restaurant and a bistro.

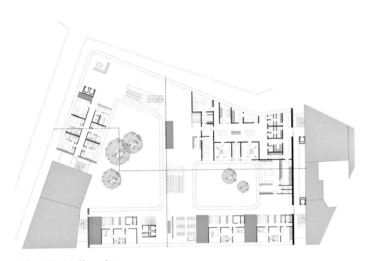

**Medipack. Grundriss Obergeschoss**
Medipack. Upper floor plan

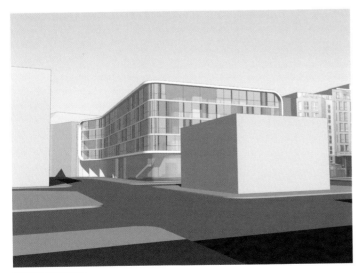

**Medipack. Visualisierung**
Medipack. Visualisation

# STRATEGIEN IM KRANKENHAUSBAU

## HANS NICKL

Die Vorlesung „Strategien im Krankenhausbau" dient als theoretische Grundlage für die Entwurfsarbeit am Lehrstuhl für Krankenhausbau und Bauten des Gesundheitswesens. Zudem soll sie eine Vertiefung von komplexen Bauaufgaben unterstützen, um den Studierenden ein Rüstzeug für spezielle Entwurfsaufgaben zu geben.

Die Vorlesung verfolgt zwei Schwerpunkte: Gegenstand der ersten Vorlesungsreihe sind theoretische Parameter mit dem Umgang komplexer Raumprogramme und deren Auswirkung auf den Entwurfsprozess. Im zweiten Zyklus wird einer systematischen Bedeutung einzelner architektonischer Elemente nachgegangen. Der weitere interdisziplinäre Ansatz widmet sich der Frage nach aktuellen Diskursen über Architektur als soziale, ökonomische, technische oder ästhetische Aussage.

Die Vermittlung der Themen ist folgendermaßen gegliedert:

**PROGRAMM** Programme sind immer abstrakte, diskrete Zahlenreihen, die mit einer Funktionalbeschreibung zu einem Ordnungsprinzip in Zusammenhang gebracht werden. Aufgabe ist es, ein abstraktes Raumprogramm mit einer entsprechenden Funktionalbeschreibung zu analysieren und daraus ein Flächenlayout zu entwickeln. (Abbildung 1)

**FUNKTION** Das abstrakte Raumprogramm wird thematisch analysiert und in Beziehung zueinander gesetzt. Es geht um die Organisation und Ordnung von Flächen, um schließlich räumliche Strukturen zu entwickeln.

**MODUL** Jedes Programm enthält gleiche, oft wiederkehrende Einheiten, die dem Gebäude einen grundlegenden Ausdruck verleihen. Einige allgemeine Beispiele dafür: das Bettenzimmer im Krankenhaus, das Klassenzimmer im Schulhausbau, die kleinste Büroeinheit im Verwaltungsbau. Alle diese Module haben eine von der Nutzung vorgegebene Grundordnung, sind aber

letztlich strukturbestimmend für die jeweilige Aufgabe. Im Modul ist zwangsläufig eine Rasterstruktur beinhaltet, die sowohl virtuell oder real (konstruktiv) sein kann. Anhand von ausgewählten Beispielen wird versucht, das abstrakte Gebilde (aus Modul und Organisation) als Gebäude näherzubringen. (Abbildung 2)

Abb. 1: Ganzheitliche Betrachtung der Aufgabenstellung
Fig. 1: Holistic view of the design task

**STRUKTUR** Das Thema kombiniert Typologie und Ort, die Komplexität wird an Beispielen gezeigt. Hier geht es um Erschließungsstrukturen und Ordnungssysteme – vertikale und horizontale Gliederungen; die Berücksichtigung des Ortes. Auch hier wird immer ein Vergleich vom Krankenhausbau zu anderen Bautypologien gezogen, um Verständnis dafür zu wecken, dass alle Architekturaufgaben ähnlichen Grundprinzipien folgen.

# STRATEGIES IN
# HOSPITAL CONSTRUCTION

The lecture course "strategies in hospital construction" serves as the theoretical basis for design work at the department "Architecture for Health". Furthermore, it supports specialisation of the design approach for complex building types, giving students a framework to tackle particular design tasks.

The lecture course has a dual focus: the theoretical parameters for handling complex room allocation programs and their effect on the design process constitute the subject of the first series of lectures. The second lecture cycle investigates the systematic significance of particular architectural elements. The further interdisciplinary approach addresses the question of current discourses focusing on architecture as a social, economic, technical or aesthetic statement.

The lecture topics are structured as follows:

**PROGRAM** Programs are always abstract, discrete series of numbers, which in combination with a functional description form an organising principle. The task is to analyse the abstract room allocation program, along with the associated functional description and to develop a room layout based upon the analysis results. (Fig. 1)

**FUNCTION** The components of the abstract room allocation program are applied thematically and in relation to each other. The focus of the exercise is to organise and order the program areas to ultimately develop spatial structures.

**MODULE** Each program contains the same, often recurring units which give a fundamental expression to the building. Some general examples for this are the patient room in a hospital, the classroom in a school building, or the smallest office unit in an administration building. While all these modules have a basic order specified by the use, ultimately they determine the structure of the

respective task at hand. Inevitably, the module must contain a grid structure, which can be both virtual and actual (constructive). Using selected examples, we attempt to give an understanding of the abstract formation (comprising module and organisation) as a building. (Fig. 2)

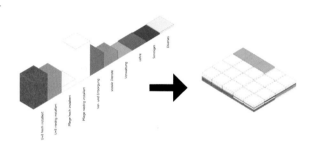

Abb. 2: Baukastensystem-Module
Fig. 2: Modular construction system

**STRUCTURE** The subject combines typology and site. Its complexity is demonstrated using examples. The focus here is placed on the circulation and organisational systems – vertical and horizontal structures. The particular features of the site are also taken into consideration. Furthermore, the comparison of hospital buildings to other building typologies establishes an understanding of the fact that all architectural tasks follow similar basic principles.

**SHELL** Every building design is evaluated not only according to its structural and functional requirements but also on the basis of architectural (aesthetic) criteria. Selected examples are analysed and the design principles are examined for content and substance. When examining the material characteristics, the focus lies on heightening the students' awareness of the choice

**HÜLLE** Jeder Gebäudeentwurf ist nicht nur nach konstruktiven und funktionalen, sondern auch architektonischen (ästhetischen) Aussagen zu bewerten. Die ausgewählten Beispiele werden analysiert, die Gestaltungsprinzipien auf den Inhalt überprüft. In der Auseinandersetzung zur Materialität geht es darum, die Materialwahl zu sensibilisieren: Welcher Werkstoff erzeugt welche Stimmung, wie ist seine Oberfläche beschaffen?

Gemeinsam formen Hülle (Charakter) und Typus einen Ausgangspunkt für eine Architekturaufgabe, auch wenn sie unterschiedliche Aspekte beinhalten. Während der Typus eine sachliche, rationale Annäherung an eine Aufgabe bedeutet, beschreibt der Charakter eines Projekts mehr die Atmosphäre und die Besonderheit des Ortes.

Primär werden hier Zusammenhänge von der Entwurfsskizze bis zum Fassadenschnitt als Gesamtentwurf aufgezeigt.

Das Denken auf mehreren Ebenen als maßstabsübergreifend ist hierbei zentrale Aufgabe und dient als Ergänzung zu der jeweiligen Entwurfsaufgabe.

**FORSCHUNGS- UND HOCHSCHULBAUTEN**
Ein letzter Abschnitt der Vorlesungsreihe befasst sich mit Gebäuden der Forschung und mit Hochschulbauten. Das Entwerfen dieser komplexen Gebäudetypologien erfordert sehr strukturiertes, fachübergreifendes Denken, um die Zwänge hoch technisierter, modularer Strukturen in innovative Konzepte und neue Gestaltungsansätze zu übersetzen.

Mit der Vorlesungsreihe „Strategien im Krankenhausbau" soll durch das sukzessive, schrittweise Heranführen an eine komplexere Aufgabe ein methodisches Vorgehen – ein vernetztes Denken – aufgezeigt werden.

of material and understanding which material creates which mood and what qualities its surfaces have.

Together, the shell (character) and the building type form a point of departure for an architectural venture, even if they contain different aspects. While the type represents a factual, rational approach to the task at hand, the character of a project describes more the atmosphere and the distinctive nature of the site.

The main point here is to demonstrate how the individual design phases – ranging from the sketch to the facade detail section – connect to form a comprehensive design. At this point, the central task is to encourage students to think on several levels across the various design scales and to use this thought process as a complement to the specific design task.

**RESEARCH AND EDUCATION BUILDINGS**

The final section of the lecture series deals with research and education buildings. Designing these complex building types requires highly structured, interdisciplinary thinking in order to translate the constraints of high-tech, modular structures into innovative concepts and new design approaches.

The lecture series "strategies in hospital construction" presents a methodical approach – a networked thinking – by gradual, step-by-step approaches to more complex tasks.

2004–2005    DIPLOMARBEIT DIPLOMA THESIS

# CHIRURGISCHES ZENTRUM SALZBURG

## KRISTINA GERDT & SANDRA HERDRICH

Das städtebauliche Ziel ist es, das Klinikgelände neu zu ordnen und ein Konzept für eine übergeordnete Struktur zu entwickeln, die als Leitmaßnahme für die zukünftige Bebauung dienen kann. Hierfür wird ein repräsentativer Eingangsbereich für das Gelände entwickelt und durch einen Neubau die Verbindung der zersplitterten medizinischen Fächer ermöglicht. Für die Zusammenfassung der einzelnen klinischen Bereiche des St.-Johanns-Spitals wird ein großes, zusammenhängendes Bauvolumen benötigt. Dieses setzt sich zum einen aus dem chirurgischen Zentrum und zum anderen aus den Bereichen der inneren Medizin zusammen. Beide Gebäude treten baulich und funktional über eine Brücke im Erdgeschoss und erstem Obergeschoss miteinander in Verbindung. Im Innenraum werden die Gebäude durch grüne Höfe zoniert. Diese Untergliederung dient dazu, dass sich das Gebäude harmonisch in die Gesamtstruktur des Klinikgeländes einfügt.

From an urban development perspective, the objective is to reorganise the hospital site and devise a concept for a generic structure that can serve as a model for future development. To this end, a prestigious entrance area is being developed for the building, and a new building connects the fragmented medical faculties. A large, coherent structure is required to unite the individual clinical units of St. John's Hospital (St.-Johanns-Spital), comprising the surgical centre and the internal medicine sections.

A bridge on the ground floor and the first floor connects the two buildings, linking their structure and function. Leafy courtyards structure the buildings in the interior, ensuring that the building fits harmoniously into the overall fabric of the hospital grounds.

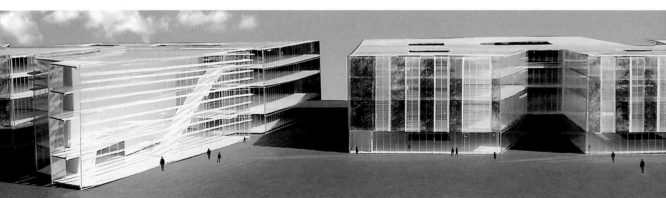

Chirurgisches Zentrum Salzburg. Visualisierung
Surgery Centre Salzburg. Visualisation

Chirurgisches Zentrum Salzburg. Lageplan
Surgery Centre Salzburg. Site plan

Chirurgisches Zentrum Salzburg. Erdgeschoss
Surgery Centre Salzburg. Ground floor plan

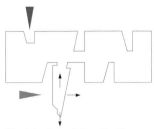

Chirurgisches Zentrum Salzburg. Wegeführung
Surgery Centre Salzburg. User paths

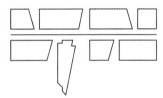

Chirurgisches Zentrum Salzburg. Magistrale
Surgery Centre Salzburg. Central hall

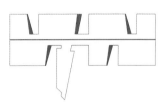

Chirurgisches Zentrum Salzburg. Orientierungspunkte
Surgery Centre Salzburg. Points of orientation

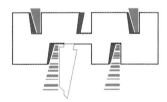

Chirurgisches Zentrum Salzburg.
Verknüpfung innen und außen
Surgery Centre Salzburg.
Linking inside and outside

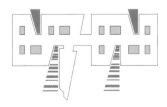

Chirurgisches Zentrum Salzburg. Begrünung und Höfe
Surgery Centre Salzburg. Vegetation and courtyards

2009     DIPLOMARBEIT DIPLOMA THESIS

# AUGUSTE-VIKTORIA-KLINIKUM BERLIN

## FRANZISKA RAIMANN

Der Entwurf des Auguste-Viktoria-Klinikums weist eine klare Struktur auf, die sich an den Bestand anpasst. Der Masterplan schlägt mehrere Etappen zur Realisierung der Gebäude vor. Dies gewährleistet den reibungslosen Ablauf der noch betriebenen Gebäude.

Das Konzept des Entwurfes besteht darin, das Tageslicht in die Gebäude zu holen und die Wegebeziehungen so kurz wie möglich zu gestalten. Die Gebäude sind einem strengen Konstruktionsraster untergeordnet, das allen wichtigen Funktionen eines Krankenhauses Platz bietet. Die Innenhöfe in den jeweiligen Gebäuden sind großzügig gestaltet, sodass viel Tageslicht in die Räume fällt. Auch die Krankenzimmer bieten den Patienten viel Bewegungsfreiheit. Raumhohe Fenster steigern die Aufenthaltsqualität des Raumes. Besonders gestaltete Aufenthaltsbereiche sollen es den Patienten zusätzlich ermöglichen, sich im Krankenhaus wohlzufühlen.

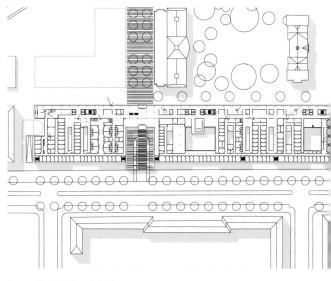

Auguste-Viktoria-Klinikum. Erdgeschoss
Auguste-Viktoria Clinic. Ground floor plan

Auguste-Viktoria-Klinikum. Schnitt
Auguste-Viktoria Clinic. Section

Auguste-Viktoria-Klinikum. Visualisierung des Haupteingangs
Auguste-Viktoria Clinic. Entrance area visualisation

The design of the Auguste-Viktoria Clinic proposes a clear structure that adapts to the existing building. The master plan suggests the building be constructed in several stages to ensure the existing building can function effectively during the construction process.

The design concept focuses on drawing natural light into the building and keeping routes as short as possible. The buildings follow a rigid structural grid and accommodate all the primary functions of a hospital.

The generous inner courtyards in the individual buildings ensure plenty of natural light enters the rooms. The patients' rooms are also very spacious, providing convalescents with plenty of room to move and exercise. Floor-to-ceiling windows enhance the quality of the rooms. Specially designed leisure areas and common rooms are also intended to make the patients feel comfortable and relaxed during their stay in hospital.

Auguste-Viktoria-Klinikum. Vogelperspektive
Auguste-Viktoria Clinic. Bird's eye perspective

Auguste-Viktoria-Klinikum. Lageplan Berlin Schöneberg
Auguste-Viktoria Clinic. Site plan Berlin Schöneberg

Auguste-Viktoria-Klinikum. Straßenansicht
Auguste-Viktoria Clinic. View from the street

2017    DISSERTATION DOCTORAL THESIS

# GESUNDHEITSBAU UND HYGIENE

EFFEKTIVE STRATEGIEN ZUR KONTROLLE UND ZUM
UMGANG MIT AUSBREITUNGSWEGEN VON ERREGERN
IM PFLEGEBEREICH VON GESUNDHEITSBAUTEN

## WOLFGANG SUNDER

Der dramatische Anstieg des Auftretens behandlungs-
resistenter Keime in Krankenhäusern, die Furcht vieler
Patienten, sich in einer Klinik mit einem dieser Keime zu
infizieren sowie unerfreuliche Vorkommnisse aufgrund
mangelnder Hygiene und schließlich die Änderung des
Infektionsschutzgesetztes machen es für Krankenhausbetreiber unumgänglich, sich mit der Thematik Krankenhaushygiene zu beschäftigen. Das gilt aber nicht
nur für die Träger und Betreiber der Kliniken, sondern
insbesondere auch für Architekten und alle Fachleute,
die mit der Planung und Errichtung von Krankenhäusern
befasst sind.

Nach Angaben des Bundesgesundheitsministeriums
erkranken jährlich 400.000 bis 600.000 Patienten an
krankenhausspezifischen Infektionen.[1] Diese Patienten
haben sich im Rahmen einer stationären oder ambu-
lanten Behandlung zusätzlich zu ihrem primären Leiden
eine weitere behandlungsbedürftige Erkrankung, eine
sogenannte nosokomiale Infektion[2], zugezogen. Bis zu
10.000 Menschen sterben jährlich daran.[3] Die geringe
wissenschaftliche Auseinandersetzung mit dem Thema
der baulichen Hygiene, wie zum Beispiel in der Richt-
linie für Krankenhaushygiene und Infektionsprävention
(2004)[4] des Robert Koch-Institutes, deren Empfehlungen bislang nur wenig evidenzbasiert sind, zeigt die
Notwendigkeit dieser Arbeit. Neben dem prozessorien-
tierten Hygienemanagement ist der baulich-funktionale
Zustand einer Klinik ein relevanter Gesichtspunkt bei der
Bekämpfung der nosokomialen Infektionen.

In der Arbeit sind neben einem historischen Rückblick
konkrete Ermittlungen an bestehenden Kliniken über
den Istzustand der Infektionsbekämpfung ebenso
angestellt worden, wie zu den Arbeitsbedingungen und
den täglichen Erfahrungen des mit der Vorbeugung
und Behandlung der auftretenden Keime befassten
Pflegepersonals. (Abbildung 1–2) Begleitet wurden diese

Erhebungen von einer Recherche hinsichtlich der in der
Bundesrepublik Deutschland beziehungsweise in den
einzelnen Bundesländern rechtlichen Vorgaben/Rahmen-
bedingungen zum Umgang mit dem angesprochenen
Phänomen.

Mit diesen angewandten Methoden konnten Anforderungen von hygienekritischen Bereichen und Details
sowie Vorschläge zu Verbesserungen von Räumen und
Abläufen sinnvoll erfasst und bewertet werden. Die
Ergebnisse ermöglichen die Formulierung von Hand-
lungsempfehlungen für die Umsetzung bei Planung
und Bau hygienesicherer Normal- und Intensivstationen.
Neben der Gestaltung wichtiger räumlicher Bestandtei-
le wie den Stationsfluren und den Patientenzimmern
wurden signifikante Entwurfsprinzipien formuliert. Dazu
gehören unter anderem die Schaffung von Bewegungsflächen für Personal und Patienten und die Einführung
kürzerer Wege und effizienterer Funktionsabläufe.

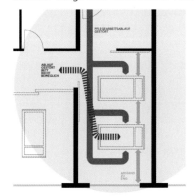

Abb. 1: Intensivstation: Pflegeabläufe gestört durch zu wenig Platz
Fig. 1: ICU: Deficits in the care process with limited space

1  Vgl. BMG (2015)
2  Eine nosokomiale Infektion ist eine Infektion, die im Zuge eines Aufenthalts oder einer
   Behandlung in einem Krankenhaus oder einer Pflegeeinrichtung auftritt.
3  Vgl. Aktionsbündnis (2007)
4  Vgl. Robert Koch-Institut (2004)

# HEALTHCARE BUILDINGS AND HYGIENE

EFFECTIVE STRATEGIES FOR MONITORING AND HANDLING
PATHOGEN PROPAGATION PATHS IN THE NURSING AREAS
OF HEALTHCARE BUILDINGS

The dramatic increase in the occurrence of treat-
ment-resistant germs in hospitals, many patients' fear of
becoming infected with these germs while in hospital,
unpleasant occurrences because of lack of hygiene and,
finally, change in the law on preventing infections mean
that hospital managers are compelled to deal with the
issue of hospital hygiene. This means not only sponsors
and operators of hospitals, but, in particular, architects
and all specialists involved in planning and building
hospitals.

According to data from the Federal Ministry of Public
Health, 400,000 to 600,000 patients fall ill with hospi-
tal-acquired infections every year.[1] These patients have
contracted a nosocomial infection[2], in addition to their
primary illness, while receiving inpatient or outpatient
treatment. This results in the death of up to 10,000
people every year.[3] The lack of scientific attention given
to the issue of construction hygiene, e.g. in the Richtli-
nie für Krankenhaushygiene und Infektionsprävention
(2004)[4] [Guideline on Hospital Hygiene and Infection
Prevention] by the Robert Koch Institute, few of whose
recommendations have so far been evidence-based,
highlights the necessity of this work. In addition to pro-
cess-orientated hygiene management, a clinic's structural and functional situation is a relevant point of view in
the fight against nosocomial infections.

Along with a historical retrospective, the study presents
concrete findings at existing clinics concerning the
current status of the fight against infection, as well as
findings about working conditions and the day-to-day
experiences of nursing staff involved in prevention and
treatment of infections. (Fig. 1–2) These findings were
accompanied by research on the statutory guidelines/
basic conditions for dealing with the phenomenon discussed in the Federal Republic of Germany and/or in the
individual Federal States.

The methods applied made it possible to meaningfully
record and assess requirements for hygiene-critical areas
and details, as well as proposals for improving spaces
and processes. The results make it possible to formulate recommended actions that can be implemented
in planning and building hygienically safe normal and
intensive-care wards. Significant design principles have
been formulated, along with design of important spatial
components, such as ward floors and patient rooms.
This also includes creation of areas where staff and patients can move around and the introduction of shorter
routes and more efficient functional sequences.

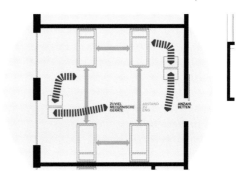

Abb. 2: Intensivstation: Ausstattung des Patientenzimmers mit vier Betten
Fig. 2: ICU: Patient room is equipped with four beds

1  Cf. BMG (2015)
2  A nosocomial infection is an infection that occurs during a
   stay or treatment in a hospital or healthcare facility.
3  Cf. Aktionsbündnis (2007)
4  Cf. Robert Koch Institute (2004)

## ZUSAMMENFASSENDE SCHLUSSFOLGERUNGEN
## GESUNDHEITSBAU UND HYGIENE

**1** Die bauliche Struktur eines Pflegebereiches hat Einfluss auf das Auftreten von nosokomialen Infektionen beziehungsweise auf das Übertragungsrisiko von Infektionserregern.

Die Zusammenführung und Bewertung der in der Arbeit eingesetzten Methoden (Literaturrecherche, Nutzerbefragung und Datenerhebung) hat gezeigt, dass es einen Zusammenhang zwischen der baulichen Struktur eines Pflegebereiches und dem Auftreten von nosokomialen Infektionen beziehungsweise dem Übertragungsrisiko von Infektionserregern gibt.

**2** Höherer Bedarf an Einzelzimmern auf der Intensiv- und Normalpflegestation.

Die im Rahmen der Arbeit durchgeführten Untersuchungen verdeutlichen, dass die Evidenz für den Vorteil der Ausstattung der Intensivstationen mit einem möglichst großen Anteil von Einbettzimmern gut ist. Deshalb sollten in Zukunft auf Intensivstationen nur noch Einzelzimmer geplant und gebaut werden.

Der Anteil von Einzelzimmern in den Normalstationen wurde demgegenüber als weniger gut ermittelt. Die in dieser Arbeit durchgeführte Datenerhebung hat ergeben, dass in deutschen Krankenhäusern der aktuelle Anteil an Einzelzimmern nur bei sechs Prozent liegt. Ein durchaus höherer Bedarf an Einzelzimmern auf der Normalstation ist somit vorhanden. Ein Anteil von 50 Prozent von Betten in Einzelzimmern sollte diskutiert werden.

**3** Bedarf einer länderübergreifenden, einheitlichen Krankenhausbauverordnung.

Insbesondere die gesetzlichen Anforderungen bei einem Krankenhausneubau haben zurzeit keinen einheitlichen Stand. Architekten, die sich mit dem Krankenhausbau befassen, stehen immer wieder vor der Situation, hygienische Anforderungen in ihren Planungen umzusetzen, die von Bundesland zu Bundesland unterschiedlich verstanden werden. Eine länderübergreifende Krankenhausbauverordnung ist insbesondere auch für die bauliche Infektionsprävention dringend erforderlich und würde die Planung von hygienerobusten Krankenhäusern bundesweit vereinheitlichen.

**4** Bedarf einer frühzeitigen Integration des Themas Hygiene in den Planungsprozess.

Eine frühzeitige Integration des Themas Hygiene bei der Projektvorbereitung und der Bedarfsermittlung ist deshalb unabdingbar. Diese Vorarbeiten finden allerdings in der Leistungsbeschreibung der HOAI keinen Niederschlag: Die Leistungsphase 1 betrifft zwar die Grundlagenermittlung, allerdings greift die darin aufgeführte Klärung der Nutzungsanforderungen und des Leistungsbedarfes viel zu kurz. Zudem ignorieren Krankenhausbetreiber aus Kostengründen den erforderlichen Zeitaufwand einer vorausschauenden und frühzeitigen Hygieneplanung. Die Erweiterung um eine in der Literatur häufig als Leistungsphase 0 („Projektierung, Ermittlung und Analyse der Nutzungsanforderung") beschriebene Kategorie würde den eigentlich unbedingt notwendigen Planungsaufwand im Vorfeld der Leistungsphase 1 abdecken und in seiner Bedeutung hervorheben.

## OVERALL CONCLUSIONS
## HEALTHCARE BUILDINGS AND HYGIENE

**1** The construction of nursing areas influences the occurrence of nosocomial infections and/or the transmission risk for infectious diseases

Consolidating and assessing the methods used in the study (literature research, user survey and data collection) has shown a link between the construction of nursing areas and the occurrence of nosocomial infections or the transmission risk for infectious diseases.

**2** Greater need for individual rooms on intensive-care and normal wards

Investigations made in the course of the study clearly show that there is good evidence for the benefits of equipping intensive-care wards with the highest number of individual rooms possible. Therefore, only individual rooms should be planned and built on intensive-care wards in the future.

The proportion of individual rooms on normal wards was found to be worse in comparison. The data collected in the course of this study has revealed that the current number of individual rooms in German hospitals is currently only six per cent. There is therefore a much greater need for individual rooms on normal wards. A 50 per cent proportion of beds in individual rooms should be discussed.

**3** The need for a transnational, standardised hospital building regulation

Statutory requirements for building new hospitals, in particular, are currently not standardised. Architects involved in building hospitals are always faced with the situation of incorporating into their planning hygiene requirements that are understood differently from state to state. A transnational hospital building regulation is urgently required, especially for structural infection prevention, and would standardise planning of hygienically robust hospitals across the country.

**4** Need for early integration of the topic of hygiene into the planning process

Early integration of the topic of hygiene into project preparation and determination of requirements is therefore indispensable. However, this preliminary work is not mentioned in the performance specifications of HOAI. Performance phase 1 does concern basic evaluation, but the explanation in it does not pay enough attention to use and performance requirements. Furthermore, hospital operators ignore the time required for foresighted and early hygiene planning for reasons of cost. Adding a category often described in the literature as performance phase 0 ("project planning and determining and analysing use requirements") would cover the imperative planning in advance of performance phase 1 and stress its importance.

2009     DISSERTATION DOCTORAL THESIS

# DIE INTERDISZIPLINÄRE NOTFALLAUFNAHME

FALLZAHLEN DER DEUTSCHEN KRANKENHAUSLANDSCHAFT IM VERHÄLTNIS ZU DEN INTERNEN PFLEGE-
STUFEN. EINE EVALUIERUNG DES BESTANDES UND EINE IMPLIKATION FÜR DIE ZUKUNFT
ODER ANDERS FORMULIERT: DIE NOTFALLAUFNAHME IST EINE VISITENKARTE EINES KRANKENHAUSES

## DIMITRI HAIDAS

Viele Architekten glauben, dass das Ambiente eines Hauses das Hauptmotiv von Patienten sei, sich für ein bestimmtes Krankenhaus zu entscheiden; tatsächlich aber sind andere Faktoren ausschlaggebend. Dazu zählen externe Überweisungen, die Arbeitsweise der Rettungsleitstellen, Fachgebiete und Reputation sowie andere Einflüsse außerhalb des Hauses.

Dementsprechend liefert die Arbeit einen Beitrag zur Fallzahlenstruktur von Krankenhäusern unter dem Gesichtspunkt des Einweisungsgrundes. Bei der Untersuchung von Krankenhäusern unterschiedlicher Spezialisierung stellte sich heraus, dass die Zahlen der sogenannten Selbsteinweiser konstant steigen. Dies trifft insbesondere auf Notfallaufnahmen zu. Durchschnittlich 13 Prozent der gesamten Patientenfälle erreichen ein Krankenhaus über die Notfallaufnahme, wobei es Häuser gibt, in denen der Anteil bei 23 Prozent liegt. Von diesen Fallzahlen der Notfallaufnahme werden durchschnittlich 30 Prozent stationär aufgenommen. Sie sind somit ein echter wirtschaftlicher Faktor für eine Klinik und zeigen die steigende Bedeutung dieser Abteilung für die jeweiligen Häuser.

Da das Gesundheitswesen zukünftig vor vielfältigen Herausforderungen stehen wird, erläutert diese Arbeit neben grundlegenden Definitionen auch Rahmenbedingungen zur Organisation und das Raumprogramm zukünftiger Notfallversorgung. Hierbei wurden neben architektonischen Gesichtspunkten auch aktuelle politische, medizinische und volkswirtschaftliche Diskussionen in die Überlegungen eingearbeitet.

Die Ziele sind bessere Effizienz und Qualität in den Arbeitsabläufen und in der Personalstruktur. Sie sind unabdingbare Voraussetzungen dafür, dass die Notfallaufnahme als selbstständige Organisationseinheit zur Versorgung aller Notfallpatienten aufgebaut werden kann, ohne vom Restbetrieb Krankenhaus abhängig

zu sein und prägen folglich nicht nur die Gestaltung, sondern auch den Aufbau einer solchen Krankenhauseinheit.

Somit ist die Idee eines idealtypischen Modells unter dem Gesichtspunkt der äußeren wie auch inneren Krankenhausstruktur dokumentiert, welches das Ergebnis der Arbeit untermauert:

Eine zentrale, interdisziplinäre Notfallaufnahme stellt den Idealtyp für die Patientenaufnahme von Notfällen und für den reibungsfreien Ablauf eines Krankenhausbetriebes dar.

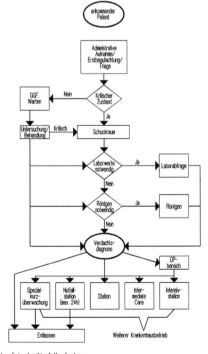

Patientenankunft in der Notfallaufnahme
Patient arriving in the emergency unit

# INTERDISCIPLINARY EMERGENCY UNITS

CASE NUMBERS IN THE GERMAN HOSPITAL ENVIRONMENT IN RELATION TO INTERNAL CARE LEVELS. AN APPRAISAL OF THE CURRENT SITUATION AND IMPLICATIONS FOR THE FUTURE OR PUT DIFFERENTLY: A HOSPITAL'S EMERGENCY UNIT IS ITS BUSINESS CARD

Many architects are of the opinion that the atmosphere of a hospital is the primary factor that prompts patients to opt for a particular hospital. Other factors play a more decisive role, however, including external referrals, rescue coordination centres, the specialisation of the hospital, the hospital's reputation, as well as other external factors.

This dissertation looks at the case structure of hospitals considering the reason for patient referral. An examination of hospitals specialising in different fields found that the number of self-referrers is on the constant increase. This applies in particular to cases of emergency hospitalisation. On average, 13 per cent of all patients are admitted to hospital through emergency units, with some hospitals reporting rates as high as 23 per cent. 30 per cent of these emergency hospitalisation cases receive inpatient treatment, and thus constitute a real economic factor for a clinic, clearly underlining the growing importance of this division for individual hospitals.

Given the wide range of challenges facing the healthcare system in the future, this paper explains basic definitions and describes the organisational framework and the space allocation specifications for future emergency care services. In addition to architectural aspects, current political, medical and economic debates are also considered in the paper.

The objectives are to improve the efficiency and quality of operational procedures and the staff structure. This is essential to ensuring that emergency units can become independent organisational units that provide medical attention to all emergency patients without being dependent on other operations in the hospital. As such, they not only affect the design but also the construction of such a hospital unit.

Thus, the dissertation documents the concept of an ideal model from the point of view of the external and internal hospital structure which underpins the result of the paper: namely that a central, interdisciplinary emergency unit is the ideal model for admitting emergency patients and for ensuring a smooth workflow within a hospital.

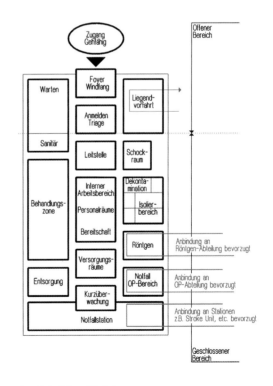

Raumstruktur: idealtypische Notfallaufnahme
Room structure: ideal model of an emergency unit

2016 PROJEKT PROJECT

# MUTTER-KIND- UND OP-ZENTRUM KAISER-FRANZ-JOSEF SPITAL WIEN

## NICKL & PARTNER ARCHITEKTEN AG

Durch unzählige An- und Umbauten wurde aus dem einst klar strukturierten Pavillonkrankenhaus ein heterogenes Areal aus Gebäuden und fragmentierten Restflächen.

Der siegreiche Entwurf eines internationalen Wettbewerbs 2008 sah einen Entwicklungsplan vor, der die ursprüngliche Idee des Krankenhauses im Park erneut aufgreift.

Für das traditionsreiche Spital wurde im Rahmen der weiteren Verdichtung und Optimierung eine klare städtebauliche Struktur entwickelt, die im Einklang mit den Bestandsgebäuden steht und einen lesbaren Bezug zur Stadt herstellt.

Der Pavillon wird nun gekettet, Dachgärten verbinden sich mit einer für den gesamten Stadtteil nutzbaren Parklandschaft, die die Qualität des Außenraums auch ins Innere bringen. Bei gleichzeitiger Erfüllung höchster funktionaler

Ansprüche werden so Innen- und Außenraum verschmolzen.

Das Wechselspiel architektonischer Räume schafft Orte für Begegnung und Bewegung, die ein lebendiges, positives Lebensgefühl vermitteln. Die Modularität des Grundrisses ermöglicht dem Krankenhaus Raum für zukünftige Entwicklungen ohne die Grundstrukturen zu zerstören.

Das Spital erhält, durch die Modularität des Grundrisses, Freiraum für zukünftige Entwicklungen. Ein erster Schritt zur Öffnung des Spitals zur Stadt wurde durch die Entfernung der Mauer entlang der Triester Straße erreicht. Es entstehen ein Zusammenklang mit den Bestandsgebäuden und ein lesbarer Bezug zum Quartier.

Alle Einrichtungen des über 100 Jahre alten Gottfried von Preyer'schen Kinderspitals siedeln in

den Teilneubau 2 über, der nach modernsten Erkenntnissen der Kinder- und Jugendmedizin ausgestattet wird.

Das Mutter-Kind- und OP-Zentrum beherbergt zudem Ambulanzen, Stationen und OP-Einrichtungen. Großzügige Dachterrassen laden sowohl Patienten als auch Besucher zum Verweilen ein. Mit der Zentralisierung werden Abläufe optimiert und es entfallen Wege zwischen den einzelnen Gebäuden.

Neben der räumlichen Nähe der Ambulanzen garantiert dies ein Höchstmaß an Sicherheit und Komfort für Patientinnen und Patienten, die hier in Ein- und Zwei-Bett-Zimmern untergebracht sind.

Sämtliche Patienten- zimmer befinden sich an der Außenfassade mit optimaler Tagesbelich- tung und Ausblick. Innenhöfe trennen die jeweiligen Funktions- bereiche und versorgen

die innenliegenden Räume und vor allem die Arbeits- räume des Personals mit viel Tageslicht.

Das Mutter-Kind- und OP-Zentrum des Kaiser-Franz-Josef Spitals in Wien wurde von der Nickl & Partner Architekten AG geplant.
The mother-child and surgery centre at Franz-Josef Spital Vienna has been designed by Nickl & Partner Architekten AG.

Fotos: Werner Huthmacher
Photos: Werner Huthmacher

**Kaiser-Franz-Josef Spital. Entwicklung des Masterplans**
Kaiser-Franz-Josef Spital. Development of the master plan

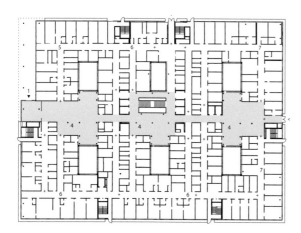

**Kaiser-Franz-Josef Spital. Grundriss Erdgeschoss**
Kaiser-Franz-Josef Spital. Ground floor plan

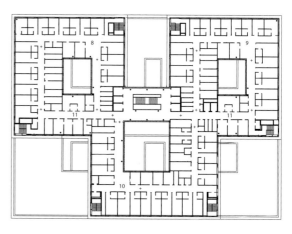

**Kaiser-Franz-Josef Spital. Grundriss Pflegegeschoss**
Kaiser-Franz-Josef Spital. Floor plan of the wards

Due to innumerable extensions and conversions, the once clearly organised pavilion hospital became a heterogeneous area of buildings and fragmented residual spaces.

The winning design in a 2008 international competition provided for a development plan that revived the original idea of a hospital in a park.

A clear urban structure was developed for the tradition-steeped hospital as part of further consolidation and optimisation. It harmonises with the existing buildings and creates a legible relationship to the city.

The pavilion is now linked. Roof gardens connect to form a park landscape that brings the quality of the outdoor space into the interior and is also usable by the entire district. Thus, interior and outdoor space is merged, while also satisfying the highest functional demands.

The interplay of architectural spaces creates places for meeting and movement that convey a vibrant, positive attitude towards life. The modularity of the floor plan provides the hospital with space for future developments without destroying the basic structures.

Thanks to the modularity of the floor plan, the hospital obtains open space for future developments. A first step toward opening up the hospital to the city was achieved by removal of the wall along Triester Straße. It results in harmony with the existing buildings and a legible relationship to the neighbourhood.

All the facilities in the over 100-year-old Gottfried von Preyer Children's Hospital move into the partially new building 2, which is equipped in accordance with the latest findings in children's and youth medicine.

The mother-child and surgery centre also houses outpatient, ward and operation facilities. Expansive roof terraces invite both patients and visitors to linger. This centralisation helps to optimise processes and to eliminate paths between the individual buildings.

In addition to the spatial proximity of outpatient departments, this also guarantees a high level of safety and comfort for patients, who are housed in one and two-bed rooms.

All patient rooms are located on the exterior facade with optimal daylight and views. Interior courtyards separate the respective functional areas and provide the internal spaces and, most importantly, staff working spaces with ample daylight.

# MOBILE & TEMPORARY

# MOBIL & TEMPORÄR

CHRISTINE NICKL-WELLER

Medical care in many developing and newly industrialised countries is still inadequate. The deficiencies have a wide range of causes, one of which is the lack of accessibility of healthcare facilities. In crisis areas, after wars or natural disasters, medical help also needs to be guaranteed quickly, temporarily and without spending time and money on infrastructure. Against this background, it is important to develop transportable basic healthcare facilities for basic medical care for the population. Under the slogan "Health Box", this theme was dealt with at the "Architecture for Health" department, both in student design projects and within research projects and dissertations. Various contexts and manufacturing levels were investigated.

The following chapter presents various solution approaches, from a mobile container module to a full medical care central for refugees on the site of the former Tempelhof Airport. The dissertation "Mobile Healthcare Buildings" investigates the applicability of various construction types for mobile and temporary basic care, while the "Intelligent Wall" project, currently undergoing further development into a "Pocket Clinic", is pushing ahead construction of a universally versatile module that integrates all necessary medical devices and gases for the most common interventions.

Die medizinische Versorgung in vielen Entwicklungs- und Schwellenländern ist noch heute unzureichend. Die Defizite haben verschiedenste Gründe, einer ist die mangelhafte Erreichbarkeit von Gesundheitseinrichtungen. Auch in Krisengebieten, nach Kriegen oder Naturkatastrophen, muss medizinische Hilfe schnell, temporär und ohne infrastrukturellen Aufwand sichergestellt werden. Vor diesem Hintergrund gilt es, transportable Basisgesundheitseinrichtungen für die medizinische Grundversorgung der Bevölkerung zu entwickeln. Unter dem Schlagwort „Health Box" wurde diese Thematik am Fachgebiet „Architecture for Health" sowohl in studentischen Entwurfsprojekten als auch innerhalb von Forschungsprojekten und Dissertationen bearbeitet. Verschiedene Kontexte und Fertigungsebenen wurden untersucht.

Das folgende Kapitel stellt unterschiedliche Lösungsansätze vor, vom mobilen Container-Modul bis hin zum kompletten medizinischen Versorgungszentrum für Flüchtlinge auf dem Gelände des ehemaligen Tempelhofer Flughafens. Die Dissertation „Mobile Bauten der medizinischen Versorgung" untersucht die Anwendbarkeit unterschiedlicher Konstruktionstypen für die mobile und temporäre Grundversorgung, während das Projekt „Intelligent Wall", aktuell in der Weiterentwicklung zu einer „Pocket Clinic", den Bau eines universell einsetzbaren Moduls vorantreibt, in dem alle notwendigen medizintechnischen Geräte und medizinischen Gase für die gängigsten Eingriffe integriert sind.

2005

# HEALTHCARE UNITS

## KAI BERGMANN & NILS MÖLLER

### FLOAT CARE

Mit dem schwimmenden Krankenhaus sollen hilfe-bedürftige Menschen in abgeschiedenen Gegenden sowie in Über-schwemmungs- und Erdbebenregionen erreicht werden.

Das Float Care Design ist ein weltweit modulares, erweiterbares und flexibles System. In der gezeigten Anordnung besteht das Float Care Hospital aus 58 genormten, 20 Fuß hohen Containern und bietet eine Fläche von 845 Quadratmetern. Die Einheit arbeitet selbstständig mit Wassertanks, Elektro-generator und allen weiteren Einrichtungen zum Betrieb eines kleinen Krankenhauses mit permanenter Nutzung.

Zwei 36 Quadratmeter große OP-Räume, ein Röntgenraum und verschiedene Untersu-chungsräume sind Teil der Grundausstattung, ebenso wie Patienten-und Pflegeteamräume. Eine Gemeinschaftsküche sorgt für die Verpflegung von Patienten und Ange-stellten. Das Schleppboot erreicht eine Geschwin-digkeit von 18 Kilometer pro Stunde und ist immer einsatzbereit.

### FLOAT CARE

The floating hospital addresses the medical needs of people in remote areas. One application could be in flood areas as well as areas affected by an earthquake or a war.

The Float Care design is a worldwide modular system which is extenda-ble and extremely flexible. In this configuration the Float Care Hospital con-sists of 58 standardised 20-foot-high containers and provides an area ratio of approximately 845 square metres. This unit works autonomously with water tanks and power generator and all the facilities needed to provide a small hospital for permanent use.

Two 36-square-metre operating theatres, one x-ray room and several examination rooms are part of the functional brief as well as patient and staff bedrooms. A communal kitchen provides food for patients and medical staff. The tug boat reaches a speed of up to 18 kilometres per hour and is therefore mobile and always ready to move on.

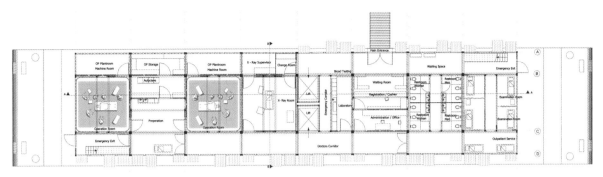

**Float Care. Grundriss**
Float Care. Ground plan

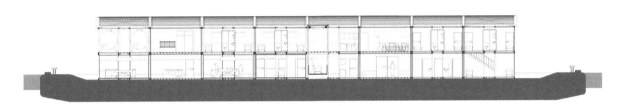

**Float Care. Schnitt**
Float Care. Section

**Float Care. Visualisierung**
Float Care. Visualisation

2015–2016

# REDICAL
# BERLIN TEMPELHOFER FELD

JONAS BADER

## TEMPELHOFER WAVE

Das Gebäude soll gleichzeitig als Gesundheitszentrum wie auch als Treffpunkt für ein gesundheitsbewusstes Leben mit interessanter Freizeitgestaltung genutzt werden und durch dieses Nutzungskonzept auch der Integration von Flüchtlingen dienen. Die Realisierung des Baus ist westlich der nördlichen Landebahn des Flugfeldes Tempelhof geplant. Gleichzeitig sieht das Konzept vor, dass das Gebäude als öffentlicher Zugang und Haupttor zum Tempelhofer Feld fungiert. Somit wird der aktuell fehlenden Infrastruktur entgegengewirkt.

Die Idee eines zweiteiligen Konzepts, bestehend aus einer autark stehenden äußeren Hülle und dem als Gesundheitszentrum nutzbaren Innenleben, entstand in Hinblick auf die Möglichkeit einer fortwährenden Nutzbarkeit der Hülle. Diese bietet Wetter- und Sonnenschutz und kann dauerhaft bestehen bleiben, um weiterhin als öffentlicher Treffpunkt für kulturelle Events auf dem Tempelhofer Feld, zum Beispiel als Konzert-, Theater- oder Fußballhalle, zu dienen.

Tempelhofer Wave. Visualisierung
Tempelhofer Wave. Visualisation

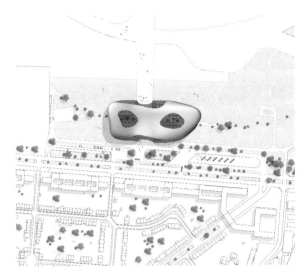

**Tempelhofer Wave. Lageplan**
Tempelhofer Wave. Site plan

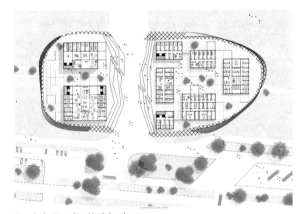

**Tempelhofer Wave. Grundriss Erdgeschoss**
Tempelhofer Wave. Ground floor plan

**Tempelhofer Wave. Schwarzplan Berlin Tempelhofer Feld**
Tempelhofer Wave. Figure ground plan Berlin Tempelhofer Feld

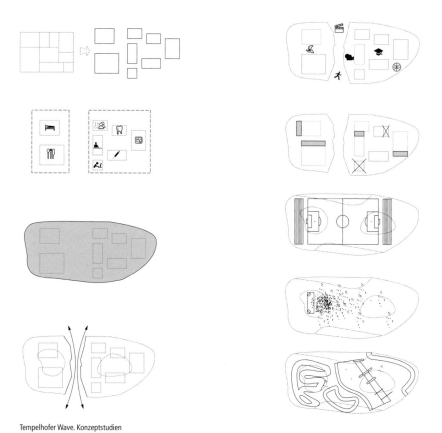

Tempelhofer Wave. Konzeptstudien
Tempelhofer Wave. Concept studies

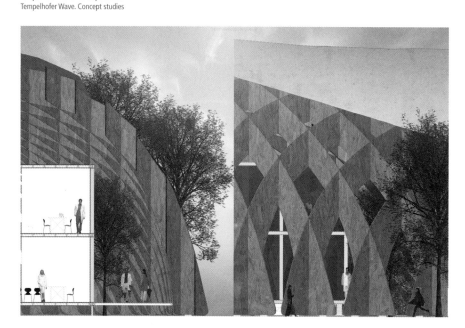

Tempelhofer Wave. Schnitt und Ansicht
Tempelhofer Wave. Section and elevation

## TEMPELHOFER WAVE

The building is supposed to be used simultaneously as a health centre, as well as a meeting point for healthy lifestyle and interesting leisure activities. Used as such, it also aims to help refugees to integrate. The intended construction site for the building is west of the north runway of Tempelhof airport. The building is also supposed to play the role of public access and main gateway to Berlin Tempelhof Airport in order to counteract the current lack of infrastructure. The idea of a dual concept, consisting of an independent outer shell and an interior that can be used as a health centre, came about in view of the options for continual usability of the shell. It offers protection against sun and weather and can continue to exist in the long term, when it can serve as a public meeting place for cultural events at Tempelhof Airport, for example as a concert hall, theatre or football stadium.

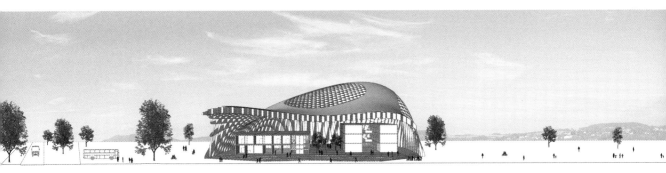

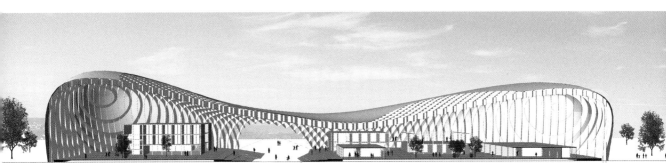

Tempelhofer Wave. Querschnitt und Längsschnitt
Tempelhofer Wave. Transverse section and longitudinal section

2015–2016

# CONNECTIVITY
# BERLIN TEMPELHOFER FELD

## LAILA KUCHINKE PALMARINI &
## DIMITRI BOHL

### CARE.PORT

Am Ende der nördlichen Landebahn befindet sich der neue Begegnungsort für Zugezogene und Einheimische – CARE. PORT. Die Nähe zu den öffentlichen Verkehrsmitteln und zu den Eingängen des Feldes begünstigt diese Platzierung. Der Entwurf basiert auf einem Modul, das alleine für sich stehen oder zu einem größeren Gebäude kombiniert werden kann. Die vielfältige Zusammensetzung des Grundmoduls bietet Raum für Einrichtungen in nächster Nähe zu den Notunterkünften. Der Vorschlag beinhaltet eine Praxis, Räume für soziale Dienste, Sprachschule, Kindergarten und ein Café. Neuankömmlinge erhalten eine Möglichkeit zur Erstuntersuchung und sozialen Unterstützung. Die nach außen einheitlich wirkende Komposition löst sich im Inneren in Plätze und Gebäude auf und lädt die Besucher und Anwohner zum gemeinsamen Verweilen ein. Das Erlebnis auf dem Tempelhofer Feld profitiert vom neu gewonnenen Platz samt Café.

### CARE.PORT

The new reception centre for new arrivals and local residents is located at the end of the north runway. This location benefits from proximity to public transport and to the entrances to Tempelhof Airport. The design is based on a model that can stand alone or be combined to make a larger building. The diverse composition of the basic model creates space for facilities right next to emergency accommodation. The proposal encompasses a medical practice, space for social services, language school, nursery and café. New arrivals have the opportunity for an initial check-up and social support. The building looks the same from the outside, but inside it is divided up into spaces and buildings, where visitors and residents will want to spend time. The experience at Tempelhof Airport is enhanced with a newly acquired square, with a café.

CARE.PORT. Eingangssituation
CARE.PORT. Entrance

CARE.PORT. Einblick
CARE.PORT. Insight

**CARE.PORT.** Lageplan
CARE.PORT. Site plan

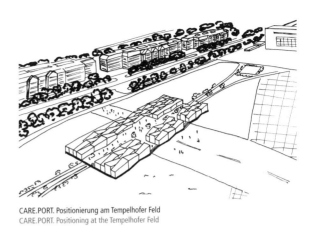

**CARE.PORT.** Positionierung am Tempelhofer Feld
CARE.PORT. Positioning at the Tempelhofer Feld

**CARE.PORT.** Module
CARE.PORT. Modules

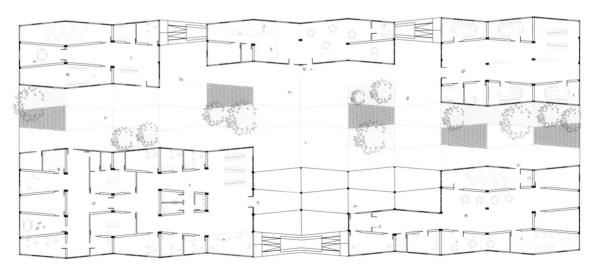

**CARE.PORT.** Grundriss Erdgeschoss
CARE.PORT. Ground floor plan

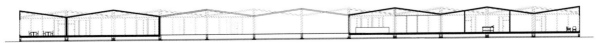

**CARE.PORT.** Schnitt
CARE.PORT. Section

2011     DISSERTATION DOCTORAL THESIS

# MOBILE BAUTEN FÜR DIE MEDIZINISCHE VERSORGUNG

## BENJAMIN RÄMMLER

Mobile Bauten sind modern, und das ist schon seit vielen Jahren so. Diese Aussage ist kein Paradoxon. Im Gegensatz zu konventionellen Bauten gelten mobile Bauten gemeinhin als fortschrittlich, wohl auch, weil sie die Sehnsüchte nach Schnelligkeit, Flexibilität, Automatisierung und individueller Lebensgestaltung illustrieren. Dabei sind mobile Bauten alles andere als eine aktuelle Entwicklung. Transportable Behausungen zählen zu den ältesten Konstruktionen, die Menschen erdachten. Neben dem Wunsch nach Veränderung der Lebenssituation entstand mobile Architektur auch aus zweckmäßigen Überlegungen. Die Beispiele hierfür sind vielfältig. So kam es zur Zeit der Kolonialisierung zu einem Aufschwung bei der Entwicklung mobiler Bauten. In entfernten Ländern wurden Unterkünfte benötigt. Allerdings waren dort weder geeignete Baumaterialien noch Produktionsstätten vorhanden. Ein weiteres Beispiel ist die Zeit der Rationalisierungs- und Industrialisierungsbestrebungen zu Beginn des vergangenen Jahrhunderts. Bei der Entwicklung mobiler Bauten wurde zu dieser Zeit vor allem eine Kostensenkung bezweckt. So entstanden verschiedenste Beispiele mobiler Architektur.

Demgegenüber steht die Architektur für die medizinische Versorgung. Das Krankenhaus, als der prominenteste Vertreter dieser Gebäude, gilt als eine der komplexesten Bauaufgaben. Es gibt die verschiedensten Aspekte, die in ein solches Haus integriert werden müssen. Neben funktionalen sind dies vor allem technische und technologische Aspekte. Allerdings sollte nicht vergessen werden, dass diese Gebäude für Menschen gebaut werden. Und diese Menschen befinden sich meist in einer ganz besonderen Lebenslage. Sie sind krank oder verletzt und bedürfen aus diesem Grund besonderer Aufmerksamkeit.

Vom mobilen Krankenhaus wird immer wieder berichtet. Allerdings geht es selten wirklich um ein Krankenhaus, sondern in der Regel handelt es sich um einfache Infrastruktur zur mobilen medizinischen Versorgung. Der Begriff Krankenhaus steht als Synonym für die Gesundheitsversorgung im Allgemeinen. Aber auch wenn man die Berichte unter dem Thema mobile Gesundheitsversorgung versteht, so ist doch in den seltensten Fällen von baulichen Strukturen die Rede.

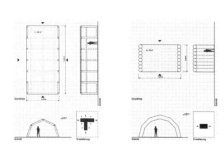 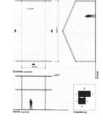 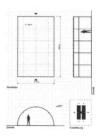 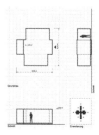

**Konstruktionsweisen mobiler Bauten für die medizinische Versorgung**
Construction methods of mobile healthcare buildings

# MOBILE BUILDINGS
# FOR MEDICAL CARE

There is nothing paradoxical about saying that mobile buildings are modern and have been for many years. Unlike conventional buildings, mobile buildings are generally seen as progressive, probably also because they illustrate the desire for speed, flexibility, automation and the autonomy of each individual. However, mobile buildings are anything but a new development. Mobile accommodation is one of the oldest types of construction ever invented. Mobile architecture is the result of functional considerations, as well as the desire to change a situation in life. There are many examples of this. Development of mobile buildings experienced an upturn at the time of colonisation. Accommodation was required in remote countries, where there were no suitable building materials or production sites. The period of rationalisation and industrialisation efforts at the beginning of the previous century is a further example. Development of mobile buildings at this time was mainly intended to reduce costs. This resulted in many different examples of mobile architecture.

On the other hand, there is architecture for medical care. This is a comparatively new type of building. The hospital, the most prominent representative of these buildings, is regarded as one of the most complex construction tasks. This type of building has to incorporate many different aspects, technical and technological aspects in particular, but also functional aspects. However, it is important to remember that these buildings are built for people and that these people are usually experiencing a very difficult time. They are ill or injured and, for that reason, require particular attention.

Reports of mobile hospitals are becoming increasingly common. However, they are rarely actually hospitals, but normally a simple infrastructure for mobile medical care. The term "hospital" is a synonym for healthcare in general. However, even if we understand the reports as being about mobile healthcare, they very rarely mention architectural structures.

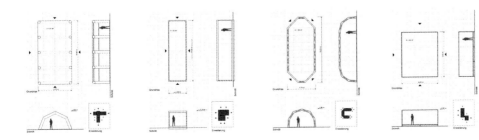

Betrachtet man explizit die baulichen Strukturen, die als mobile Gesundheitsbauten bezeichnet werden, findet man eine Vielzahl unterschiedlichster Konzepte. Das Spektrum reicht vom einfachen Zelt bis zum voll ausgestatteten, modular aufgebauten Krankenhaus.

Gegenstand der Arbeit ist die Untersuchung und Bewertung der für mobile Bauten für die medizinische Versorgung verwendeten Konstruktionsweisen. Um der Analyse eine Basis zu geben, ist die historische Entwicklung dieser Bauten aufgezeigt. Die Szenarien für den Einsatz mobiler Bauten als bauliche Hülle für medizinische Nutzungen werden benannt und bezüglich ihrer Besonderheiten, Unterschiede und Gemeinsamkeiten beleuchtet, um eine erste Grundlage zur Bewertung zu schaffen.

Neben den baulichen werden auch die nutzungsspezifischen Anforderungen an mobile Bauten für die medizinische Versorgung dargestellt. Ebenfalls zur Grundlagenermittlung werden die programmatischen Inhalte der Bauten der medizinischen Versorgung aufgezeigt und erläutert. Die Erläuterungen nehmen sowohl

Bezug auf bauliche Besonderheiten der einzelnen Bereiche als auch auf funktionale Beziehungen zwischen unterschiedlichen Bereichen. Vor dem Hintergrund der Einsatzszenarien, der Eigenschaften, der Anforderungen und der Inhalte der mobilen Bauten für die medizinische Versorgung stellt ein Katalog die wichtigsten Bewertungskriterien dar. Die auf Recherche basierende Analyse der Konstruktion mobiler Bauten der medizinischen Versorgung mündet in einer Systematik der verwendeten Konstruktionsweisen. Es folgt eine präzise Darstellung der Prinzipien und Eigenschaften einer jeden Konstruktionsweise. Die vergleichende Bewertung der Konstruktionsweisen anhand des zuvor festgelegten Kriterienkataloges wird mit Produktbeispielen und Herstellerangaben belegt. Abschließend folgt eine Darstellung der Untersuchungsergebnisse als Matrix und in Bezug auf die Einzelkriterien, wodurch die Auswahl einer Konstruktionsweise durch individuelle Gewichtung der Kriterien möglich wird. Die Arbeit gibt auf die geplanten Einsatzszenarien bezogene Empfehlungen für die Auswahl einer möglichst geeigneten Konstruktionsweise.

If we explicitly look at architectural structures described as mobile healthcare buildings, we see that there are many, very different concepts. The spectrum ranges from a simple tent to a fully equipped, modular hospital.

The subject of the study is investigation and assessment of the construction methods used for mobile healthcare buildings. Highlighting the historical development of these buildings gives the analysis a basis. It specifies scenarios for use of mobile buildings as architectural shells for medical purposes and examines them with regard to their special features, differences and similarities, to create an initial basis for assessment.

It describes use-specific requirements for mobile healthcare buildings, as well as architectural requirements. The programmatic content of healthcare buildings is also highlighted and explained in order to determine basic principles. These explanations refer to both the distinctive architectural features of the individual areas and to the functional relations between different areas. Against the background of use scenarios, the characteristics, requirements and content of mobile healthcare buildings constitute a catalogue of the most important assessment criteria. Research-based analysis of construction of mobile healthcare buildings provides a classification system for the construction methods used. This is followed by a precise description of the principles and characteristics of each construction method. Comparative assessment of construction methods using the pre-determined criteria catalogue is substantiated with product examples and manufacturer information. Finally, the results of the investigation are presented as a matrix and in relation to the individual criteria, which enables selection of a construction method by individually weighting the criteria. The study gives recommendations for choosing the most suitable construction method possible in relation to the planned scenarios for use.

# HEALTH
# BOX

## TANJA EICHENAUER

Gesundheit ist ein Schlüsselfaktor für wirtschaftliches Wachstum und Entwicklung, Krankheit dagegen die Ursache und Folge von Armut. Neben den gravierenden Konsequenzen für das soziale Wohlergehen entzieht Krankheit den Entwicklungsländern ihre Humanressourcen, und die durch schwere Krankheiten verursachten hohen Kosten bremsen das Wirtschaftswachstum und schränken die Mittel ein, die der Regierung für Investitionen in die öffentliche Gesundheitsversorgung zur Verfügung stehen. Folglich ist die Verbesserung des Gesundheitszustands der Bevölkerung in Entwicklungsländern ein Schlüsselelement zur Armutsbekämpfung.

Vor diesem Hintergrund wurde die Health Box entwickelt, mit dem Ziel, eine schnell einsetzbare, mobile und medizintechnisch höchstem Standard genügende medizinische Versorgungseinheit für Entwicklungsländer und Krisengebiete zu schaffen.

Die Anfänge des Gebäudekonzeptes gehen auf den Studentenentwurf „Health Care Unit RC²" zurück. Der Entwurf ist am Fachgebiet unter der Leitung von Prof. Nickl-Weller entstanden und wurde bereits 2005 von der Internationalen Architektenvereinigung Union Internationale des Architectes (kurz UIA) mit dem „Borusan Preis" ausgezeichnet und in diversen Fachzeitschriften publiziert.

In zahlreichen Gesprächen mit Vertretern aus Politik, Wirtschaft und aus der Entwicklungshilfe wurde der enorme weltweite Bedarf an mobilen Gesundheitsversorgungseinrichtungen, die langfristig den Versorgungsstandard von Entwicklungs- und Schwellenländern verbessern können, immer wieder bestätigt. Aufgrund dieses dringenden Handlungsbedarfs entwickelte Prof. Nickl-Weller mit den wissenschaftlichen Mitarbeitern ihres Fachgebiets sowie unter Einbeziehung ihres Architekturbüros den Studentenentwurf weiter und initiierte Workshops mit potenziellen Entwicklungspartnern aus der Wissenschaft, der Medizin und der Industrie. Von der initialen Idee ist die Grundkomponente, der ISO-genormte Schiffscontainer, geblieben. Davon abgesehen wurde das Konzept der Studenten grundlegend überarbeitet, um die Realisierbarkeit der einstigen Idee zu gewährleisten.

Die daraus resultierende Health Box ist ein aus vorgefertigten Modulbausteinen zusammengesetztes Baukastensystem zur medizinischen Primär- und Sekundärversorgung, die den Anforderungen in Katastrophengebieten angepasst werden kann. Sie ist als Ersthilfestation in Krisengebieten oder in entlegenen ländlichen Regionen einsetzbar und lässt sich zu einem voll funktionsfähigen Krankenhaus erweitern.

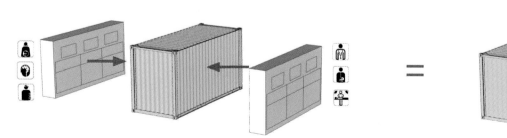

**Entwicklung der Health Box auf Grundlage ISO-genormter Schiffscontainer**
Fabrication of the Health Box based on ISO-standardised shipping containers

# HEALTH
# BOX

Health is a key factor for economic growth and de-velopment, while ill-health is both a cause and effect of poverty. Along with serious consequences for social well-being, ill-health saps developing countries of their human resources, and the high cost of serious illness puts the brakes on economic growth and limits re-sources available to government for investment in public healthcare. Consequently, improving the health of the population in developing countries is a vital weapon in the fight against poverty.

The Health Box was developed against this background, with the aim of creating a rapidly deployable, mobile, medical supply unit that satisfies the highest standard of medical technology, for developing countries and crisis areas.

The origins of the building concept can be traced back to the student design "Health Care Unit RC²". The design was created in the field, under the guidance of Prof. Nickl-Weller, and has already been awarded the "Borusan Prize" in 2005 by the International Union of Architects (UIA) and been published in various specialist journals.

The enormous global need for mobile healthcare facili-ties that can improve the standard of care in developing and emerging countries in the long term kept being confirmed in numerous discussions with representatives from politics, economics and development aid. On the basis of this urgent need for action, Prof. Nickl-Weller developed the student design further, with scientific colleagues in her field and involving her firm of archi-tects, and initiated workshops with potential develop-ment partners from science, medicine and industry. The basic element of the initial idea, the ISO-standardised shipping container, has remained, but the students' concept has otherwise been thoroughly revised to make sure that the actual idea translates into reality.

The resultant Health Box is a unit construction system for primary and secondary medical care, made from pre-fabricated modular components, that can be adapt-ed to requirements in disaster areas. It can be used as a first-aid station in crisis areas or remote, rural regions and can be expanded into a fully-functional hospital. The system's outstanding advantage is the maximum flexibility and usability of the modules for different medical functions.

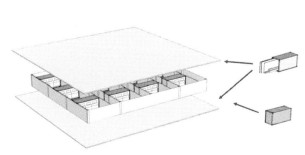
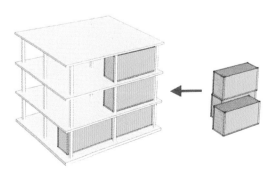

Baukastensystem zur medizinischen Primär- und Sekundärversorgung
Modular construction system for primary and secondary medical care

Die maximale Flexibilität und Nutzbarkeit der Module für verschiedene medizinische Funktionen ist der herausragende Vorzug des Systems. Das System besteht aus ISO-normierten Schiffscontainern, wie sie zum intermodalen Warentransport verwendet werden. Im Kern jedes Moduls ist eine Hightechwand – eine „Intelligent Wall" – vorgesehen, welche die wesentliche technische Infrastruktur enthält, einschließlich Rohrleitungssystem für medizinische Gase, Licht, Klimaanlage und Maßnahmen für saubere Luft, die für eine anspruchsvolle Gesundheitsversorgung notwendig sind. Die Health Box beinhaltet Kapazitäten für alle diagnostischen und therapeutischen Versorgungsschritte, von Prävention über Notfallversorgung bis hin zu Intensivpflege, Operationen und Geburtshilfe. Sie verfügt über eine autarke Energie- und Wasserversorgung, ist leicht zu transportieren und der hohe Vorfertigungsgrad erleichtert die Montage vor Ort. Lokales Material und lokale Baudienstleister können leicht die notwendigen Rahmenbedingungen für die Errichtung bereitstellen.

Konstruktives Grundprinzip der Health Box ist das „Raum im Raum"-Prinzip. Die Versorgungseinheiten stehen unabhängig unter einer klimatischen Schutzhülle. Die Container dienen als Grundstruktur des Gebäudes, die Zwischenräume können, je nach Möglichkeit des Ziellandes, abgetrennt werden. Die hoch installierten Räume wie OPs und Röntgenräume bestehen aus durchgängig aneinandergereihten Containern beziehungsweise Containerrahmen und sind mit zusätzlichen Technikcontainern nach oben erweitert. Sie sind fertig installiert, werden im Rahmen der Aufstellung baulich und haustechnisch verbunden und sind sofort einsatzbereit. Jeder Bereich funktioniert autark als Baustein und kann überall eingefügt werden.

Durch den großzügigen Dachüberstand der Klimaschutzhülle entstehen neben bauphysikalischen Vorteilen weitere externe Wartebereiche für Angehörige, die Patienten zur Behandlung begleiten. Das Stütz- und Installationsraster verläuft unabhängig vom Containerraster, um die modulare Unabhängigkeit von Versorgungseinheiten und der Gebäudehülle zu ermöglichen.

Mit einfachen, adaptierbaren Lösungen können alle Raum- und Ausstattungsbedürfnisse erfüllt werden. So kann mit der Health Box ein Grundstein für die medizinische Versorgung nach modernem Standard gelegt werden, der die Möglichkeit eines zukünftigen Ausbaus eröffnet.

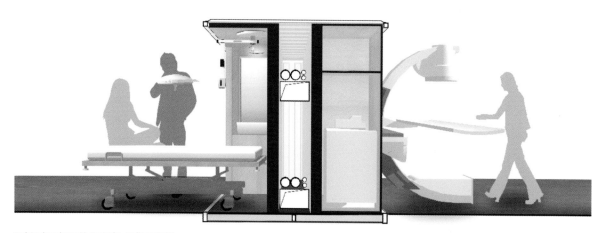

Funktionskern der Health Box ist die „Intelligent Wall"
The "Intelligent Wall" is the functional core of the Health Box

The system consists of ISO-standardised shipping containers like those used in intermodal goods transport. Each module will be based around a high-tech wall. This is an "intelligent wall" with the technical infrastructure that is essential to high-level healthcare, including pumps for medical gases, lighting, air-conditioning and air-purifying equipment. The Health Box has capacity for all diagnostic and therapeutic stages from prevention, to emergency care, to intensive care, operations and obstetrics. It has an independent energy and water supply, is easy to transport and the high level of pre-fabrication facilitates assembly on location. The basic requirements for construction can easily be provided using local materials and local builders.

The construction of the Health Box is essentially based on a "room within a room" principle. The supply units are independent, within a climatic, protective shell. The containers provide the basic structure for the building and the spaces can be divided off, depending on the options in the target country. Highly specialised rooms such as operating theatres and x-ray rooms are constructed from interconnected containers or container frames and are expanded upwards with additional, technical containers. They are ready-installed, with services connected during installation and can be used straightaway. Each area functions autonomously as a component and can be fitted in anywhere.

The generous roof overhang of the climate protection shell offers structural advantages, as well as further external waiting areas for the relatives who accompany patients for their treatment. The support and installation grid runs independently of the container grid to enable modular independence between supply units and the building shell.

Easily adaptable solutions fulfil all spatial and equipment requirements. The Health Box lays the foundations for modern medical care, with the option of expansion in the future.

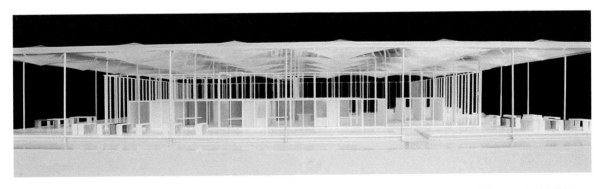

Health Boxen können im „Raum im Raum"-Prinzip zu einer medizinischen Einrichtung der Primär- und Sekundärversorgung kombiniert werden.
Health Boxes can be assembled in a "room within a room" principle in order to provide a primary and secondary medical care-unit.

Modell eines Projektes der TU Berlin „Architecture for Health" in Kooperation mit Nickl & Partner Architekten AG, Universität Stuttgart „Institut für Leichtbau, Entwerfen und Konstruieren", Werner Sobek Stuttgart und Transsolar Energietechnik GmbH
Model of a TU Berlin "Architecture for Health" project, in cooperation with Nickl & Partner Architekten AG, Stuttgart University, Institute for Lightweight Structures and Conceptual Design (ILEK), Werner Sobek Stuttgart and Transsolar Energietechnik GmbH

# NACHHALTIGES KRANKENHAUS

## CHRISTINE NICKL-WELLER

Eine klar konzipierte Nachhaltigkeitsstrategie ist essenziell für die erfolgreiche Umsetzung der Vision eines zukunftsorientierten Krankenhauses. Das intelligente Krankenhaus zeichnet sich nicht nur durch ökologische und technische Nachhaltigkeit aus, sondern auch durch soziale und betriebswirtschaftliche Nachhaltigkeit.

Diese Ansprüche können nicht isoliert betrachtet werden, sondern müssen in einem ganzheitlichen Konzept über die gesamte Lebensdauer des Hauses aufeinander abgestimmt sein, von der Wahl des Bauplatzes über den respektvollen Umgang mit Bestand und Umgebungsbauten bis hin zu Gebäudevolumen, Gebäudehülle und Materialwahl.

Ökologische und ökonomische Nachhaltigkeit wird ersichtlich in geringem Energieverbrauch, in geringen Betriebskosten, geringer Abfallerzeugung bis zum Ende der Lebensdauer des Gebäudes sowie einem hohen Maß an baulicher Flexibilität, um auf Erweiterungen oder Veränderungen reagieren zu können.

Soziale Nachhaltigkeit ist durch ein hohes Maß an Vielfalt und Leben in den Freibereichen rund um das Gebäude und in offenen Innenhöfen sowie Dachgärten und Terrassen bestimmt.

Das nachhaltige Krankenhaus gewährleistet eine Vielfalt an Freiräumen in der unmittelbaren Umgebung und stellt eine natürliche Oase in der Stadt dar. Es hat multifunktionale Räumlichkeiten zum Nutzen der Patienten und der Besucher und formt ein gesundes und inspirierendes Umfeld für den Alltag und die Interaktion zwischen Patienten, Besucher und Personal.

Soziale und ökonomische Nachhaltigkeit wird auch durch ein gesundes Innenraumklima erzeugt. Dieses hat positiven Einfluss auf den Verlauf der Behandlung der Patienten und gewährleistet zudem eine gute Arbeitsumgebung für das Personal. Technische Lösungen müssen sicherstellen, dass Patienten die Möglichkeit zur individuellen Beeinflussung des Raumklimas haben. Niedrige Lärmemission ist ebenfalls ein entscheidender Faktor zur Gestaltung der Innenräume.

Während die Thematik nachhaltiger Krankenhausbauten stets Einfluss auf die Entwurfsprojekte der Studierenden nahm, gingen zwei Forschungsprojekte am Fachgebiet „Architecture for Health" konkreten Fragestellungen nach.

Das vom BMWI geförderte Forschungsprojekt „Krankenhaus +" und die „Green Hospital Studie" sollen im Folgenden vorgestellt werden. „Krankenhaus +" erkundet vor allem die Möglichkeiten der Energieeinsparung in Bau und Betrieb von Krankenhäusern und der Wärmerückgewinnung durch Nutzung von Abwärme. Die „Green Hospital Studie" stellt einen Kriterienkatalog nachhaltiger Krankenhausbauten auf und entwickelt eine Bewertungsmatrix, welche zum Beispiel zur Bewertung von Maßnahmen zur Verbesserung der Energieeffizienz und der Nutzerfreundlichkeit von Neubauten oder Umstrukturierungen herangezogen werden kann.

# SUSTAINABLE HOSPITAL

A well-designed sustainability strategy is essential for the successful implementation of the vision of a future-oriented hospital. The intelligent hospital distinguishes itself not only through ecological and technical sustainability, but also through social and operational sustainability.

These requirements cannot be considered in isolation, but must instead be coordinated in a holistic concept over the entire life of the building, from site selection to respectful treatment of existing conditions and surrounding structures, to building volume, building envelope, and material selection.

Ecological and economic sustainability becomes evident in low energy consumption, in low operating costs, low waste generation until the end of the life of the building, and in a high degree of structural flexibility in order to react to expansions or changes.

Social sustainability is determined through a wide variety and life in the free areas around the building and in open inner courtyards, as well as roof gardens and terraces.

The sustainable hospital ensures a variety of free areas in the immediate surrounding area and represents a natural oasis in the city. It has multifunctional rooms for the use of the patients and visitors, and it forms a healthy and inspiring environment for everyday life and the interaction between patients, visitors, and health professionals.

Social and economic sustainability is also generated through a healthy interior climate. This has a positive influence on the course of treatment of the patients and ensures also a good working environment for healthcare professionals. Technical solutions must ensure that patients have the possibility to influence the climate of the room individually. Low noise output is also a deciding factor in the design of interior spaces.

While the subject of sustainable hospital buildings always had an impact on student design projects, two research projects in the department "Architecture for Health" pursued specific issues.

The BMWI-supported research project "Hospital +" and the "Green Hospital Study" should be presented in the following. "Hospital +" explores primarily potential energy savings in hospital construction and operation, as well as heat recovery through the use of waste heat. The "Green Hospital Study" creates a criteria catalogue for sustainable hospital buildings and develops an evaluation matrix that can be used, for example, to evaluate measures to improve the energy efficiency and user-friendliness of new buildings or restructuring projects.

# KRANKENHAUS +

STRATEGIEN ZUR STEIGERUNG DER
ENERGIEEFFIZIENZ IM KRANKENHAUSBAU
PROJEKTWEBSITE: WWW.KHPLUS.INFO

## MARCO SCHMIDT

Der Umbau des Gesundheitswesens, ein großer Kosten-druck, ein verändertes Leitbild und die vermehrt private Trägerschaft bewirken tief greifende Veränderungen beim Bau und Betrieb von Krankenhäusern. Dabei steht die Anpassung der Häuser an moderne Betriebsabläufe im Vordergrund. Häufig ist der Bettenanteil zugunsten einer Vergrößerung der Untersuchungs- und Behandlungsbe-reiche zu vermindern, oft werden Funktionsbereiche kon-zentriert und auf eine verstärkt ambulante Versorgung ausgerichtet. Neben diesen funktionalen Zielen tritt die Verbesserung der Energieeffizienz in den Hintergrund.

Obwohl der Energieverbrauch in Krankenhäusern im Vergleich zu anderen Gebäudetypen hoch ist, haben die Energiekosten aufgrund der hohen sonstigen betrieb-lichen Kosten in Krankenhäusern in der Regel einen Anteil von „nur" etwa sieben bis neun Prozent der Sachkosten. Berücksichtigt man, dass die Sachkosten etwa rund 35 Prozent der gesamten Betriebskosten eines Krankenhauses betragen, beträgt der Anteil der Energiekosten an den gesamten Betriebskosten des Krankenhauses „nur" etwa 3 Prozent (EANRW, 1998). Aufgrund dieses geringen Anteils sind selbst relativ hohe Energiekosten in der Regel nicht der Auslöser von Sanie-rungen, Teilerneuerungen und Neubauten.

Gerade weil aufgrund der Kostenstruktur Maßnahmen zur Steigerung der Gebäude-Energieeffizienz nicht an erster Stelle der Optimierungsüberlegungen in Kran-kenhäusern stehen, gilt es, Synergien zwischen der Verbesserung betrieblicher Abläufe, der Energieeffizienz, der Aufenthaltsqualität und den Lebenszykluskosten zu erkennen und zu nutzen. Erfahrungen aus der energeti-schen Optimierung anderer Gebäudetypen zeigen, dass durch eine fachgebietsübergreifende Planung und die Nutzung innovativer Technologien eine Win-win-Situa-tion hinsichtlich Wirtschaftlichkeit, Energieeffizienz und Aufenthaltsqualität geschaffen werden kann.

Das Projekt „Krankenhaus +" untersucht Möglichkeiten zur Steigerung der Energieeffizienz im Krankenhausbau. Teilprojekt I beschäftigt sich mit der energetischen Ana-lyse des Krankenhauses Agatharied in Bayern; Teilprojekt II mit der Entwicklung eines Neubaus für das Universi-tätsklinikum in Frankfurt/Main, an dem demonstriert werden soll, wie die Planung auf dem Weg zu einem „funktionell und energetisch optimierten Gebäude" gestaltet werden muss.

Die Projekte Agatharied und Frankfurt/Main werden auf den folgenden Seiten kurz vorgestellt.

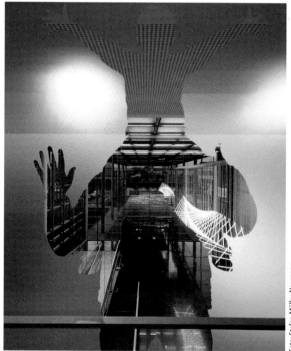

Klinikum der Johann Wolfgang Goethe-Universität
Johann Wolfgang Goethe University Hospital

# KRANKENHAUS +

HOSPITAL STRATEGIES TO
BOOST ENERGY EFFICIENCY
PROJECT WEB PAGE: WWW.KHPLUS.INFO

The transformation in the healthcare system, intense cost pressure, a changing approach and the increasing number of private sponsors are having a profound effect on the construction and operation of hospitals.

The focus is on adapting hospitals to modern operating procedures. The number of hospital beds often has to be reduced in favour of expanding examination and treatment areas. Several functions are frequently consolidated into one, and there is a greater focus on outpatient care and treatment. Given these functional objectives, less attention is paid to improving the energy efficiency of a hospital.

Although energy consumption in hospitals is high compared with other types of buildings, energy costs generally "only" account for seven to nine per cent of non-personnel costs, due to the other high costs incurred in running a hospital. If we consider that non-personnel costs make up around 35 per cent of the total operating costs of a hospital, energy "only" accounts for approximately three per cent of the total hospital operating costs (EANRW, 1998). Given this low percentage share, even relatively high energy costs are generally not the catalyst behind a hospital being renovated, partially modernised or a new hospital unit being built.

As this cost structure means that priority is not given to measures to boost energy efficiency when considering hospital optimisation strategies, the aim must be to identify and harness synergies between improvement of operational processes, energy efficiency, quality of stay and life-cycle costs. Experience from optimising the energy system of other building types shows that interdisciplinary planning and use of innovative technology can result in a win-win situation in terms of profitability, energy efficiency and quality of stay.

The "Krankenhaus +" project investigates possibilities for increasing energy efficiency in hospital construction. Sub-project I is concerned with energy analysis of Agatharied Hospital in Bavaria; sub-project II with development of a new building for the University Hospital in Frankfurt/Main, which is supposed to demonstrate how planning must be shaped on the path to a "functional and energy-optimised building". The Agatharied and Frankfurt/Main projects are presented in brief on the following pages.

1993–1998

# KRANKENHAUS AGATHARIED

## NICKL & PARTNER ARCHITEKTEN AG

Das Kreiskrankenhaus Agatharied ist wie eine kleine Stadt konzipiert und gebaut worden. Das umfangreiche Projekt – 400 somatische Betten, 108 Betten der Psychiatrie – ist in Form von sieben Pavillons verwirklicht worden. Diese gliedern sich in einen Behandlungstrakt, vier pavillonartige Bettenhäuser und die Psychiatrie. Beim Design wurden die Elemente der Bettenhäuser aufgenommen und für jedes Gebäude variiert. Die Gestaltung des Grundrisses geht wesentlich auf die Entscheidung zurück, den Weg vom Pflegenden zum Patienten so kurz wie möglich zu halten. Die Verkehrswege sollten immer natürlich zu belichten sein, um so hohe Qualitäten für das Spazieren, Verweilen und Gesundwerden zu gewinnen.

Agatharied Hospital is designed and built as a small city. The extensive project – 400 beds and a 108-bed psychiatric unit – has been implemented in the form of seven pavilions. They are structured as a treatment wing, four pavilion-like wards and the psychiatric unit. The elements of the wards were picked up in the design and varied for each building. The design of the ground plan is essentially based on the decision to keep the route from medical staff to patient as short as possible. Routes should always be naturally lit to create a high-quality environment for walking, spending time and getting better.

Fotos: Stefan Müller-Naumann
Photos: Stefan Müller-Naumann

Krankenhaus Agatharied. Pflegepavillons
Agatharied Hospital. Wards

„Glocken aus Milchglas sandten von der Decke ein bleiches Licht. Die Wände schimmerten weiß und hart, mit einer lackartigen Ölfarbe überzogen." So sah es aus, im Sanatorium Berghof. Genau so also, wie man sich das in einem Genesungsheim vorstellt. Doch trotz Hofräten und Bobschlitten, der dezent die Leichen ins Tal transportiert, ähnelt der Berghof in Thomas Manns Roman „Zauberberg" eher einem liebgewonnenen Feriendomizil als einem Krankenhaus. Denn die Kulisse ist großartig, das von adretten „Saaltöchtern" aufgetragene sechsgängige Menu ausgezeichnet, die Damen geputzt und die Herren unterhaltsam. So erscheint es nur folgerichtig, dass, so Thomas Mann vor Studenten, „die Mehrzahl der schweizerischen Hochgebirgssanatorien zu Sporthotels geworden sind".

Sechs Gänge gibt es im Krankenhaus Agatharied wohl nicht, „reinliches Linoleum" und ähnliche unangenehm typische Krankenhaus-Attribute allerdings auch nicht. Und auch wenn das Kranksein ein ernster und ernst zu nehmender Zustand ist, der mit Urlaub wenig zu tun hat, so haben die Münchner Architekten Hans Nickl und Christine Nickl-Weller mit ihrem Entwurf doch überzeugend dafür gesorgt, dass nicht nur die Landschaft und das gute Essen den Aufenthalt im Krankenhaus so angenehm wie möglich machen, sondern dass es vor allem auch die Architektur sein kann, die den Patienten beim Gesundwerden hilft.
(Katharina Matzig)

"Frosted glass bells gave off a pale light from the ceiling. Covered with a varnish-like, oil-based paint, the walls glistened white and hard." The inside of Berghof Sanatorium looked exactly as you would imagine a convalescent home to look. Yet, despite the Hofräten and bobsleighs that discretely transported corpses into the valley, the Berghof in Thomas Mann's novel, "The Magic Mountain" is more like a cherished holiday home than a hospital – the scenery magnificent, the six-course menu, served up by smart "Saaltöchter" [waitresses], excellent, the women well-dressed and the men entertaining. It seems only logical that, as Thomas Mann told students, "the majority of Swiss mountain sanatoriums became sport hotels".

There probably aren't six courses at Agatharied Hospital. But there probably also isn't "clean linoleum" and similar, classic unpleasant hospital attributes. And even though being ill is a serious condition that warrants being taken seriously and has little to do with holidays, the design by Munich architects Hans Nickl and Christine Nickl-Weller has convincingly made sure that a stay in hospital is made as pleasant as possible, not just by the landscape and good food, but that it can also be the architecture, above all, that helps patients to heal.
(Katharina Matzig)

Krankenhaus Agatharied. Eingangshalle
Agatharied Hospital. Entrance hall

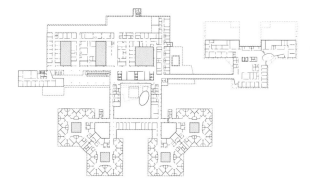

Krankenhaus Agatharied. Grundriss Erdgeschoss
Agatharied Hospital. Ground floor plan

Krankenhaus Agatharied. Lageplan
Agatharied Hospital. Site plan

2014

# KLINIKUM DER JOHANN WOLFGANG GOETHE-UNIVERSITÄT FRANKFURT AM MAIN

## NICKL & PARTNER ARCHITEKTEN AG

In den 1970er-Jahren war die Universitätsklinik Frankfurt am Main ein hochmodernes Krankenhaus. Mit der Gesamtbaumaßnahme wird das Klinikum in Struktur und Erscheinungsbild modernisiert und der renommierten Hochleistungsmedizin Frankfurts gerecht. Zwei Forschungs- und Laborgebäude sowie ein Hörsaalgebäude als zentrale Orte für Lehre, Forschung und Wissenschaft begrenzen den sich zum Mainufer öffnenden Campus. Ein Vordach verbindet die Bauteile und markiert die transparente Eingangshalle als Schnittstelle zwischen Universitäts- und Krankenhausbetrieb. Der vierge-schossige Erweiterungsbau des ersten Bauabschnitts nimmt die chirurgischen Kliniken und das operative Zentrum auf. Der zweite Bauabschnitt vervollständigt die Revitalisierung und Zentralisierung des Klinikums. Die weithin präsente Bettenhausscheibe wurde nicht nur energetisch, sondern auch gestalterisch modernisiert. Das Sockelgeschoss wurde vollständig entkernt und durch einen neuen Einbau komplettiert, in dem sich die Fächer der konservativen Medizin mit Endoskopie-Laborbereich befinden.

When it was built in the 1970s, Frankfurt's university hospital represented the state of the art, but now its structure and appearance are being upgraded to reflect the university's reputation for advanced medicine. The campus faces the river Main and is bounded by two research and laboratory buildings, a lecture building, and other central teaching and research facilities. A canopy links the different parts of the complex and highlights the transparent foyer's role as the interface between the university and the hospital.

The four-storey extension building forming the first stage of the project houses the surgical clinics and operating centre, and the second stage will complete the process of revitalising and centralising the hospital. The slim, high-rise building that houses the wards is being modernised, partly to make it more energy efficient. The core has been removed from the ground floor, and a new building houses the conservative medicine department and endoscopy laboratory.

Klinikum der Johann Wolfgang Goethe-Universität. Blick vom Mainufer
Johann Wolfgang Goethe University Hospital. View from the river Main

Klinikum der Johann Wolfgang Goethe-Universität. Eingangsbereich
Johann Wolfgang Goethe University Hospital. Entrance

Klinikum der Johann Wolfgang Goethe-Universität. Blick auf das Bettenhaus
Johann Wolfgang Goethe University Hospital. View towards the wards

Klinikum der Johann Wolfgang Goethe-Universität. Eingangshalle
Johann Wolfgang Goethe University Hospital. Entrance hall

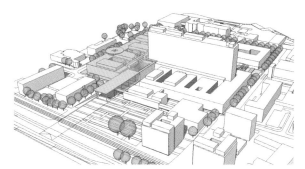

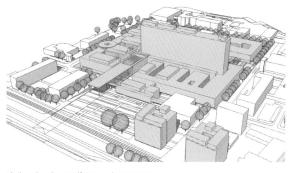

Klinikum der Johann Wolfgang Goethe-Universität. Erste Phase des ersten Bauabschnitts
Johann Wolfgang Goethe University Hospital. First phase of the first construction stage

Klinikum der Johann Wolfgang Goethe-Universität.
Vollendung des Masterplans nach Abschluss von vier Bauphasen
Johann Wolfgang Goethe University Hospital.
Completion of the master plan after four phases of construction

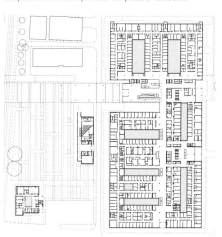

Klinikum der Johann Wolfgang Goethe-Universität. Lageplan
Johann Wolfgang Goethe University Hospital. Site plan

Klinikum der Johann Wolfgang Goethe-Universität. Grundriss Erdgeschoss
Johann Wolfgang Goethe University Hospital. Ground floor plan

Fotos: Werner Huthmacher
Photos: Werner Huthmacher

# DIE ZUKUNFT DES KRANKENHAUSBAUS

AUS DEM FORSCHUNGSPROJEKT „KRANKENHAUS +"
HERAUS WURDE DIE FOLGENDE VISION FÜR
„DAS KRANKENHAUS DER ZUKUNFT" ENTWICKELT.

## MARCO SCHMIDT

Wir schreiben das Jahr 2030. Man sieht es auf den ersten Blick beim Eintritt in die große Vorhalle: licht-durchflutete, begrünte, freundliche Eingangsbereiche, in denen sich der Patient und seine Angehörigen eher an ein Luxushotel erinnert fühlen als an die sterilen Betonburgen aus den 70er- und 80er-Jahren des letzten Jahrhunderts.

Fast alle deutschen Krankenhäuser haben sich in den letzten Jahren zu Gesundheitszentren mit angeschlosse-nem Wellnessbereich weiterentwickelt, in denen der Pa-tient sowohl Körper als auch Geist nach medizinischen Eingriffen rehabilitiert oder Vorsorge betreibt. Exquisite Restaurants bieten Patienten, Familienangehörigen und Angestellten ein international breit aufgestelltes, Ster-ne-dekoriertes Ambiente, das auch Gäste von außerhalb der Gesundheitsbranche anzieht. Im angrenzenden Spa-Bereich finden sowohl Reha-Maßnahmen und Ent-spannungsübungen als auch Präventions- und Fitness-kurse statt, im Thermalbad des Liquidroms wie auch auf den verglasten und unverglasten begrünten Dächern.

Der Druck war groß, als die multiresistenten Keime vor etwa 15 Jahren weiter um sich griffen und die not-wendigen Investitionen in das Gesundheitssystem nicht mehr allein über die Krankenkassenbeiträge finanzierbar erschienen. Die Idee, privates Kapital über Beteiligungs-gesellschaften zu mobilisieren, die insbesondere eine enge Bindung zwischen Krankenhausbetreibern und potenziellen Patienten schuf, ermöglichte den Aufbau einer zukunftsfähigen Infrastruktur für die alternde bun-desdeutsche Gesellschaft, die weltweit Vorbildcharakter bekam. Ähnlich der Beteiligungsmodelle im Energie-sektor, die private Investitionen akquirierten und in den Aufbau einer nachhaltigen Infrastruktur für erneuerbare Energien lenkten, wurde so auch das Gesundheitssys-tem über Beteiligungsmodelle reformiert und erneuert.

Hierdurch konnten in der Konsequenz völlig neue, inno-vative Behandlungsmethoden und Technologien einge-führt werden, die Synergien zwischen den Anforderun-gen an eine bedarfsgerechte Behandlung und effiziente Medizintechnik und den neuen Herausforderungen

einer alternden Gesellschaft bilden. Dies war prinzipielle Voraussetzung für die notwendigen Investitionen in einen nachhaltigen Umbau der Energieversorgung und in die Versorgungssicherheit.

Jedes Krankenhaus hat inzwischen seine eigene Stromproduktion über Photovoltaik. Die angeschlossenen Batteriespeicher dienen sowohl als Back-up für die medizinischen Geräte und gleichzeitig für Tag-/Nachtausgleich sowie gegen Vergütung als Puffer für das öffentliche Stromnetz. Eine vergleichsweise geringe Grundlast wird noch über Blockheizkraftwerke zur Verfügung gestellt, die mit Braunkohlepellets automatisiert betrieben werden und primär der Redundanz der Energieversorgung dienen.

Die Preise für Erdöl, Erdgas und Biomasse hatten sich vor zehn Jahren innerhalb von 36 Monaten verachtfacht, was erhebliche Innovationen im Wärmemarkt auslöste. Der Wärmebedarf hat sich in der Folge durch normative Vorgaben zur Gebäudehülle erheblich reduziert. Die Anforderungen der EnEV 2027 wurden gegenüber der

EnEV 2019 nicht nur weiter verschärft, sondern es wurden weitere Technologien wie sorptive Be-/Entfeuchtung über Salzlösungen, adiabate Kühlung über Begrünung und Abwärmenutzung aus Abwasser, von Serverracks und medizinischen Großgeräten einbezogen. Statt den Heizkesseln und Wärmespeichern aus dem letzten Jahrhundert liefern heute unzählige dezentrale Kleinstwärmepumpen über ein Dreileiternetz sowohl Wärme als auch Kälte und Warmwasser. Die Energieströme innerhalb des Gebäudes werden zu 80 Prozent nur verschoben, Zirkulationsverluste vermieden und Legionellen haben keine Chance mehr, sich auszubreiten.

Der Kühlbedarf für das Gebäude und die medizinischen Geräte wird rein über Verdunstungsprozesse aus Regenwassernutzung gedeckt. Regenwasser hat hierbei den Vorteil, dass es keinen Kalk enthält und dadurch die chemische Aufbereitung entfallen kann. Hierdurch werden nicht nur Trinkwasser, sondern auch Abwasser und weitere Kosten für Enthärtung gespart. Die direkte Kühlung über das Dreileitersystem senkt die

Betriebskosten um mehr als 90 Prozent gegenüber der veralteten Erzeugertechnik. Der gleichzeitige Bedarf an Wärme und Kälte und die Bereitstellung über Niedertemperatursysteme sind exergetisch auf höchstem Effizienzniveau angekommen. Dies ermöglicht unter anderem die Nutzung der Abwärme der medizinischen Geräte und EDV im Winter zur Gebäudeheizung.

Die Einführung von Sorptionstechnologien auf Basis von hygroskopischen Salzlösungen ermöglicht heute eine äußerst hygienische Regulierung der Luftfeuchtigkeit in den Krankenhäusern. In den Lüftungsanlagen wie auch in ästhetisch anspruchsvollen kleinen Kunstwerken, die Wasserspielen ähneln, wird Magnesiumchlorid zirkuliert, das sowohl eine hygienisierende Funktion für die Luftqualität als auch eine Rückgewinnung der in Verdunstungsprozessen im Gebäude „verloren gegangenen" Wärme hat. Magnesiumchlorid war bis dato Abfallprodukt bei der Meerwasserentsalzung und mit etwa 50 Euro pro Kubikmeter unschlagbar günstig.

Durch die Verlagerung der Funktion der Luftfeuchteregulierung und Hygienisierung der Innenraumluft konnte der Luftwechsel in Krankenhäusern energetisch und hygienisch bedarfsgerecht auf ein Optimum dimensioniert werden. Der Zielkonflikt, die Innenräume sowohl gleichzeitig zu Be- oder Entfeuchten und das $CO_2$ hinauszubefördern, konnte so auf eine Zielgröße optimiert werden. Hierdurch kann im unmittelbaren Bezug zur Belegungsdichte, nämlich aus der $CO_2$-Konzentration der Abluft, die Luftwechselrate kontinuierlich den Bedürfnissen angepasst werden. Dezentrale energieeffiziente Kleinlüftungsgeräte mit hoher Wärmerückgewinnung und optionaler Nachtauskühlung ergänzen die zentrale Infrastruktur.

Auch die Innenraumbegrünung hat wieder Einzug erhalten und bildet ein wesentliches Element für das Wohlergehen von Patienten und Mitarbeitern. Durch das System der sorptiven Entfeuchtung über Salzlösungen wird im Winter die verloren gegangene Energie

durch Verdunstung der Pflanzen wieder energetisch nahezu kostenlos zurückgewonnen. Im Sommer dienen die Pflanzen innerhalb und außerhalb des Gebäudes zur Kleinklimaverbesserung und zur Verschattung. Das ursprüngliche Konzept, multiresistenten Keimen durch Vermeidung von Pflanzen, Erhöhung von Luftwechselraten, Verschärfung der Hygienestandards und der immer häufigeren Anwendung von Desinfektionsmitteln zu begegnen, vergrößerte die Probleme eher anstatt sie zu verringern, was vor etwa zehn Jahren zu einer radikalen Kehrtwende führte.

Man hat sich auf die Grundlagen der ökologischen Zusammenhänge zurückbesonnen und statt alles mehrfach zu desinfizieren und erst den Raum für die Verbreitung von Resistenzen zu schaffen, wurden für den Menschen ungefährliche Milchsäurebakterien und verwandte Mikroorganismen, die zu den gefährlichen Keimen in Konkurrenz stehen, gezielt in den Krankenhäusern verbreitet. Mit Ausnahme der weiterhin sterilen OP-Räume, die aber in direktem Zusammenhang zum „ökologisch lebendigen Umfeld" stehen, konnte durch ein neues Hygieneverständnis, insbesondere durch die differenzierte Analyse der bis dato „Black Box"-Mikroorganismen, das Problem der Ausbreitung multiresistenter Keime gelöst werden. So konnten auch die bis vor einigen Jahren hohen Luftwechselraten auf ein energetisches Optimum reduziert werden.

Mit meinem Vater und der ganzen Familie gehen wir heute zunächst gemeinsam ins 4-Sterne-Restaurant und spazieren dann ins Tropengewächshaus mit seinen semitransparenten Photovoltaik-Zellen, bevor wir ihn zurück ins Patientenzimmer begleiten. Durch die angenehme Atmosphäre im Krankenhausumfeld gelang es auch, die Jüngsten der Familie zu überzeugen, den alten Herrn nach seiner Hüft-OP im Krankenhaus zu besuchen.

# THE HOSPITAL OF THE FUTURE

THE FOLLOWING VISION FOR "THE HOSPITAL OF THE FUTURE"
WAS DEVELOPED FROM THE RESEARCH PROJECT "KRANKENHAUS +".

## MARCO SCHMIDT

We are writing this from the year 2030. As soon as you enter the large entrance hall, you will see that it is flooded with light, planted with greenery, with friendly reception areas where patients and their relatives feel more like they are in a luxury hotel than in the sterile piles of concrete from the 70s and 80s of the last century.

In recent years, almost all German hospitals have been developed into health centres with adjoining spa areas, where patients recover mentally and physically from medical interventions or where preventative care is provided. Exquisite restaurants offer patients, relatives and staff an internationally diverse, starred atmosphere that attracts guests from outside the healthcare sector. In the adjoining spa area, in the thermal bath of the Liquidrom and on the glazed and unglazed roofs that have been planted with greenery, patients take rehabilitation measures, do relaxation exercises and take part in preventive and fitness classes.

Pressure was immense as, around 15 years ago, multi-resistant germs spread and financing the necessary invention in the healthcare system through health insurance contributions alone no longer seemed possible. The idea of mobilising private capital through holding companies, which created a close link between hospital operators and potential patients, made it possible to set up a future-proof infrastructure for the ageing Federal German society, that became exemplary throughout the world. Similar to the participation model in the energy sector, which acquired private investments and directed them into setting up a sustainable infrastructure for renewable energies, the healthcare system was reformed and renewed by the participation model.

As a consequence, it became possible to introduce completely new, innovative treatment methods and technologies that created synergies between the requirements for new, need-based treatment and efficient medical technology and the new challenges of an ageing population. This was the main prerequisite for the necessary investments in sustainable conversion of energy supply and security of supply.

Every hospital now produces its own electricity using solar power. The connected battery storage devices are used both as backup for medical equipment and simultaneously for day/night equalisation and as a buffer for the public grid, in return for payment. A comparatively low minimum load is still provided by block heating and generating plants that are operated automatically with brown coal pellets and are primarily there for redundancies in the energy supply. Ten years ago, prices for oil, natural gas and biomass underwent an eight-fold increase within a period of 36 months, which triggered considerable innovations on the heating market. Heating requirements were considerably reduced as a consequence of normative regulations on building shells. The requirements of EnEV 2027 were not only further stepped up in comparison with EnEV 2019, but additional technologies were also involved, such as sorptive humidification/dehumidification using salt solutions, adiabate cooling using plantation of greenery and use of waste heat from waste water, server racks and large piece of medical equipment. Compared with the boilers and thermal stores of the previous century, countless decentralised mini heat pumps now supply both heat and hot and cold water via a three-phase network. Up to 80 per cent of energy flows within a building are only displaced, circulation losses are avoided and legionella no longer has a chance to spread. Cooling requirements for the building and medical equipment are covered by rainwater evaporation processes alone. Rainwater offers the advantage of not containing any calcium carbonate so there is no need for chemical processing. This saves on costs not only for drinking water, but also for waste water and other costs for softening. Direct cooling via

the three-conductor system reduces operating costs by more than 90 per cent in comparison with the old generator technology. Simultaneous requirements for heating and cooling and their provision via low temperature systems have exergetically reached the highest level of energy efficiency. This enables, for example, use of waste heat from medical equipment and EDP to heat the buildings in the winter.

The introduction of sorption technology on the basis of hydroscopic salt solutions now enables extremely hygienic regulation of air humidity in hospitals. Magnesium chloride is circulated in ventilation systems and in aesthetically appealing, small works of art that resemble waterworks. It has both a hygienic function for air quality, as well as a recovery function for the heat "lost" in evaporation processes in the building. Until now, magnesium chloride has been a waste product of seawater desalination and, at around 50 euro per cubic metre, it is unbeatably cheap.

As a result of shifting the air humidity regulation function and making the air inside the building more hygienic, it became possible to optimally dimension air circulation in hospitals energetically and hygienically, as required. It was possible to optimise the conflicting objectives of simultaneously humidifying or dehumidifying indoor rooms and removing $CO_2$ into a target. As a result of this, the air exchange rate can be continually adapted to needs, in direct relation to occupancy, i.e. from the concentration of $CO_2$ in the waste air. The central infrastructure is supplemented with decentralised, energy efficient, mini ventilation appliances with high heat recovery and optional night cooling.

Indoor plants have made a comeback and are an essential element in the well-being of patients and staff. During the winter, lost energy evaporated from the plants is recovered, almost without cost, using sorptive dehumidification with salt solutions. During the summer, the plants are used inside and outside the building to improve the microclimate and for shade. The original concept of counteracting multi-resistant germs by avoiding plants, increasing air exchange rates, stepping up hygiene standards and increasingly frequent use of disinfectants intensified problems rather than reducing them, which led to a radical about-turn around ten years ago. There was a return to the principles of ecological connections and, instead of disinfecting everything several times and creating space for the spread of resistance, lactic acid bacteria and associated microorganisms that are harmless to humans and that compete with harmful bacteria were specifically spread in hospitals. With the exception of operating theatres, which are still sterile, but still directly related to the "ecological living environment", the problem of multi-resistant germs could be solved with a new understanding of hygiene, in particular with differentiated analysis of hitherto "black box" microorganisms. It was also possible to reduce the high air exchange rates of up to a few years ago to an optimum in terms of energy.

Today, I am going with my father and the whole family to the four-star restaurant and then later to the tropical greenhouse, with its semi-transparent, photovoltaic cells, before we go back to his room. The pleasant atmosphere around the hospital also made it possible to convince the youngest members of the family to visit the old man in hospital after his hip operation.

# GREEN HOSPITAL STUDIE

ENTWICKLUNG NACHHALTIGER UND
ENERGIEEFFIZIENTER KRANKENHÄUSER

## STEFANIE MATTHYS

Was ist eigentlich wirklich nachhaltig? Kaum ein Begriff wird in Politik, Wirtschaft und Bauwesen derart inflationär gebraucht wie die Nachhaltigkeit. Diese Frage zu klären, war Ziel der 2015 erschienenen Studie „Green Hospital", indem sie den Nachhaltigkeitsbegriff für Krankenhausbauten auf den Punkt bringt. Im ersten Teil der Studie sollte dabei ein Leitfaden entstehen, der als Entscheidungshilfe für Neubauten und für Instandsetzungen in die Jahre gekommener Krankenhäuser dienen kann. Der zweite Teil konzentriert sich auf das Ziel, die gewonnenen Erkenntnisse auf Krankenhäuser in Entwicklungs- und Schwellenländern zu übertragen und, anhand einer Fallstudie in einem Krankenhaus der Grundversorgung in China, eine Bewertungs- und Entscheidungsmatrix zu entwickeln, die den Vergleich von Krankenhäusern untereinander im Hinblick auf Nachhaltigkeitskriterien ermöglicht.

Angeregt und in Auftrag gegeben wurde das Werk von der KfW (Kreditanstalt für Wiederaufbau) und der GHP (German Healthcare Partnership), gefördert wurde es aus Mitteln des BMZ. Ein Team, das Praxiswissen und Theorie verband, hat die Studie derweil ausgeführt: das Fachgebiet „Architecture for Health" (Projektleitung Marco Schmidt) zusammen mit der Nickl & Partner Architekten AG und der Iproplan Planungsgesellschaft mbH. Mit der Studie wurde nicht weniger angestrebt, als „alle wesentlichen Kriterien und Technologien zur Einschätzung der Qualität der Nachhaltigkeit und Energieeffizienz von Krankenhausbauten in Deutschland" zu beschreiben und diese auf Krankenhäuser in Entwicklungs- und Schwellenländern zu übertragen.

Das Team identifizierte eine Anzahl von Maßnahmen sehr unterschiedlicher Natur, welche dazu beitragen können, ein Krankenhaus in ein „grünes Krankenhaus" zu verwandeln, angefangen bei der Wahl des Standortes bis hin zum kleinsten Detail wie dem Sonnen-

schutz. Die Studie illustriert, dass Energieeffizienz und Nachhaltigkeit nicht nur von kostenintensiven Hightechlösungen abhängen, obwohl die Erneuerung technischer Anlagen eine wichtige Grundvoraussetzung des energieeffizienten Krankenhauses darstellt. Zum Beispiel kann die Nachrüstung des mechanischen Belüftungssystems mit einer Anlage zur Wärmerückgewinnung zu einer Energieeinsparung von elf Prozent führen, eine Investition, die sich bereits nach wenigen Jahren amortisiert hat.

Doch auch sehr einfache Entwurfsentscheidungen und Lowtechmaßnahmen, wie zum Beispiel die sorgfältige Planung der Gebäudeproportionen und gute Tageslichtausnutzung durch Optimierung der Fenstergrößen, können bereits zu überzeugenden Resultaten führen. Insbesondere Bestandsgebäude bergen hohes Potenzial, Energieverbrauch und Komfort zu verbessern. Die Fassadenkonstruktion kann optimiert werden und neue Grünflächen können dazu beitragen, das Gebäudeumfeld attraktiver zu gestalten und das Mikroklima und somit letztlich das Wohlbefinden von Patienten und Personal zu verbessern. Ein weiteres Ergebnis ist, dass jedes Haus nur so gut sein kann wie seine Nutzer. Daher ist eine der Empfehlungen der Studie das Durchführen regelmäßiger Fortbildungen für Mitarbeiter, eine Maßnahme mit großem Effekt für wenig Geld.

Die Verfasser der Studie sehen ihren innovativen Charakter vor allem in dem Ziel, Nachhaltigkeitskriterien auch auf Krankenhäuser in Schwellen- und Entwicklungsländern zu übertragen, wobei die lokalen Umstände und klimatischen Bedingungen in diesen Ländern äußerst unterschiedlich sein können. Die Studie füllt diese Lücke, indem sie einen praktikablen Leitfaden zur Anwendung in verschiedenen Klimazonen anbietet. Dies unterscheidet die „Green Hospital Studie" maßgeblich von den bekannten Zertifizierungssystemen von LEED und DGNB.

http://www.germanhealthcarepartnership.de/
http://www.germanhealthcarepartnership.de/studies-neu/green-hospital.html

# GREEN HOSPITAL STUDY

## DEVELOPING SUSTAINABLE AND ENERGY-EFFICIENT HOSPITALS

Parameter ganzheitlicher Betrachtung energieeffizienter Krankenhäuser
Parameters of a holistic view on energy-efficient hospitals

What does sustainable really mean? Sustainability could well be the most overused word in politics, economics and construction. The "Green Hospital Study", published in 2015, aimed to clear up these questions by getting to the heart of what sustainability means for hospital buildings. The aim of the first part of the study was to draw up guidelines to help with decision-making for new builds and restorations of older hospitals. The second part concentrated on the objective of transferring findings to hospitals in developing and emerging nations and developing a matrix for assessment and decision-making, so that hospitals could be compared on sustainability criteria. An example of this is a case study at a primary care hospital in China.

The building was inspired and commissioned by KfW (Kreditanstalt für Wiederaufbau) and GHP (German Healthcare Partnership), and received funding from BMZ. In the meantime, a team that combined practical knowledge and theory conducted the study: the department "Architecture for Health" (project leader Marco Schmidt), in cooperation with Nickl & Partner Architekten AG and Iproplan Planungsgesellschaft mbH. The aim of the study was no less than describing "all essential criteria and technologies for assessing the quality of sustainability and energy efficiency of hospital buildings in Germany" and transferring them to hospitals in developing and emerging countries.

The team identified a number of very different measures that could contribute to transforming a hospital into a "green hospital", starting with the choice of site, right down to the smallest detail like sun protection. The study illustrates that energy efficiency and sustainability do not just depend on costly high-tech solutions, although renovation of technical installations is an important basic requirement for an energy-efficient hospital. For example, retrofitting a mechanical ventilation system

with a heat recovery system can lead to an energy saving of 11 per cent, an investment that would pay itself off after just a few years.

However, even very simple design decisions and low-tech measures, such as careful planning of building proportions and good use of natural light by optimising window sizes, can have convincing results. Existing buildings, in particular, have high potential to improve energy consumption and comfort. Facade construction can be optimised and new green spaces can contribute to making a building's surroundings more attractive and improving the microclimate and therefore ultimately the well-being of patients and staff. The study also showed that any building can only be as good as the people who use it. One of its recommendations was therefore regular further training for staff, a highly effective, low-cost measure.

The study's authors consider their most innovative quality to be the transfer of sustainability criteria to hospitals in developing and emerging countries, even though local and climatic conditions in these countries can differ greatly. The study fills these gaps by making possible practicable guidelines for use in different climate zones. This essentially differentiates the "Green Hospital Study" from the established certification systems of LEED and DGNB.

# OPEN HOUSES

## CHRISTINE NICKL-WELLER

Emotionale Belastungen im Fall einer schweren Diagnose, zum Beispiel bei einer Krebserkrankung, sind für Patienten und Angehörige hoch. Doch fatalerweise sind das nötige Maß an Ruhe und Beistand, an Rückzugsräumen für Gespräche und Beratungen, im hektischen Klinikalltag, wo Effizienz und Rationalisierung vorherrschen, selten zu finden. Diese Erfahrung machten auch der Architekturtheoretiker Charles Jencks und seine Frau Maggie Keswick, als diese in den 1980er-Jahren an Krebs erkrankte. Die offenen Anlaufstellen für Krebserkrankte „Maggie's Cancer Caring Centres", die nunmehr an zahlreichen britischen Krankenhäusern zu finden sind, gehen auf ihre Initiative zurück, erkrankten Menschen und ihren Angehörigen einen einladenden Ort anzubieten, an dem sie sich in freundlicher Atmosphäre außerhalb des Kliniktrubels informieren und austauschen können, wo sie an Therapien teilnehmen oder einfach nur mit anderen Betroffenen zusammentreffen können. Nach Vorbild der „Maggie's Centres" entstanden auch an deutschen Krankenhäusern bereits zahlreiche offene Zentren, an denen die psychosoziale Betreuung begleitend zur klinischen Therapie im Vordergrund steht.

Die zwei folgenden Projekte zeigen Studentenentwürfe, die jeweils in Kooperation mit Berliner Krankenhäusern entwickelt wurden: ein Krebshilfezentrum am Vivantes Klinikum im Friedrichshain und ein „Open House" an der Klinik für Psychiatrie und Psychotherapie an der Charité Universitätsmedizin Berlin.

Emotional stressors are high for patients and family members in the case of a serious diagnosis – for example, in a cancer case. Yet, unfortunately, the necessary measure of quiet and support, of rooms in which to withdraw for discussions and consultations, is seldom to be found in the hectic day-to-day of a clinic, where efficiency and rationalisation are dominant. Architectural theoretician Charles Jencks had this experience also with his wife Maggie Keswick when she was diagnosed with cancer in the 1980s. The open drop-in centres for cancer patients, "Maggie's Cancer Caring Centres" found now in many British hospitals can be traced back to her initiative to offer sick people and their families an inviting place in which they can receive and exchange information in a friendly atmosphere away from the hustle and bustle of the clinic, participate in therapies, or simply meet with other affected persons. Modelled after "Maggie's Centres", numerous open centres have been established also in German hospitals that focus on psychosocial support alongside clinical therapy.

The two projects described in the following demonstrate student designs that were developed respectively in cooperation with Berlin hospitals: a cancer support centre in the Vivantes Clinic in Friedrichshain and an "Open House" at the Clinic for Psychiatry and Psychotherapy in the Charite University School of Medicine Berlin.

2013–2014

# ACTIVE PLACES S
# BERLIN VIVANTES CAMPUS FRIEDRICHSHAIN

## MANUELA LEHNHARDT &
## JULIKA KRÖNER

### NEURON

Dem Konzept des Gebäudes liegt das Verständnis zugrunde, als Vermittler zwischen Krankenhaus und Betroffenen zu wirken. Als Metapher wird ein Neuron herangezogen, welches einen sehr kleinen Teil des menschlichen Körpers ausmacht, Verbindungen schafft, sich nach außen orientiert und gleichzeitig einen Kern besitzt.

Das Krebshilfezentrum besteht aus mehreren gerichteten Armen und einem klar definierten Zentrum. Die einzelnen Ausrichtungen, die Arme, beinhalten bestimmte Funktionen, die, vom Zentrum ausgehend, durch Treppen getrennt sind. So sind die mit zwei Stufen abgetreppten Bereiche Orte für Therapiesitzungen oder Gruppentermine. Das Büro und die Bibliothek werden hingegen als „Arbeitsbereiche" verstanden und grenzen sich durch mehr Stufen vom Zentrum ab. Insgesamt besitzen alle Arme nicht nur eine bestimmte Ausrichtung, sondern auch einen damit verbundenen Ausblick. Hierbei werden die Nutzung, Privatheit und mögliche Blickbeziehungen berücksichtigt.

### NEURON

The building's design is based on the concept of it as a mediator between the hospital and patients. A neuron is taken as a metaphor. Neurons make up a tiny part of the human body, create connections, are orientated to the outside, but also have a core.

The cancer support centre has several arms and a clearly defined centre. The individual organisations, the arms, contain certain functions that are separated by stairs going out from the centre. The areas with two levels are locations for therapy sessions or group appointments. The office and the library, on the other hand, are understood as "work areas" and are separated off from the centre by several levels. Overall, all of the arms not only have one specific alignment, but also the view that goes with it. Use, privacy and possible views have been taken into consideration.

Neuron. Außenperspektive
Neuron. External view

Neuron. Lageplan Vivantes Campus Friedrichshain
Neuron. Site plan Vivantes Campus Friedrichshain

Neuron. Innenperspektive
Neuron. Internal view

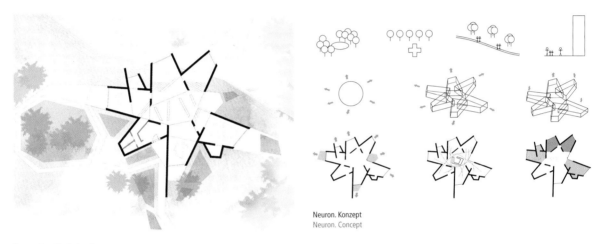

Neuron. Grundriss Erdgeschoss
Neuron. Ground floor plan

Neuron. Konzept
Neuron. Concept

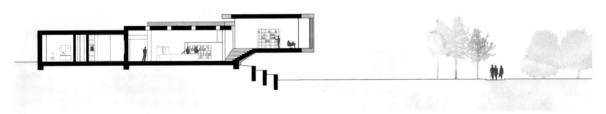

Neuron. Schnitt
Neuron. Section

2013–2014

# ACTIVE PLACES S
# BERLIN VIVANTES CAMPUS FRIEDRICHSHAIN

## FRANZISKA HERSCHEL &
## VIVIANE GRANT

Maggie's Hill. Lageplan
Maggie's Hill. Site plan

### MAGGIE'S HILL

Aus der Idee des natur-überzogenen Krankenhauscampus entstand zu Beginn das Bild des Hügels. Das Gebäude folgt den Formen der Umgebung und ist in den Boden eingesenkt. Die geschwungenen Holzrahmen geben Maggie's Hill seine markante Kubatur und überspannen gleichzeitig einen geschützten Außenraum. Die Erschließung des Zentrums kann zum einen über den Campus und zum anderen über den privaten Eingang an der Parkseite erfolgen. Nach Betreten des Erdgeschosses steht der Besucher vor der Wahl, zunächst den Hauptraum (die Küche) zu betreten oder ins Obergeschoss zu gelangen. Der von halbhohen Wandmöbeln umgebene, zentrale Raum im unteren Geschoss dient als Verteiler für die privaten Räume, in die sich die Besucher bei Bedarf zurückziehen können. Im Obergeschoss befinden sich unter der offen liegenden Konstruktion aus Holzrahmen und Luftkissen die Gemeinschaftsräume, die nur durch Möbel in einzelne Bereiche gegliedert werden. Das Zusammenspiel zwischen Privatsphäre und Gesellschaft ermöglicht ein natürliches Miteinander und erlaubt den Besuchern, sich frei nach ihren Bedürfnissen zu bewegen.

### MAGGIE'S HILL

In the beginning, the image of the hill arose from the idea of the natural hospital campus. The building follows the shapes of the surroundings and has been sunk into to ground. The curved wooden frames give Maggie's Hill its striking cubature and, at the same time, cover a protected external area. The centre can be accessed both through the campus and through the private entrance on the park side. Having entered the ground floor, the visitor has the choice of first entering the main room (the kitchen) or accessing the upper storey. The central room on the lower storey is surrounded by low wall furniture. It divides the private rooms, where visitors can retreat if required. The common rooms, which are only structured into individual areas by furniture, are on the upper storey, under the open structure, which is made from wooden frames and air cushions. The interplay between privacy and people enables natural togetherness and allows visitors to move freely according to their needs.

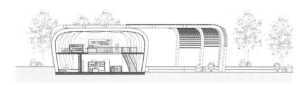

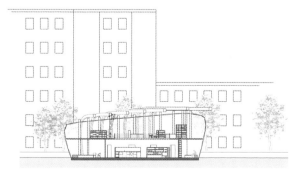

Maggie's Hill. Schnitte
Maggie's Hill. Sections

**Maggie's Hill. Berlin Vivantes Campus Friedrichshain**
Maggie's Hill. Berlin Vivantes campus Friedrichshain

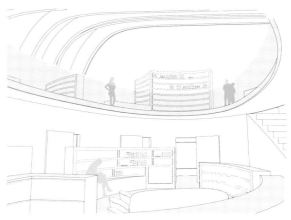

**Maggie's Hill. Innenraum**
Maggie's Hill. Interior

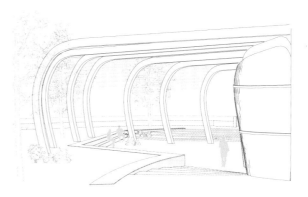

**Maggie's Hill. Grundriss Obergeschoss**
Maggie's Hill. Upper floor plan

**Maggie's Hill. Außenraum**
Maggie's Hill. Exterior

**Maggie's Hill. Grundriss Erdgeschoss**
Maggie's Hill. Ground floor plan

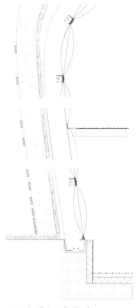

**Maggie's Hill. Fassadendetail**
Maggie's Hill. Detail of the facade

2013–2014

# ACTIVE PLACES S
# BERLIN VIVANTES CAMPUS FRIEDRICHSHAIN

## JULIA RATHMANN LÖCKER &
## MARKUS WEGNER

### SYNAPHIE

Die Synaphie – die Verschmelzung zweier Silben zu einem Ganzen, Bildung einer neuen Worthülse.

Zwei Trapeze verschneiden sich zu einem neuen, kleineren Trapez, das das Zentrum des Gebäudes bildet. Die langen Seiten formen die Eingänge, eine herausstehende Wand leitet den Besucher in das Innere. Die Kubatur passt sich dem Gelände des Grundstücks an, sie steht an einem kleinen Gefälle, folgt der Topografielinie und fließt in den Park hinein. Schmale, raumhohe Fenster bestimmen das Licht im Inneren, sie werfen lange schmale Schatten und Lichtbänder, die den langen Raum strukturieren und sich an den unterschiedlichen Ebenen verschieden brechen. Um zusätzliches Licht in die obere Ebene zu bringen, durchbrechen Lichtstreifen die Decke.

Das Zentrum bildet die Küche – von diesem Raum aus sind alle weiteren Räume zu erreichen und sie wird von jedem Weg durch das Gebäude gekreuzt. So ist sie die Schnittstelle zwischen dem oberen, öffentlicheren Bereich, bestehend aus Bibliothek, Information und Garderobe und dem unteren, privateren Bereich mit den Therapie- und Gruppenräumen.

### SYNAPHEA

Synaphea – merging two syllables into a whole, formation of a new cliché.

Two trapeziums merge into a new, smaller trapezium that forms the centre of the building. The long sides form the entrances and a protruding wall leads the visitor inside. The cubature is adapted to the grounds of the plot. It is on a small slope, follows the topography line and flows into the park. Narrow, floor-to-ceiling windows determine the character of the light inside. They throw long, narrow shadows and bands of light that structure the long room and refract differently at different levels. Strips of light break through the ceiling to let additional light into the upper level.

At the centre is the kitchen – all other rooms can be accessed from this room and all paths through the building intersect in it. It is therefore the interface between the upper public area, consisting of library, information area and cloakroom, and the lower, more private area with treatment rooms and group rooms.

Synaphie. Ansichten
Synaphea. Elevations

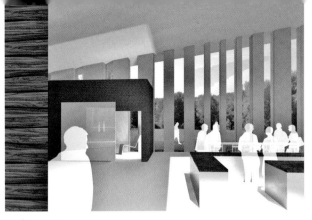

Synaphie. Innenraum
Synaphea. Interior

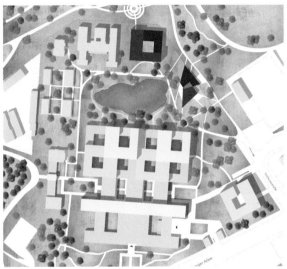

Synaphie. Berlin Vivantes Campus Friedrichshain
Synaphea. Berlin Vivantes campus Friedrichshain

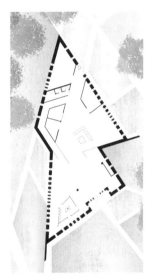

Synaphie. Grundriss Erdgeschoss
Synaphea. Ground floor plan

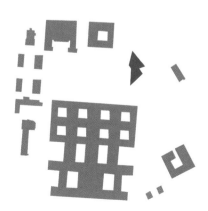

Synaphie. Lageplan
Synaphea. Site plan

Synaphie. Konzept
Synaphea. Concept

Synaphie. Schnitt
Synaphea. Section

2015–2016

# OPEN HOUSE
# BERLIN CAMPUS CHARITÉ MITTE

## CAROLIN TRAHORSCH &
## FRANKO SCHEUPLEIN

### OPEN HOUSE

Im Vordergrund steht der Entwurf eines Open House als ambulantes Zentrum für Psychiatrie und Psychotherapie. Es ist als offenes Haus für jedermann entwickelt und nicht nur als reine Darbringung der Dienstleistung Untersuchung und Behandlung. Das Aussehen einer typischen Klinik wird vermieden. Vielmehr soll das Open House als ein Ort der Menschlichkeit, der Kommunikation und Prävention betrachtet werden.

Im Norden und Süden des Planungsgebietes ergibt sich durch die Straßenführung jeweils ein Kreuzungspunkt mit Platzpotenzial. Durch das Anknüpfen, Erweitern und Zusammenfügen vorhandener Grünflächen entsteht ein zusammenhängendes Begrünungskonzept. Durch die Lage zwischen der bestehenden Nervenklinik und dem Hufelandweg ergeben sich für den Neubau zwei unterschiedliche Seiten, an die er sich adressiert.

### OPEN HOUSE

The focus of this project of an Open House is to create an outpatient centre for psychiatry and psychotherapy. This so-called "open house" should not merely be accessible for patients, but rather for the whole community. Furthermore, its appearance should not be linked with the image of a clinical building. The Open House should be seen as a place of humanity, communication and prevention. Streets intersect in the north and south of the planning area to create potential for space. Connecting, extending and merging existing green spaces creates a coherent park concept. Due to the building's location between the existing psychiatric hospital with its widespread garden and the Hufelandweg, it opens onto two different sides.

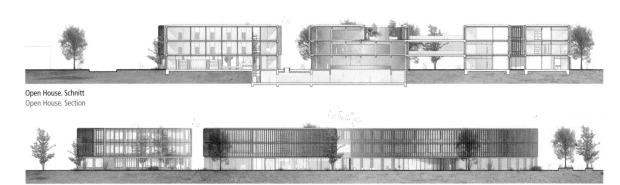

Open House. Schnitt
Open House. Section

Open House. Ansicht
Open House. Elevation

Open House. Lageplan Berlin Campus Charité Mitte
Open House. Site plan Berlin campus Charité Mitte

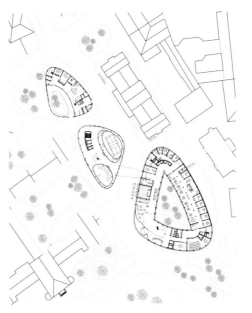

Open House. Grundriss Obergeschoss
Open House. Upper floor plan

Open House. Grundriss Erdgeschoss
Open House. Ground floor plan

Open House. Eingangsbereich
Open House. Entrance area

# MAGGIE'S CENTRES

## LAURA LEE

Before I met Maggie Keswick Jencks, I didn't think that architecture would matter at all. The only essential thing for me was the quality of health professionals looking after the patients. So the environment of the first hospital in Edinburgh I worked in as a cancer nurse looked perfectly pleasant and fine to me. But then I met Maggie Keswick Jencks, who was a writer, gardener and designer. She came as a patient to be treated with chemotherapy. She started talking about the role of environment, together with her husband Charles Jencks, a very influential architectural critic. Both wondered in which way architecture could play a role in helping the family and people with cancer get access to the support they would need.

Maggie took me to a number of facilities, mainly in the US to see how they proceed providing and delivering a cancer support, that she felt was missing. The general essence of what she was trying to achieve, was to provide places that would help give people a sense of continuity of joy of living whilst perhaps living with the fear of dying. What Maggie and Charles Jencks identified as the crimes of Western general hospitals was the derelict overall condition of the building stock. Another critical thing is that hospitals are not really designed for the family members. Even though they have the same anxieties and worries as the patients, family members have no place to go inside a hospital.

Accordingly, Maggie's Centres were designed to be free of charge for people with cancer and their families. They want to form a base on the field of psycho oncology support, which is delivered by professionals. But at the same time they are working in conjunction with the hospitals. But implicit in all of that was to deal with the overwhelming kind of feelings that people with cancer and their families and friends get; feeling of loss of control, feeling of hopelessness and helplessness and feelings of isolation. So if an architect is asked to create a home for helping people with these feelings, the essence of the brief is not about how many sockets or rooms do you have, or how the view should look like. It is about the building, if it could help people with their feelings of loss of control, helplessness, hopelessness and isolation. That is, where the architects play the most essential role as investigators of the social problem. How could architects investigate that social problem and come up with a solution, a home that would allow that to happen?

Maggie's program of support is helping people with access to information, psychological and emotional help, dealing with the stress and anxiety, resulting from a cancer diagnosis. And the people who come to these centres are really talking about a whole range of things, from: "I am worried ... I cannot work; I am not able to pay my mortgage and keep a roof over my head" to "work is a purpose of meaning of life; cancer has left me and the family bereft of the normal hopes and aspirations".

Maggie's Centres exist to help people and their families throughout that trajectory right from the point of diagnosis through to curative treatment. They try to help

# MAGGIE'S CENTRES

Bevor ich Maggie Keswick Jencks kennenlernte, dachte ich nicht, dass Architektur überhaupt eine Rolle spielen würde. Das für mich einzig Wichtige war die Qualität der Gesundheitsprofis, die sich um die Patienten kümmern. Das Umfeld des ersten Krankenhauses in Edinburgh, in dem ich als Krankenschwester für Krebspatienten arbeitete, sah für mich vollkommen angenehm und nett aus. Aber dann traf ich Maggie Keswick Jencks, eine Autorin, Gärtnerin und Designerin. Sie kam als Patientin, die mit einer Chemotherapie behandelt wurde. Sie begann, über die Rolle des Umfelds zu reden, zusammen mit ihrem Mann Charles Jencks, einem sehr einflussreichen Architekturkritiker. Beide fragten sich, welche Rolle die Architektur dabei spielen könnte, Familien und Menschen mit Krebserkrankung zu helfen, Zugang zu der Unterstützung zu erhalten, die sie brauchen.

Maggie nahm mich mit in verschiedene Einrichtungen, hauptsächlich in den USA, um zu sehen, was man dort tat, um eine Unterstützung bei Krebserkrankung zu bieten, von der sie das Gefühl hatte, dass diese bei uns fehlte. Die allgemeine Essenz von dem, was sie zu erreichen versuchte, war es, Orte bereitzustellen, die Menschen das Gefühl vermitteln, dass man das Leben, selbst angesichts der Angst, vielleicht sterben zu müssen, weiter genießen kann.

Was Maggie und Charles Jencks als die Verbrechen der westlichen Allgemeinkrankenhäuser bezeichneten, war der heruntergekommene Allgemeinzustand der Gebäudesubstanz. Ein weiterer kritischer Punkt war, dass beim Design der Krankenhäuser nicht wirklich an die Familienmitglieder gedacht wurde. Auch wenn sie die gleichen Sorgen und Ängste wie die Patienten selbst haben, gibt es für Familienmitglieder in einem Krankenhaus keinen Platz.

Entsprechend wurden Maggie's Centres so entworfen, dass sie für Menschen mit Krebserkrankung und deren Familien kostenfrei sind. Sie wollen eine Basis im Bereich der psychologisch-onkologischen Unterstützung bilden, die von Profis übernommen wird. Aber zur gleichen Zeit arbeiten sie mit den Krankenhäusern zusammen. Der Fokus lag jedoch auf dem Umgang mit den überwältigenden Gefühlen, die Menschen mit Krebserkrankung und deren Familien verspüren; ein Gefühl von Kontrollverlust, ein Gefühl der Hoffnungslosigkeit und Hilflosigkeit und Gefühle der Isolation. Wenn also ein Architekt gebeten wird, ein Heim zu erschaffen, das Menschen bei der Bewältigung dieser Gefühle helfen soll, wird es in der Essenz nicht darum gehen, wie viele Steckdosen oder Zimmer man zur Verfügung hat oder wie etwa die Aussicht ist. Es geht um das Gebäude, ob es Menschen bei deren Gefühlen des Kontrollverlusts, der Hilflosigkeit, der Hoffnungslosigkeit und Isolation helfen kann. Hier spielen die Architekten die wichtigste Rolle als Ermittler des sozialen Problems. Wie könnten Architekten dieses soziale Problem untersuchen und eine Lösung hervorbringen, ein Heim, in dem all das möglich ist?

Maggies Unterstützungsprogramm hilft Menschen, Zugriff auf Informationen zu bekommen und bietet psychologische und emotionale Hilfe beim Umgang mit Stress und Angst an – all die Dinge, die eine Krebsdiagnose mit sich bringt.

living with amputation, infertility and other long term consequences of treatment, but they also want to help people, who come on and get a recurrence. We realise that cancer has changed since the first centre opened 18 years ago. People are living very long periods of time on and off treatment now, they are living with that ongoing uncertainty, because cancer is changing into a chronic illness.

The centres provide emotional support, they offer help with relaxation and stress management. They have facilities, where people in similar situations can come together, where they can meet and talk. They also help with information, lecture series, helping patients and family to understand and navigate the hospital system they have to face.

For more information on Maggie's Centres visit www.maggiescentres.org

(Extract from a lecture held by Laura Lee in Berlin 2014, published in *Healthcare der Zukunft 5*, Christine Nickl-Weller (ed.), Medizinisch-Wissenschaftliche Verlags-gesellschaft, Berlin.)

Und die Menschen, die in diese Zentren kommen, reden wirklich über eine Vielzahl von Dingen, wie: „Ich habe Angst... Ich kann nicht arbeiten; ich kann meine Hypothek nicht bezahlen und mir ein Dach über dem Kopf leisten" oder „Arbeit ist ein Lebenszweck; der Krebs hat mich und die Familie der normalen Hoffnungen und Erwartungen beraubt".

Maggie's Centres sind da, um Menschen und deren Familien durch den gesamten Krankheitsverlauf zu begleiten, von der Diagnose bis zur Heilbehandlung. Sie versuchen zu helfen, wenn es darum geht, mit Amputationen, Unfruchtbarkeit oder sonstigen langfristigen Konsequenzen der Behandlung zu leben, und sie wollen auch Menschen helfen, bei denen die Krebserkrankung erneut auftritt. Wir haben bemerkt, dass sich der Krebs seit der ersten Zentrumseröffnung vor 18 Jahren verändert hat. Die Menschen leben jetzt lange Zeiträume mit oder ohne Behandlung, sie leben mit dieser laufenden Ungewissheit, denn der Krebs verändert sich zu einer chronischen Erkrankung.

Die Zentren bieten emotionale Unterstützung, sie bieten Hilfe mit Entspannungs- und Stressmanagement. Sie haben Einrichtungen, in denen Menschen in ähnlichen Situationen zusammenkommen können, wo sie sich treffen und miteinander reden können. Sie helfen auch mit Informationen, Vorlesungen, helfen Patienten und Familien, das Krankenhaussystem, dem sie sich gegenüber sehen, zu verstehen und sich zurechtzufinden.

Weitere Informationen siehe www.maggiescentres.org

(Auszug aus einer Vorlesung von Laura Lee in Berlin 2014, veröffentlicht in *Healthcare der Zukunft 5*, Christine Nickl-Weller (Hrsg.), Medizinisch-Wissenschaftliche Verlagsgesellschaft, Berlin)

# BUILDING FOR CHILDREN

# BAUEN FÜR KINDER

CHRISTINE NICKL-WELLER

Children and adolescents as users of healthcare buildings present a quite specific challenge. They depend even more strongly than adults on spatial structures that create trust and help reduce stress and anxiety. Situations of disorientation or uncertain waiting in dreary hallways must be avoided; recognition of familiar structures, on the other hand, should be promoted. Accommodation must be made for the increased need for movement and play.

In the hospital, the child is always accompanied by parents and other family members. In "Care-Sharing" arrangements, parents take on care-giving tasks that are handled typically by staff and spend the night in the child's room. The consequence is a need for extra space. Both in the direct environment of the child; i.e. in the patient's room, for sleeping as well as to stay and play in, as well as in the areas used by staff and the communication areas, more space must therefore be made available than generally in the hospital. Children and adolescents also present a very heterogeneous user group. In general, it can be said that the significance of contact with the parents decreases with increasing age. The need for privacy grows at the same time. Hospitals for children and adolescents must therefore be designed with a great deal of flexibility. The spatial conditions should be able to be adapted to the various situations between togetherness and privacy. Different room types must be offered, which allow a hierarchisation of openness and privacy.

Students of the department "Architecture for Health" have familiarised themselves with this topic in various design projects, from small ambulatory centres all the way to a complete children's hospital.

Kinder und Jugendliche als Nutzer von Gesundheitsbauten stellen eine ganz besondere Herausforderung dar. Stärker als Erwachsene sind sie auf räumliche Strukturen angewiesen, die Vertrauen schaffen und helfen, Ängste und Stress abzubauen. Situationen der Orientierungslosigkeit oder des ungewissen Wartens in trostlosen Korridoren müssen vermieden, Wiedererkennen bekannter Strukturen dagegen gefördert werden. Dem gesteigerten Bedürfnis nach Bewegung und Spiel muss Rechnung getragen werden.

Im Krankenhaus wird das Kind immer von Eltern und anderen Angehörigen begleitet. Eltern übernehmen im „Care-Sharing" Pflegeaufgaben, die klassischerweise vom Personal übernommen werden und verbringen die Nacht im Zimmer des Kindes. Die Konsequenz ist ein erweiterter Raumbedarf. Sowohl im unmittelbaren Umfeld des Kindes, das heißt im Patientenzimmer, zum Schlafen, als Aufenthalts- und Spielfläche, als auch in den vom Personal genutzten Räumen und den Kommunikationsflächen muss daher mehr Raum als im Allgemeinkrankenhaus zur Verfügung gestellt werden. Kinder und Jugendliche stellen zudem eine sehr heterogene Nutzergruppe dar. Verallgemeinernd kann man sagen, dass mit steigendem Alter die Bedeutung des Kontakts zu den Eltern sinkt. Das Bedürfnis an Intimsphäre wächst gleichzeitig. Krankenhäuser für Kinder und Jugendliche müssen daher besonders flexibel gestaltet sein. Die räumlichen Gegebenheiten sollten den verschiedenen Situationen zwischen Beisammensein und Privatheit angepasst werden können. Verschiedene Raumtypen müssen angeboten werden, die eine Hierarchisierung von Öffentlichkeit und Privatheit zulassen.

Die Studierenden des Fachgebiets „Architecture for Health" haben sich dieser Thematik in verschiedenen Entwurfsprojekten genähert, vom kleinen Ambulanzzentrum bis hin zum kompletten Kinderkrankenhaus.

2013–2014

# ACTIVE PLACES M/L
# BERLIN VIVANTES CAMPUS FRIEDRICHSHAIN

## ANNA GRESZEK &
## BARBARA GRESZEK

### 4 BOXEN

Das Kinder-Aktivitäten-Zentrum markiert einen wichtigen Punkt auf dem Gelände des Krankenhauses. Es ist so hoch, dass es als Turm wahrgenommen wird. Die Form ist ganz klar strukturiert. Sie besteht aus vier „Boxen", die aufeinandergestapelt wurden. Jede Box beherbergt eine andere Funktion: öffentlicher Bereich, Therapieräume, medizinischer Bereich und temporäre Unterkünfte. Im Keller befinden sich ein Schwimmbad und Technikräume. Ein weiterer Grund dieser Anordnung ist die stufenweise Erschwerung des Zugangs zu den jeweiligen Funktionen. Auch von außen ist die Aufteilung erkennbar. Die Aussicht aus dem Inneren des Gebäudes ist das Hauptthema des Objektes. Um dies zu betonen, bekommt jedes Geschoss eine klare Ausrichtung. Die Ausrichtung jeder Etage spiegelt sich in der Dichte der Keramikpaneele wider, sodass diese auch von außen erkennbar ist. Jede Box beherbergt zwei Geschosse, sie sind mit einer offenen Treppe verbunden, die sich im Atrium befindet.

### 4 BOXES

The children's activity centre marks an important point in the hospital grounds. It is so tall that it is seen as a tower. The form is very clearly structured. It consists of four "boxes" stacked on top of each other. Each box has a different function: public area, therapy rooms, medical area and temporary accommodation. A swimming pool and plant rooms are located in the basement. Another reason for this arrangement is the gradually increasing difficulty in accessing the different functions. The division can even be seen from the outside. The view from the inside is the most important aspect of the property. In order to emphasise this, each storey has a clear alignment. The alignment of each level is reflected in the density of the ceramic panels so that they are also recognisable from the outside. Each box has two storeys that are connected with an open staircase located in the atrium.

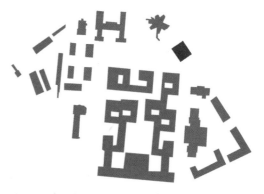

4 Boxen. Lageplan Berlin Vivantes Campus Friedrichshain
4 Boxes. Site plan Berlin Vivantes campus Friedrichshain

**4 Boxen. Ansichten**
4 Boxes. Elevations

**4 Boxen. Innenraum**
4 Boxes. Interior

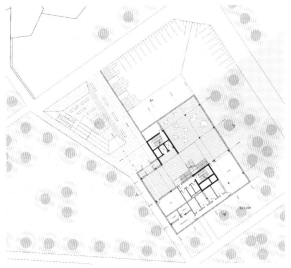

**4 Boxen. Grundriss Erdgeschoss**
4 Boxes. Ground floor plan

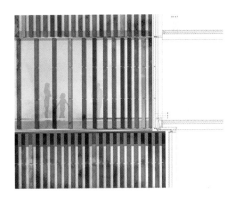

**4 Boxen. Fassadendetail**
4 Boxes. Detail of the facade

**4 Boxen. Perspektive**
4 Boxes. Perspective

2016–2017

# ANOTHER REALITY BERLIN

## BENJAMIN RUSCH & MICHAEL HAUSER

Another Reality. Lageplan Berlin Friedrichshain
Another Reality. Site plan Berlin Friedrichshain

Die Leitidee war, eine Kinder- und Jugendpsychiatrie zu entwerfen, die sich weg vom „bettenzentrierten Denken" hin zu einem offenen Forum entwickelt. Durch das Zurückspringen des Gebäudes wird der Blockrand geschlossen sowie ein semi-öffentlicher Raum geschaffen, der sich zur Stadt öffnet und sich als Vermittler zwischen Stadtraum und Klinik versteht. Auf diese Weise ist es gelungen, eine willkommene und offene Eingangssituation zu schaffen, die eine niedrigere Zugangsschwelle für Kinder, Jugendliche und Interessierte bildet. Gleichzeitig wird das Ensemble in die bestehende Nachbarschaft eingebunden und soll den Diskurs zwischen Öffentlichkeit und Psychiatrie fördern.

Im Inneren liegt der Fokus auf der Strukturierung. Sowohl die Therapie als auch die Wohngruppen legen sich U-förmig um den Innenhof. Er organisiert den Baukörper, spendet Licht und dient zur Orientierung. Besondere Aufmerksamkeit galt den Wohngruppen. Durch die räumliche Anordnung wird ein wohnlicher, intimerer Bereich geschaffen. Hohe Decken und große Fensteröffnungen sorgen für einen angenehmen, heilsamen Aufenthalt.

Another Reality. Städtebauliche Studien
Another Reality. Studies on urban layout

Another Reality. Eingangsbereich
Another Reality. Entrance area

Another Reality. Innenhof
Another Reality. Courtyard

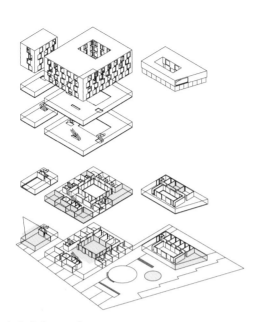

**Another Reality. Bewegungsdiagramm**
Another Reality. Motion chart

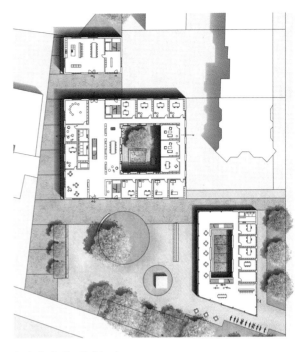

**Another Reality. Grundriss Erdgeschoss**
Another Reality. Ground floor plan

The central idea was to design child and adolescent psychiatry that moves away from "bed-centred" thinking towards an open forum. The building is set back, which closes the perimeter and creates a semi-public space that is open to the city and creates a link between urban space and the clinic. This creates an open and welcoming entrance area that represents a low entrance threshold for children, adolescents and interested parties. At the same time, the whole ensemble is incorporated into the existing neighbourhood and aims to support discourse between the public and psychiatry.

The focus inside is on structure. Treatment and residential rooms are arranged around the inner courtyard in a U-shape. The inner courtyard organises the building, lets in light and helps people to get their bearings. The residential areas are worthy of particular attention. The way the space is arranged creates a homely, intimate area. High ceilings and large window openings create a pleasant, salutary effect.

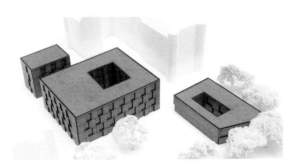

**Another Reality. Modell**
Another Reality. Model

**Another Reality. Wohnküche**
Another Reality. Combined kitchen and living room

2012    MASTERARBEIT MASTER THESIS

# KINDERKRANKENHAUS POLEN

# CHILDREN'S HOSPITAL POLAND

## NADINE KOCH & OLIMPIA TOMASZEWSKA

Das Gelände ist geprägt von Plattenbauten und einem großen Park. Mit dem Kinderkrankenhaus wird ein neuer Punkt geschaffen, der dem Areal durch die bewusste Abkehr von der vorhandenen Bebauungsstruktur eine neue Identität verleiht. Dem tristen und grauen Charakter der Umgebung wird mit einem kindgerechten und farbenfrohen Gebäude entgegengewirkt. Der freistehende Komplex, bestehend aus vier elliptischen Baukörpern, wir durch die Einfügung in eine Lichtung von allen Seiten erlebbar. Einzelne Körper, die wie eine kleine Stadt funktionieren, schaffen differenzierte Außenräume und verzahnen sich mit dem Grünraum. Das Foyer als „Stadtplatz" dient als verbindendes Element der vier Körper. Dadurch werden die Körper als einzelne Kliniken verstärkt ablesbar. Teiche, Hügel, Sitzmöglichkeiten, Wiesen und Wege bilden eine neue Parklandschaft, die als Erholungsfläche auch dem Bestand dient und das Gelände zu einem Klinikcampus eint.

The site is characterised by prefabricated buildings and a large park. The children's hospital is intended to create a new point that will give the area a new identity by intentionally rejecting existing building structures. A child-friendly and colourful building counteracts the sad, grey character of the surroundings. The freestanding complex, consisting of four elliptical buildings, can be experienced from all sides because it is integrated into a clearing. Individual elements that work like a small town create differentiated outdoor spaces and dovetail with the green space. The foyer as a "town square" connects the four elements. This makes it easier to differentiate between the units as individual clinics. Ponds, hills, seats, meadows and paths create a new park landscape that acts as a relaxation area for the existing buildings and brings the site together to make a clinic campus.

Kinderkrankenhaus. Patientenzimmer
Children's Hospital. Patient's room

Kinderkrankenhaus. Eingangsbereich
Children's Hospital. Entrance area

Kinderkrankenhaus. Funktionen
Children's Hospital. Functions

Kinderkrankenhaus. Bewegungsflächen
Children's Hospital. Free movement areas

Kinderkrankenhaus. Baumbestand
Children's Hospital. Stock of trees

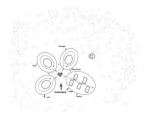

Kinderkrankenhaus. Erschließung
Children's Hospital. Circulation

Kinderkrankenhaus. Lageplan
Children's Hospital. Site plan

Kinderkrankenhaus. Fassadengestaltung
Children's Hospital. Design of the facades

Kinderkrankenhaus. Grundriss Erdgeschoss
Children's Hospital. Ground floor plan

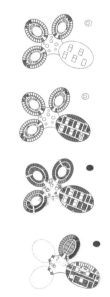

Kinderkrankenhaus. Funktionsschema
Children's Hospital. Functional diagram

Kinderkrankenhaus. Ansicht
Children's Hospital. Elevation

Kinderkrankenhaus. Schnitt
Children's Hospital. Section

2015–2021

# NEUES HAUNER MÜNCHEN
# ELTERN-KIND-ZENTRUM AM CAMPUS GROSSHADERN

## NICKL & PARTNER ARCHITEKTEN AG

Im pädiatrischen Zentrum des Neuen Hauners tut sich eine neue Welt auf. Innerhalb der klar definierten Grenzen des Gebäudes, die sich an der Struktur des umgebenden Campus Großhadern orientiert, finden Kinder, Jugendliche, Eltern, Wöchnerinnen und Personal eine von grünen Inseln durchdrungene Spiel- und Arbeitswelt vor. Das Neue Hauner wird sich in die bestehende Parklandschaft des Campus Großhadern einfügen. Patienten, Besucher und Personal spüren dies bereits beim Betreten des Gebäudes. Sie werden von einem grünen Innenhof empfangen, den sie durchlaufen, sie können sich Zeit nehmen, sich zunächst auf das Gebäude und die neue Umgebung einlassen. Die Gesamtheit des dreigeschossigen Gebäudes wird durch die rund und weich in die Form geschnittenen grünen Höfe in kleine Teile aufgebrochen. Sie sind leicht wiederzuerkennen, ermöglichen gute Orientierung und Identifikation mit der jeweiligen „Inselwelt" und bieten jungen Patienten, Eltern und Frauen eine mit Tageslicht durchflutete Umgebung.

A new world opens up in the New Hauner paediatric centre. Children, young people, parents, new mothers and staff will find a world of play and work interspersed with green islands within the building's clearly defined boundaries, which are aligned with the structure of the surrounding Großhadern campus. Patients, visitors and staff will feel this as soon as they enter the building. They will be met by a green courtyard and can take time, while passing through, to initially engage with the building and the new environment before entering the actual reception area. The totality of the three-storey building will be broken up into small elements by the round, softly shaped courtyards. Each of these green islands has an individual form. They are easily recognisable, assisting orientation and identification with the particular "island environment" and offering young patients, parents and women surroundings flooded with daylight.

Neues Hauner. Lageplan Campus Großhadern München
Neues Hauner. Site plan Großhadern campus Munich

Neues Hauner. Patientenzimmer
Neues Hauner. Patient's room

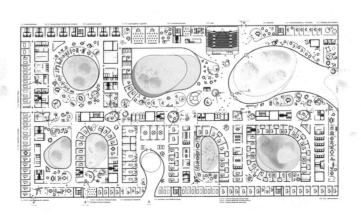

Neues Hauner. Grundriss Erdgeschoss
Neues Hauner. Ground floor plan

2017

# EVIDENZBASIERTE DESIGNFORSCHUNG

CHRISTINE NICKL-WELLER &
ALVARO VALERA SOSA

2012 unterstützte das deutsche Bundesministerium für Gesundheit (BMG) eine umfangreiche Literaturprüfung zu den Aus- und Einwirkungen der Architektur auf gesundheitsrelevante Ergebnisse. Die Ergebnisse wurden in dem Buch *From Concepts of Architecture to German Health Economics* veröffentlicht. Sie betonten die Dringlichkeit, rigorose Methoden zu entwickeln, um Nachweise über die heilenden Fähigkeiten und wirtschaftlichen Auswirkungen der Architektur zu sammeln, und zweitens das Bedürfnis, auf transdisziplinäre Weise zu arbeiten, um Kommunikationsprobleme in der Planung zu überwinden. Ab diesem Zeitpunkt wurde das Evidence-based Design (EBD) Researcher Cluster in der Abteilung „Architecture for Health" der TU Berlin etabliert.

Das relevanteste Kommunikationsproblem war die offensichtliche Inkompatibilität von Forschungsansätzen, die in den Gesundheitswissenschaften und Designdisziplinen bestanden, zusätzlich zu Konzepten, Begriffen und Terminologie.

Dieses begriffliche Problem wurde teilweise mit dem folgenden Modell angegangen, das eine mögliche Integration eines laufenden Designforschungsprozesses mit einem objektiveren Ansatz angeht und dadurch die Ergebnisse evaluieren und gültige Ergebnisse verbreiten möchte.

In der Praxis wurde dieser EBD-Ansatz von Nickl & Partner bei der Entwicklung von Kinderkrankenhäusern angewendet. Es wurden retrospektive Informationen

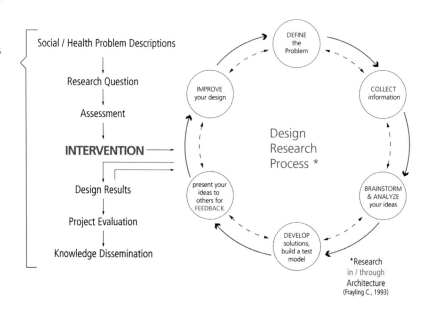

EbD Research for Architectural Interventions (Valera Sosa, 2014)

Social / Health Problem Descriptions

Research Question

Assessment

**INTERVENTION**

Design Results

Project Evaluation

Knowledge Dissemination

DEFINE the Problem

COLLECT information

BRAINSTORM & ANALYZE your ideas

DEVELOP solutions, build a test model

present your ideas to others for FEEDBACK

IMPROVE your design

Design Research Process *

*Research in / through Architecture (Frayling C., 1993)

Abb. 1: Schema EBD-Forschung
Fig. 1: EBD research scheme

# EVIDENCE-BASED DESIGN RESEARCH

In 2012, the German Federal Ministry of Health (BMG) supported an extensive literature review on the effects and impact of architecture on health-related outcomes. The release of the findings was published in the book *From Concepts of Architecture to German Health Economics*. The results highlighted the importance of developing rigorous methods for gathering evidence on the healing faculties and economic impact of architecture and secondly, the need of working in a transdisciplinary way to overcome communicational issues in planning. From this point on, the evidence-based design (EBD) Researcher Cluster was established at the "Architecture for Health" department at the TU Berlin.

The most relevant communicational issue was the apparent incompatibility of research approaches existing in health sciences and design disciplines; in addition, about concepts, terms and terminology. This conceptual problem was partly addressed with the following model which illustrates a possible integration of an ongoing design research process with a more objective approach seeking to evaluate outcomes and disseminate valid results. (Fig. 1)

In practice, this EBD approach was applied by Nickl & Partner in the development of children's hospitals. It gathered information retrospectively from a hospital intervention realised in 2008, the Pediatric and Cardiac Hospital at the University of Innsbruck in Austria. The building was commissioned to tackle a specific connectivity problem between maternal care, child care and other hospital departments, such as cardiology and

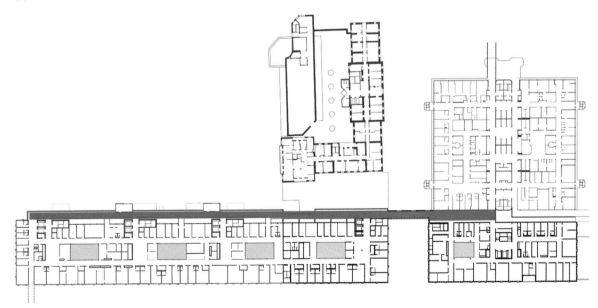

Abb. 2: Kinder- und Herzzentrum Innsbruck. Grundriss Erdgeschoss
Fig. 2: Pediatric and Cardiac Hospital Innsbruck. Ground floor plan

von einer Krankenhausintervention gesammelt, die 2008 realisiert wurde, dem Krankenhaus für Pädiatrie und Herzkrankheiten an der Universität Innsbruck, Österreich. Das Gebäude wurde in Betrieb genommen, um ein spezifisches Konnektivitätsproblem zwischen mütterlicher Fürsorge, Kindesfürsorge und sonstigen Krankenhausabteilungen wie Kardiologie und Operationsräumen anzugehen. Ein Servicegang, der diese Abteilungen verbindet, sollte unterirdisch verlaufen und so die Belegschaft von den Nutzern des Erdgeschosses trennen (Verkehr hinter und vor den Kulissen). Die Frage lautete, wie man diesem Verkehrsaufkommen gerecht werden kann, während gleichzeitig wichtige architektonische Qualitäten wie natürliches Licht und Ausblicke in die nahe gelegenen Grünanlagen sichergestellt werden. Die architektonische Intervention erwog einen erhöhten, doppelgeschossigen Gang entlang der Fassade, der Mutter- und Kinderpflegeabteilungen mit dem Rest des Krankenhauses verband. Zusätzlich wurden freitragende Glaskästen vorgeschlagen, die Konversationsräume boten. Das Ergebnis, das wie eine sehr geradlinige architektonische Entscheidung erschien, legte die theoretische Grundlage für zwei weitere Krankenhäuser.

Zuerst das Kaiser-Franz-Josef-Spital in Wien, Österreich (2016). Weitere Durchgangsevaluierungen in Bezug auf das Innsbrucker Kinderkrankenhaus ergaben eine deutlich höhere Belegschaftszufriedenheit im Vergleich zur Nutzung anderer Gänge. Dieses offene Gangprinzip wurde in Wien trotz eingeschränkter Oberflächenbereiche und obwohl das Gelände zwischen Medianen liegt verbessert. Der Gebäudefußabdruck wurde dafür komplett besetzt, ein zentraler Gang wurde vorgeschlagen, wo die vertikale Zirkulation und öffentliche Räume auf grüne Hofräume trafen. Natürliches Licht, Grünanlagen und Kommunikationsräume wurden erneut sichergestellt. Dieses Mal arrangierte man drei unterschiedliche Ebenen der Ungestörtheit in einem Bereich: öffentlich, halböffentlich und halbprivat.

Das zweite Krankenhaus war das Haunersche Kinderkrankenhaus der LMU in München, Deutschland. Die in Wien durchgeführten Bewertungen zur allgemeinen Anwenderzufriedenheit sowie Interviews mit dem Cam-

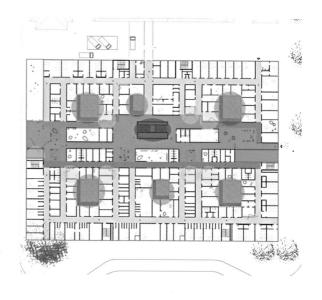

Abb. 3: Kaiser-Franz-Josef Spital Wien. Grundriss Erdgeschoss
Fig. 3: Kaiser-Franz-Josef Spital Vienna. Ground floor plan

pus-Managementteam verifizierten die Hypothese, dass Gänge nicht nur Aufnahmestellen für den Durchgangsverkehr darstellen, sondern auch ein Ort der Zusammenkunft und der Umverteilung des Durchgangsverkehrs sind. Das Münchner Projekt – noch in der Entwicklung – wendet dieses Prinzip an, indem ein gemeinsamer Raum vorgeschlagen wird, der alle Haupt- und Sekundäreingänge mit landschaftlich gestalteten Grünanlagen verbindet, die gleichmäßig entlang des Erdgeschosses verteilt sind.

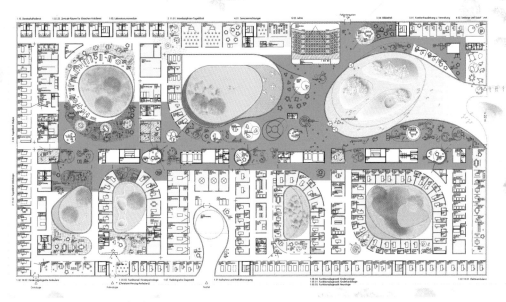

**Abb. 4: Haunersches Kinderspital München. Grundriss Erdgeschoss**
Fig. 4: Hauner Children's Hospital Munich. Ground floor plan

operating rooms. A service hallway connecting these departments was meant to be underground separating staff from ground floor users (off-stage and on-stage flows). The question stated was how to comply with this flow demand while ensuring critical architectural qualities such as natural light and views to nearby green parks. The architectural intervention considered having an elevated double floor hallway along the facade connecting mother and child care departments to the rest of the hospital. Additionally, cantilevered glassed boxes providing spaces in which to talk were proposed. As a result, what seemed to be a very straightforward architectural decision laid theoretical grounds for two other hospitals. (Fig. 2)

First, the Kaiser-Franz-Josef-Spital in Vienna, Austria (2016). Further flow evaluations to Innsbruck Children's Hospital clearly indicated higher staff satisfaction when comparing usage of other hallways. This open-hallway principle was improved in Vienna, despite surface area

limitations and the plot being located between medians. The building footprint was completely occupied therefore, a central hallway was proposed where vertical circulation and public spaces met with green courtyards. Natural light, greenery, and spaces in which to talk were again ensured. This time, arranging three different levels of privacy in one area: public, semi-public, and semi-private. (Fig. 3)

The second hospital was the Hauner Children's Hospital LMU in Munich, Germany. Assessments performed in Vienna on general user satisfaction and interviews with the campus management team verified the hypothesis that hallways are not merely flow collectors but also areas for gathering and flow distribution. The Munich project – still under development – applies this principle by proposing a common space connecting all its main and secondary entrances to landscaped green patches evenly distributed across the ground floor. (Fig. 4)

# PREVENTION & THERAPY

# PRÄVENTION & THERAPIE

CHRISTINE NICKL-WELLER

Prevention, avoidance of disease through health education and active health promotion, is among the foci that the Federal Ministry of Health is making its responsibility and was reinforced with the 2015 Prevention Act. In view of rocketing healthcare costs and the increase in non-communicable diseases, this strategy seems to be the only sustainable way to a functioning healthcare system. So-called "lifestyle diseases" make up a large part of diagnoses across the world. However, if lifestyle can become a pathogen, because of patterns such as unhealthy diet, lack or exercise or drug abuse, it can be counteracted by prevention and appropriate education. Treatment after illness to prevent possible relapse is similarly important.

Against this background, the theme of "Prevention and Treatment" was examined in numerous design projects in the "Architecture for Health" department. The following chapter presents the broad spectrum of work. It deals with sports centres and swimming pools, as well as prevention, rehabilitation and advice centres. These projects have in common the strong connection to their location. It is particularly important that a building that is supposed to be accessible to people and, to a certain extent, invites them in, is set in attractive surroundings. The directly adjoining areas can also be incorporated as green or urban treatment areas. Some of the projects were therefore further developed in the "landscaping" area of specialism.

Prävention, die Vermeidung von Krankheit durch Gesundheitsaufklärung und Gesundheitsförderung, ist einer der Schwerpunkte, den sich das Bundesministerium für Gesundheit zur Aufgabe gemacht und mit dem Präventionsgesetz im Juli 2015 bekräftigt hat. Angesichts explodierender Kosten in der Krankenversorgung und des Anstiegs von nicht-übertragbaren Erkrankungen scheint diese Strategie der einzig nachhaltige Weg zu einem funktionierenden Gesundheitssystem zu sein. Sogenannte „Lifestyle-Erkrankungen" machen weltweit einen Großteil der Diagnosen aus. Sofern aber der Lebensstil durch Schemata wie ungesunde Ernährung, mangelnde Bewegung oder Missbrauch von Suchtmitteln zum Krankmacher wird, kann dem durch Prävention und entsprechende Aufklärung entgegengewirkt werden. Ähnlich bedeutsam sind therapeutische Maßnahmen nach einer Erkrankung, um einen eventuellen Rückfall zu vermeiden.

Vor diesem Hintergrund wurde in einer Vielzahl von Entwurfsprojekten am Fachgebiet „Architecture for Health" das Thema „Prävention und Therapie" bearbeitet. Das folgende Kapitel stellt das weite Spektrum der Arbeiten vor. Es behandelt Sport- und Badeanlagen genauso wie Präventions-, Reha- und Beratungszentren. Gemein ist diesen Projekten der starke Bezug zu ihrem jeweiligen Standort. Ein Gebäude, das für Menschen niederschwellig zugänglich sein soll, sie gewissermaßen zum Eintreten einladen soll, muss im besonderen Maße in eine attraktive Umgebung einfügt werden. Die unmittelbar angrenzenden Flächen können außerdem als begrünte oder urbane Therapieorte eingebunden werden. Daher wurden einige der Projekte in dem Vertiefungsfach „Landschaftsgestaltung" weiter ausgearbeitet.

2010–2011

# LIVING HIGH GASCHURN

## BOTIAN LI & SARAH HORN

### RUNDSCHAU

Das in 2000 Meter Höhe gelegene Grundstück zeichnet sich durch eine karge, baumlose Landschaft aus. Das felsige Gelände mit seiner enormen Steigung ist durch die Gegensätze der atemberaubenden Aussicht und des rauen Umgebungsklimas gekennzeichnet. Auf diese Eigenschaften geht das Gebäude ein, indem es sich mit seinem Halbrund dem Tal entgegenstreckt und durch Schaukästen an Vor- und Rückseite gerahmte Blicke zu beiden Seiten bietet.

Hierarchisiert wird der Komplex durch die Funktionsverteilung: Öffentliche Bereiche befinden sich im Erdgeschoss mit Café und Sportbereich, das erste Obergeschoss beinhaltet halb-öffentliche Funktionen wie Konferenz- und Officeräume und die höchstgelegene Etage bildet den privaten Wohnbereich. Eine leichte Funktionsdurchmischung, Blickbeziehungen zwischen den Etagen sowie Aufenthalts-räume zwischen den Raumclustern gewährleisten die Verknüpfung der einzelnen Bereiche miteinander.

### RUNDSCHAU

The 2,000-metre-high plot stands out with its barren, treeless landscape. The steeply sloping, rocky terrain is characterised by the contrasts of the breathtaking view and the raw surroundings. The building responds to these qualities with a hemisphere that protrudes towards the valley and offers framed views to both sides through picture windows at the front and back.

The complex is hierar-chised by division of functions: public areas, with café and sports area, are located on the ground floor, semi-public functions such as conference rooms and offices on the first floor and private living spaces on the uppermost storey. A slight blending of functions, views between the storeys as well as lounges between the room clusters guarantee that the individual areas are linked together.

Rundschau. Ansicht
Rundschau. Elevation

Rundschau. Perspektive
Rundschau. Perspective

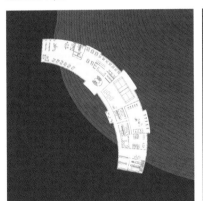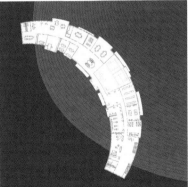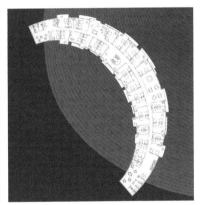

Rundschau. Grundrisse
Rundschau. Floor plans

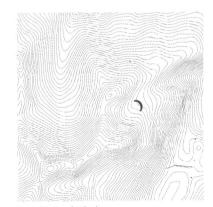

Rundschau. Lageplan Gaschurn
Rundschau. Site plan Gaschurn

2010–2011

# TRAINING LOW GASCHURN

## SUSANNE GRAUNITZ & CHRISTINA DOMINGUEZ

### WOLKENBÜGEL

Das Baufeld liegt auf einem Hang in der Natur. Angesichts dieser natürlichen Umgebung wurde ein Gebäude mit einer einfachen Form vorgeschlagen. Der Freiraum in der Mitte des Hauses wird als Bindeglied zwischen gebauter und real existierender Umwelt verstanden. Er wurde als Tor ausgebildet, das schon von weitem Besucher einlädt. Der bestehende Wanderweg kann hier das Trainingszentrum durchfließen. Dieses Tor ist jedoch nicht nur der Eingang des Komplexes, sondern auch das Herz des Projekts. Es agiert als Bindeglied zwischen den verschiedenen im Gebäude stattfindenden Aktivitäten. Durch die Funktion, die dieser Freiraum erhält, wird das Gebäude selbst auch zum Sportgerät. Die flächige Fassadenausbildung unterstützt den monolithischen Charakter des Gebäudes, lässt es jedoch durch ihre Struktur gleichzeitig bewegt und nicht monoton wirken. Die Wahl des Materials Holz unterstützt die optische Einbindung in die Umgebung.

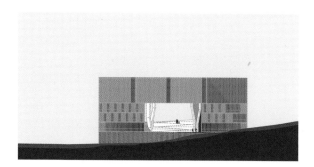

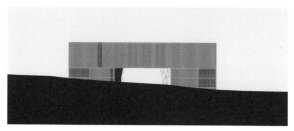

Wolkenbügel. Ansichten
The Clouds Above. Elevations

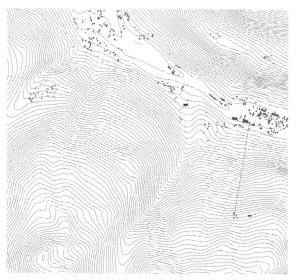

Wolkenbügel. Lageplan Gaschurn
The Clouds Above. Site plan Gaschurn

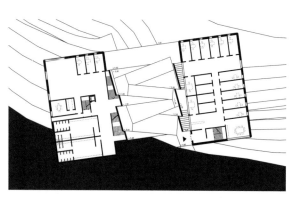

Wolkenbügel. Grundriss Erdgeschoss
The Clouds Above. Ground floor plan

# THE CLOUDS ABOVE

The construction site is on a natural incline. Faced with these natural surroundings, the building is proposed with a simple shape. The open space in the middle of the building acts as a link between the built and the real environment. This free space is developed as a gate that already invites visitors from a distance. The existing hiking trail runs through the training centre at this point. However, this gate is not just the entrance to the complex, but also the heart of the project. It is a link between the various different activities that take place in the building. The function assigned to this open space turns the building itself into a piece of sports equipment. The extensive facade supports the monolithic character of the building, yet, at the same time, gives its structure flexibility to prevent it from appearing monotonous. The choice of wood as a material supports visual integration into the environment.

Wolkenbügel. Kletterhalle
The Clouds Above. Indoor climbing

2010–2011

# TRAINING LOW GASCHURN

## DANIEL GEBREITER

### UMSTADTWERK

Das Umstadtwerk Vermuntwerk II baut auf der im Montafon stark kontrastierenden Bebauung auf. Zwei sichtlich unabhängige Typologien bestehen im Grunde unabhängig voneinander: das konfigurativ, nicht aber semantisch neuinterpretierte, traditionelle Bauernhaus sowie die der Stromerzeugung dienenden Infrastrukturtypologien.

Dies hat für das Projekt die Konsequenz, dass eben dieser Begriff der Typologie eine wichtige Basis ausmacht. Als Ansatzpunkt für das zu entwerfende Gebäude gilt es, die Ur-Typologien der Einzelteile herauszuarbeiten und diese, anders als die parallel aber unabhängig zueinander existierenden Typologien, bewusst kollidieren zu lassen. Diese Kollisionen führen zu neuen Kompromiss-Typologien, deren Auslegung nicht im Vornherein klar ist. Das Gebäude kann nicht „fertig" geplant werden, es verlangt die ständige Neuinterpretation.

### UMSTADTWERK

The Umstadtwerk Vermuntwerk II builds upon the highly contrasting developments in Montafon. Two visually independent typologies essentially exist independently of each other: the configuratively, but not semantically reinterpreted, traditional farmhouse, as well as the infrastructure typologies used for electricity generation.

For the project, this means that this concept, in particular, gives the typology an important basis. As a starting point for the design of the building, it was a matter of creating the original typologies for the individual parts and intentionally allowing them to collide, unlike the parallel, but independently existing typologies. These collisions lead to new, compromise typologies whose interpretation is not clear from the outset. The building cannot be planned in one go. It needs to be constantly reinterpreted.

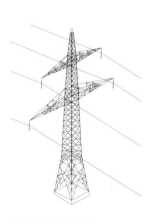
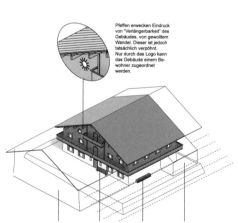

Pfeffen erwecken Eindruck von "Verlängerbarkeit" des Gebäudes, von gewolltem Wandel. Dieser ist jedoch tatsächlich verpöhnt. Nur durch das Logo kann das Gebäude einem Bewohner zugeordnet werden.

Umstadtwerk. Inspirationen
Umstadtwerk. Inspirations

Umstadtwerk. Außenansicht
Umstadtwerk. Exterior view

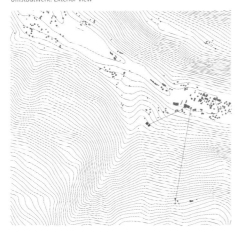

Umstadtwerk. Lageplan Gaschurn
Umstadtwerk. Site plan Gaschurn

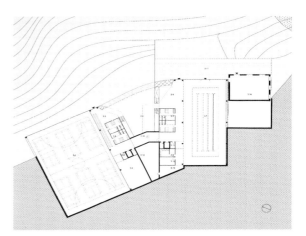

Umstadtwerk. Grundriss Erdgeschoss
Umstadtwerk. Ground floor plan

Umstadtwerk. Sporthalle
Umstadtwerk. Gymnasium

2016

# CURA
# BERLIN

## CARYN STREETER

Berlin Wave. Vogelperspektive
Berlin Wave. Bird's eye view

### BERLIN WAVE

Berlin Wave ist ein multifunktionales Erlebnis-Rehabilitationszentrum erster Klasse im Herzen von Berlin. Das Projekt befasst sich mit der umgebenden öffentlichen Sphäre, in der Studenten, Berufstätige, Touristen und sonstige Mitglieder der Öffentlichkeit, Radfahrer und Fußgänger die natürlichen, revitalisierenden Räume und Annehmlichkeiten, die Berlin Wave bietet, genießen können. Das Projekt erweckt die fünf Sinne Riechen, Hören, Berühren, Schmecken und Sehen zum Leben.

Spüren Sie die Energie des Raums; erwachen Sie zum Leben, während Ihre Augen, Nase und Mund Sie auf einer Reise durch die Berlin Wave geleiten. Ein großzügiger, öffentlicher Raum im Freien fügt sich mit dem neuen Berliner Flussbad-Projekt mit dem Ziel zusammen, ein gesünderes, glücklicheres Berlin zu erschaffen,

indem es Besuchern und Anwohnern ermöglicht wird, sauberes Wasser zum Schwimmen in der Berliner Spree zu genießen. Der starke Schnitt mitten durch das Gelände ermöglicht eine maximale Fußgänger-verbindung zwischen der Bibliothek der Humboldt-Universität und dem Monbijou Park und dient gleichzeitig der Funktionsaufteilung.

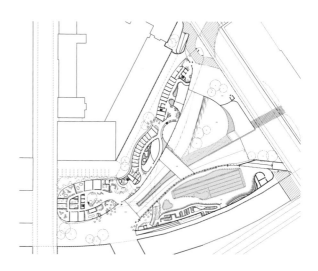

Berlin Wave. Grundriss Erdgeschoss
Berlin Wave. Ground floor plan

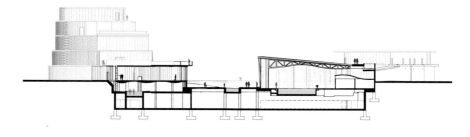

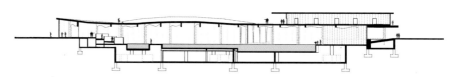

Berlin Wave. Handskizzen
Berlin Wave. Hand-drawn sketches

# BERLIN WAVE

Berlin Wave is an experiential, first-class, multi-functional rehabilitation centre located in the heart of Berlin. The project engages with the surrounding public sphere, where students, professionals, tourists and other members of public, cyclists and pedestrians, can enjoy the natural, revitalising spaces and amenities provided by Berlin Wave. The project brings to life the five senses, smell, sound, touch, taste and sight.

Feel the energy of the space; come to life as your eyes, nose and mouth guide you on the journey through the Berlin Wave. A generous public outdoor environment engages with the new Berlin Flussbad project, aiming to create a healthier, happier Berlin, allowing its visitors and residents to enjoy clean swimming water in the river Spree.

The strong slice through the middle of the site allows for maximum pedestrian connection between the Humboldt University library and the Monbijou Park whilst also separating program.

Berlin Wave. Dachterrasse
Berlin Wave. Roof top terrace

Berlin Wave. Lageplan Berlin Museumsinsel
Berlin Wave. Site plan Berlin Museum Island

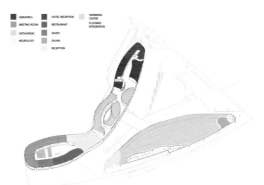

Berlin Wave. Funktionsverteilung
Berlin Wave. Functional layout

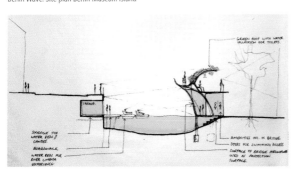

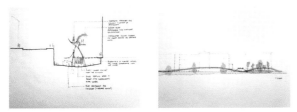

Berlin Wave. Handskizzen
Berlin Wave. Hand-drawn sketches

# HEALING LANDSCAPE – LANDSCHAFT HEILEN

## RAINER SCHMIDT

Die Anregung, zu diesem Thema in dieser Festschrift Position zu beziehen, ist mit großer Freude selbst gewählt als Antwort auf die freundliche Einladung hierzu.

Bei der Wahl des Themas blicke ich gerne zurück auf einige wegweisende Projekte aus der gemeinsamen Lehre von Prof. Christine Nickl-Weller und mir, die die Studenten der TU Berlin und Beuth Hochschule für Technik Berlin immer mit Erfolg zu Synthesen der mehrdisziplinären Arbeit zwischen Architektur und Landschaftsgestaltung auf privaten und öffentlichen Flächen geführt haben (siehe insbesondere: „Nachnutzung Flughafengelände Berlin Tegel" und „Fußgängerfreundlichkeit am Alexanderplatz, Berlin").

Das Thema „Healing Landscape – Landschaft heilen oder heilende Landschaft" findet sich auch in der Veröffentlichung *Healing Architecture*[1] wieder, die ein Leitbild aufzeigt für die Integration von Architektur („Architektur heilen"), insbesondere von großvolumiger Architektur für Krankenhäuser, in den Kontext von Geografie, Topografie, Kultur, Stadtraum, Wirtschaft und Gesellschaft. Diese Veröffentlichung ist auch eine Stellungnahme zur zeitgenössischen Hoffnung auf „psychosoziale Gesundheit", so wie von Nefiodow[2] für die Gegenwart betrachtet als aktuelle Basisinnovation in der Reihe der historisch relevanten, impulsgebenden und Wirtschaft sowie Gesellschaft tragenden Wellen der Prosperität seit Beginn der Industrialisierung. „Healing Architecture" wird entsprechend aufgegriffen, gestützt, gerahmt, beantwortet durch „Healing Landscape". „Healing Landscape" kann verstanden werden als strukturelles Element von Kulturlandschaft, als „heilende Landschaft", sie kann aber auch als Philosophie „Landschaft heilen" betrachtet werden.

„Heilende Landschaft" – als Element und höchstes Kulturgut unserer Gesellschaften – bringt das menschliche Wohlbefinden im Wechsel mit der Wahrnehmung von Natur hervor, beugt Krankheiten vor, gleicht sie aus und kann – mit dem Wechsel der Jahreszeiten – dieses Wohlbefinden auch langfristig tragen, sofern die Räume dieser Landschaften, ihre Vegetation und ihre Atmosphären dafür gestaltet, geschützt und gepflegt werden. Zugleich ist die „heilende Landschaft" ein Faktor zur Entspannung im Alltag und Ausgleich zu Arbeit und Stress. Die erfolgreiche Konzeption und Herstellung solcher Qualität verlangt ein Gefühl für das Profil von Raum und seinen Angeboten für Wahrnehmung.

„Landschaft heilen" – als Philosophie – verfolgt den gleichen ganzheitlichen Ansatz wie „Architektur heilen". „Landschaft heilen" und „heilende Landschaft" herstellen sind größte zeitgenössische Aufgaben in den gestaltenden Professionen. Es geht um Wertschätzung, Erhaltung, Pflege, Gestaltung und zugleich Neuordnung der Kulturlandschaften bebauter und unbebauter Räume. Beide Seiten sind Ausdruck der notwendigen mehrdisziplinären Bewältigung solcher Aufgaben im regional und örtlich besonderen Kontext.

Die Philosophie blickt auf eine Geschichte von insgesamt fast 50 Jahren zurück. Sie begann mit der Krise der Industrialisierung, der Feststellung der Grenzen des quantitativen Wachstums und der Erschöpfung von natürlichen Ressourcen zugunsten der Teilung, Ausdehnung und Konzentration von Funktionen in besiedelten Räumen. In den 1970er-Jahren wurde infolgedessen von Charles Waldheim der „landscape urbanism" international als fachlicher Rahmen für die ganzheitliche Gestaltung und Planung urbaner Räume ins Leben gerufen. Dieser Rahmen blieb jedoch bis zu Beginn des 21. Jahrhunderts den Prämissen der Industrialisierung unterworfen, soweit und solange diese regional und örtlich noch vorherrschten. Globales Wissen suchte Wege, diesen Rahmen zu festigen und fand Namen für spezielle Richtungen wie „Infrastructure Urbanism", „Strategic Urbanism" etc.

# HEALING LANDSCAPE

The idea, to set up a position in this decree to this theme, has been self-selected with pleasure – responding to the kind invitation.

With regard to the selection of the theme I am glad to remember some path-leading projects of the cooperative teaching of Prof. Christine Nickl-Weller and me, always guiding the students of TU Berlin and Beuth University of Applied Sciences Berlin successfully to syntheses of multi-disciplinary work between architecture and landscape design on private and public spaces (see especially: "Re-structuring Airport Area Berlin-Tegel" and "Walkability at Alexander Square, Berlin").

The theme "Healing Landscape – Landschaft heilen oder heilende Landschaft" finds also reason in the publication *Healing Architecture*[1], which is a leading image for the integration of architecture ("Architektur heilen"), especially of a large volume architecture for hospitals, into the context of geography, topography, culture, urban space, the economy and society. This publication is a positioning, too, towards the contemporary hope for "psycho-social health", like considered as a basic innovation for the present by Nefiodow[2] in the sequence of historically relevant, impulse-giving and equally the economy and society carrying waves of prosperity since the beginning of industrialisation. "Healing Architecture" is picked, supported, framed, responded to by "Healing Landscape". "Healing Landscape" can be understood as structural element of cultural landscape "heilende Landschaft", it can also be considered as philosophy "Landschaft heilen".

"Healing Landscape" as element and highest cultural good of our societies generates the human well-being in exchange with the perception of nature, prevents from diseases, counter-balances diseases and can – alongside the turn of the times of year – carry this well-being also in the long term, if the spaces of these landscapes, their vegetation and their atmospheres are appropriate, have been protected and are cared for. Equally, the "healing landscape" is a factor of relaxation in everyday life and counterbalance towards work and stress. Conceptualising and implementing such a quality successfully demands a feeling for the profile between space and its offers for perception.

"Healing Landscape" – as philosophy – follows the same holistic approach like "healing architecture". "Healing landscape" and generating "healing landscapes" is one of the most important contemporary tasks in the "making professions". It is about appreciation, maintenance, care, form-giving and equally re-structuring of the cultural landscapes of built and un-built spaces. Both the sides are an expression of the need for a multi-disciplinary solution within the regionally and locally specific context.

This philosophy reviews a history of about 50 years. It was started with the crisis of industrialisation, the statements about the boundaries of quantitative urban growth and the exploitation of natural resources for the benefit of separating, expanding and concentrating functions in settled areas. During the 1970s, "landscape urbanism" became consequently called into being as a framework for holistic design and planning of urban spaces. This framework remained subordinate to the premises of industrialisation until the beginning of the 21st century, as far and as widely these ones dominated regionally and locally. Global knowledge has searched for paths to strengthen this framework and has found titles for specific directions like "Infrastructure Urbanism" – "Strategic Urbanism" etc.

Landscape and open spaces have found appreciation for a new understanding of the tasks for protecting and developing "nature", respectively to what has been left from it by civilisation during the processes of industrial

Landschaft und freie Räume fanden in der Veröffentlichung *Third Landscape*[3] von Gilles Clément Würdigung für ein neues Verständnis der Aufgaben zum Schutz und zur Entwicklung von „Natur" beziehungsweise von dem, was die Zivilisierung im Laufe der industriellen Entwicklung davon übrig gelassen hatte. Dieses Buch unterscheidet die „erste Landschaft" als unbeschädigte und natürliche, die „zweite Landschaft" als industriell bereits geschädigte „Natur" und die „dritte Landschaft" als unser aktuelles Aufgabenfeld, das den vorbeugenden Ausgleich der Entstehung von Schäden durch Ausbeutung von Natur und die Nachbereitung bereits vorhandener Schäden zugleich fordert. Die Arbeiten von Rainer Schmidt Landschaftsarchitekten und Stadtplaner setzen historisch hier an und haben mit einer Fülle von Projekten seit Ende der 1970er-Jahre konkrete Antworten zur wegweisenden Umsetzung dieser Aufgaben gefunden: sowohl zur „Heilung von Landschaften" wie auch zur Herstellung „heilender Landschaften". Dies ist die Basis der mehrdisziplinären Lehre auf der Seite der Landschaftsgestaltung.

Der Ansatz zu einer erfolgreichen Lösung dieser Aufgaben findet Ausdruck in meinen Vorlesungsbeiträgen zu „Natur durch Kultur", indem aufgezeigt wird, dass „Natur" – oder was von ihr erhalten ist – nur qualifiziert werden kann durch Mittel kultureller Intervention. Dies wird deutlich in der Veröffentlichung *City by Land-scape*[4]. Wie diese Veröffentlichung auch in der Darstellung der Projekte zeigt, hat die Kooperation zum Thema „Healing Architecture", insbesondere mit Prof. Christine Nickl-Weller, vielfältige Grundlagen in erfolgreichen und namhaften Projekten zu Konzeption und Umsetzung von Raumbildung gefunden und wurde entsprechend auch in der fachübergreifenden Lehre zwischen den Fakultäten von TU Berlin und Beuth-Hochschule für Technik Berlin zum Fokus unserer Kooperation in der Lehre. Stadtraum und darin die Integration von großen Bauvorhaben für Institutionen wie Krankenhäuser und Universitäten sowie auch die dezentrale und präventive Anlage von gesundheitsfördernden Räumen in Bebauung und Freiraum boten hierzu vielfältige Anlässe für die Synthese von „Healing Architecture – Healing Landscape".

Was steckt hinter solchen Synthesen? Es braucht die Offenheit im Miteinander der Disziplinen und den Willen, die jeweils andere Seite nicht disziplinär zu verstehen, sondern – im gemeinschaftlichen Herangehen an die Aufgabe – die sachlich und fachlich hochwertigste Lösung zu finden, für Nutzer und Klienten, für Mensch und Umwelt, die alle Sinne anspricht und somit umso wirkungsvoller in der Herstellung sein kann. „Landschaft heilen" heißt in diesem Sinne, ein strukturell starkes Konzept aufzubauen, einen offenen Rahmen für die urbane Transformation von Gesellschaft, Kultur

development in the publication of Gille Clément *Third Landscape*[3]. This publication distinguishes the "first landscape" as undamaged and natural, the "second landscape" as industrially already damaged "nature" and the "third landscape" as our current field for working, demanding equally the preventative counter-balance of damages to occur by exploiting nature and the post-processing of already existing damages. The work of Rainer Schmidt Landscape Architects and Urban Planners starts historically herewith and has gained – with numerous projects since the end of the 1970s – precise responses towards the path-leading implemen-tation of these tasks: for "healing landscapes" as well as for generating "healing landscapes". This is the basis

of multi-disciplinary teaching on the side of landscape architecture.

The approach towards a successful solution of these tasks has been expressed by my lecture-contributions about "nature by culture", indicating, that "nature" – or what has been left from it – can only be qualified by means of cultural intervention. This becomes obvious in the publication *City by landscape*[4]. As this publica-tion shows, in the presentation of projects too –, the cooperation about the theme of "Healing Architecture" especially with Prof. Christine Nickl-Weller, has found various bases in successful and well reputated projects about the concepts and implementation of space-build-ing and became consequently a focus of our coopera-

Fußgängerfreundlichkeit am Alexanderplatz Berlin. Studentenprojekt
Walkability Berlin Alexanderplatz. Students' work

und Wirtschaft. Das Konzept und der Rahmen müssen geeignet sein, die geforderten Ansprüche an Nutzung, Bildhaftigkeit und räumliche Organisation zu erfüllen und darüber hinaus, vom besonderen Ort ausgehend dessen Geschichte neu zu erzählen, die „gefangenen Standortvorteile" der Lage aus ihren historischen Fesseln zu lösen und ein neues Stück Raumerleben zu ermöglichen, das der „psychosozialen Gesundheit" dient. Raum und Wahrnehmung kommen hier zusammen.

Der Raum spricht die Wahrnehmung an, diese antwortet durch Wohlfühlen und Spiegelung der strukturellen Angebote für die Aneignung von Raum. Wir konzipieren diese Profile für Raum und Wahrnehmung für unterschiedliche Orte in der Welt seit vielen Jahren und schätzen hierzu die Kooperation, insbesondere mit Prof. Christine Nickl-Weller, als Bereicherung der Ergebnisse in Lehre und Praxis ohnegleichen. Wesentliche Herausforderungen der Gegenwart liegen diesbezüglich in China und in der arabischen Welt, wo die Industrialisierung jeweils andere Stände für gestalterische Interventionen bietet als dies in Europa der Fall ist, und wo Wahrnehmung andere Traditionen und andere Sehnsüchte hat als in Europa.

Dennoch ist auch und gerade das von der Aufklärung geprägte Europa eine wunderbare Ausgangsbasis für internationales Arbeiten in Lehre und Forschung. Diese Erfahrung haben wir gerne mit Prof. Christine Nickl-Weller geteilt und wünschen uns auch für die Zukunft die Fortführung der gegenseitigen Bereicherung zu den vielfältigen Aufgaben von „Healing Architecture and Landscape"!

Wir schätzen Prof. Christine Nickl-Weller als eine sehr starke Gestalterin, die alle Ebenen des Wissens hierfür zusammenführt (expert science, skill, folk und tacit knowledge), die gerne „innovative Atmosphären" fachkundig und feinfühlig entwirft und baut und dies auch in der Lehre als fortwährende Herausforderung vermittelt, die in diesem Sinne den Geist der Zeit immer noch erfolgreich für Kollegen, Klienten und Studenten nach vorne trägt, nachdem sie die Herausforderungen zur Transformation des Raumes zugunsten der „Gesundung von Mensch und Umwelt" zu ihrem Lebensziel gemacht hat.

Wir danken ihr für die wertvolle Zusammenarbeit zu „Healing Landscape" von Herzen.

**1** Ch. Nickl-Weller, H. Nickl (2013), *Healing Architecture*, Braun Publishing, Salenstein
**2** A. Nefiodow (1997), *Der sechste Kontradieff, Wege zur Produktivität und Vollbeschäftigung im Zeitalter der Information*, Rhein-Sieg-Verlag, Bonn
**3** C. Clément (2004), *Manifest der Dritten Landschaft*, Merve, Berlin
**4** Th. Schröder (2013) (Hrsg.), *City by Landscape*, Birkhäuser, Basel

tion within the multi-disciplinary teaching, crossing the faculties of TU Berlin and Beuth University of Applied Sciences Berlin. Urban space and, as part of it, the integration of large buildings for institutions like hospitals and universities as well as the decentral and preventative establishment of health-supportive spaces in built form and open spaces have offered various opportunities for the synthesis of "Healing Architecture – Healing Landscape".

What is behind such syntheses? It needs the openness among the disciplines and the will-power to understand the respective side not disciplinarily but – in the common approach to the task – to find the factual and professional high-value solution for users and clients, for man and for the environment, addressing all the senses and, this way, being even more efficient within the production. "Healing landscape" in these terms means to build up a structurally strong concept, an open framework for the urban transformation of society, culture and of the economy. The concept, the framework need to be appropriate for fulfilling the demands for use, image and spatial organisation, starting from the very specific location, to tell its story of place in a new way, to free the "caught locational advantages" of place from its historical restrictions and to allow for a new experience of space, serving for "psycho-social health". Space and perception come together here.

Space builds a dialogue with perception, which responds by well-being and reflecting the structural offers for the occupation of space. We have been conceptualising the profiles for space and well-being for different places in the world for many years and acknowledge the cooperation, especially with Prof. Christine Nickl-Weller, as an enrichment of the achievements in teaching and innovative practice beyond comparison. Essential challenges of the present lie herewith in China and in the Arabic World where industrialisation offers respectively different stages for design intervention, and where perception has traditions and desires, different from Europe.

However, Europe having been marked by the Enlightenment is exactly and especially a wonderful basis for international work in teaching and research. This experience was luckily shared, especially with Prof. Christine Nickl-Weller, thus we are wishing a continuation of the respective enrichment about varied tasks of "Healing Architecture and Landscape" in the future!

We acknowledge Prof. Christine Nickl-Weller as a very strong designer, knowing herewith how to link all the levels of knowledge (expert science, skill, folk and tacit knowledge), who likes to conceptualise and to build professionally and sensitively "innovative atmospheres", mediating this by teaching as a continued challenge, carrying the spirit of time – in these terms – always still successfully upfront for colleagues, clients and students, once having made the challenges about the transformation of space becoming her goal of life for the benefit of "healing mankind and the environment".

We do thank her cordially for the valuable cooperation in "healing landscape".

1 Ch. Nickl-Weller, H. Nickl (2013), *Healing Architecture*, Braun Publishing, Salenstein
2 A. Nefiodow (1997), *Der sechste Kontradieff, Wege zur Produktivität und Vollbeschäftigung im Zeitalter der Information*, Rhein-Sieg-Verlag, Bonn
3 C. Clément (2004), *Manifest der Dritten Landschaft*, Merve, Berlin
4 Th. Schröder (2013) (ed.), *City by Landscape*, Birkhäuser, Basel

2015

# LIDO LEISURE VENEDIG

## VERA PABST & CAROLIN TRAHORSCH

### CURA TERMALE

Zurück gesetzt auf einem groß angelegten Platz befindet sich die neue Cura Termale, eine Badekur, welche die Gäste in eine Wasserlandschaft entführt. Bereits in der Eingangshalle ermöglicht ein verglaster Innenhof dem Badegast einen Blick in das Innere der Therme. Über die verschachtelten Umkleidebereiche gelangt der Besucher in den Badebereich, in dem ein lang gestrecktes Wasserbecken die Form des Gebäudes betont. Ein Spiel von hellen Bereichen, die über die Innenhöfe und Lichtbäder beleuchtet werden, und dunklen Grotten bietet dem Badenden abwechslungsreiche Eindrücke.

Das nach außen sehr introvertierte Gebäude verfügt über wenige Öffnungen, die gerichtete Ausblicke in die Umgebung bieten. Die Fassade passt sich in ihrer Farbgebung und Materialität aus Stampfbeton in die umgebene Bestandsbebauung ein und bildet eine harmonische Ergänzung zum Rest des Areals.

### CURA TERMALE

The new Cura Termale spa is set in a large space. A glass inner courtyard allows guests to see the inside of the spa from the entrance hall. Guests reach the spa area, where a long pool emphasises the shape of the building, through the intricate changing areas. A combination of light areas, which are illuminated by inner courtyards and light baths, and dark grottos create a variety of impressions on visitors.

The building gives the outward appearance of being very introverted and has few openings that offer a view of the surroundings. With its colour scheme and tamped concrete structure, the facade blends in with the existing surrounding buildings and harmoniously complements the rest of the area.

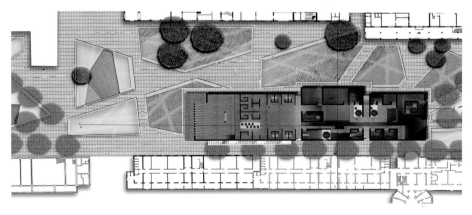

Lido Leisure. Ansichten
Lido Leisure. Elevations

**Lido Leisure. Badelandschaft**
Lido Leisure. Bathing area

**Lido Leisure. Eingangsbereich**
Lido Leisure. Entrance area

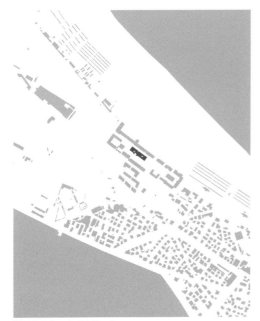

**Lido Leisure. Lageplan Lido Venedig**
Lido Leisure. Site plan Lido Venice

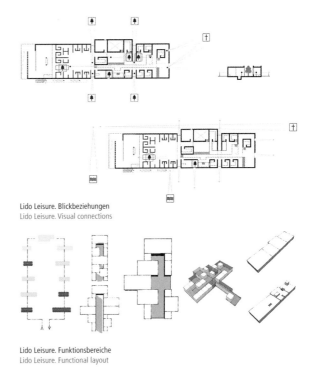

**Lido Leisure. Blickbeziehungen**
Lido Leisure. Visual connections

**Lido Leisure. Funktionsbereiche**
Lido Leisure. Functional layout

2016–2017

# RAUMPILOT BERLIN

## EVE NEUMANN & KEWAN GHODS

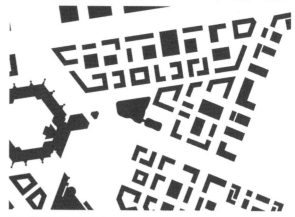

Raumpilot. Lageplan Berlin Tegel
Raumpilot. Site plan Berlin Tegel

### RAUMPILOT

Zentrales Thema des Entwurfs für ein Diabetes-Präventionszentrum ist die Bewegung. Das Haus soll Menschen zur Bewegung anregen und so mit den Mitteln der Architektur einen Beitrag zur Diabetesprophylaxe beziehungsweise -behandlung leisten. Es gliedert sich in drei Funktionsbereiche: ein Diabeteszentrum, ein Sportzentrum mit Schwimmhalle und ein Hotel. Die Verbindung der öffentlichen Bereiche dieser Funktionen erfolgt mittels einer durch das Haus mäandernden, sich über drei Geschosse nach oben windenden Magistrale. Diese ist mehr als eine bloße erschließungstechnische Notwendigkeit, sie ist ein Ort der Kommunikation, ein Ort der Erholung, ein Begegnungsraum für die verschiedenen Nutzer, Mitarbeiter und Besucher des Hauses. Innerhalb der einzelnen Funktionen stellen die Shortcuts als gemeinschaftlich genutzte, räumlich offen ausgebildete Verbindungs- und Aufenthaltsbereiche einen Widerpart zur Magistrale im Kleinen dar. Das Fassadenbild ist geprägt durch ein Raster vertikaler Holzpaneele, welches einer Pfosten-Riegel-Fassade vorgesetzt ist. Die Lage der Magistrale und der Shortcuts zeichnet sich in der Fassade durch Weglassung beziehungsweise Verdrehung einzelner Paneele ab.

### RAUMPILOT

Exercise is a central theme of the design for a diabetes prevention centre. The building intends to encourage people to exercise and uses architecture to contribute to diabetes prevention and/or treatment through exercise. It is arranged in three functional areas: a diabetes centre, a sports centre with indoor swimming pool and a hotel. The public spaces of these functional areas are connected by a corridor that meanders through the building and winds its way up over three storeys. It is not just necessary for accessing the building, but also as a place for communication, recuperation and a meeting place for the building's various users, staff and visitors. Within the individual functional areas, the shortcuts, as communal, spatially open connecting and lounge areas, are a counterpart to the corridor in miniature. The appearance of the facade is characterised by a grid of vertical wooden panels, in front of which is a mullion and transom facade. The location of the corridor and the shortcuts can be seen in the facade because individual panels have been left out or twisted.

Raumpilot. Schnitt
Raumpilot. Section

Raumpilot. Ansicht
Raumpilot. Elevation

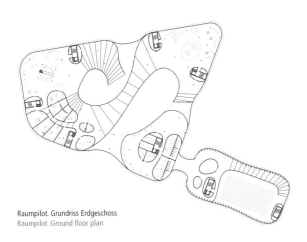

**Raumpilot. Grundriss Erdgeschoss**
Raumpilot. Ground floor plan

**Raumpilot. Perspektive**
Raumpilot. Perspective

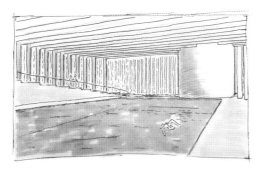

**Raumpilot. Impressionen Innenraum**
Raumpilot. Impressions of the interior

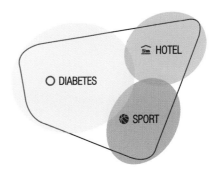

DIABETES  HOTEL  SPORT

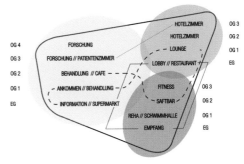

| | | HOTELZIMMER | OG 3 |
| OG 4 | FORSCHUNG | HOTELZIMMER | OG 2 |
| OG 3 | FORSCHUNG // PATIENTENZIMMER | LOUNGE | OG 1 |
| OG 2 | BEHANDLUNG // CAFE | LOBBY // RESTAURANT | EG |
| OG 1 | ANKOMMEN // BEHANDLUNG | FITNESS | OG 3 |
| EG | INFORMATION // SUPERMARKT | SAFTBAR | OG 2 |
| | | REHA // SCHWIMMHALLE | OG 1 |
| | | EMPFANG | EG |

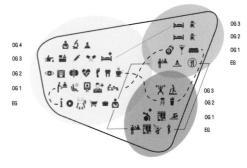

**Raumpilot. Funktionsdiagramme**
Raumpilot. Functional diagram

2011      MASTERARBEIT MASTER THESIS

# MÜGGELBAD
# BERLIN MÜGGELSEE

## JOHANNA LEHRER

### [MÜG|GEL]

Das neue Bad passt sich durch die in den Hang eingegrabene Lage an das denkmalgeschützte Bestandsgebäude des Strandbades an und steht auch funktional eng mit ihm in Beziehung. Das Raumprogramm ist durch eine Aufteilung in Warm- und Kaltbereiche charakterisiert, welche den Besucher zur Bewegung animiert. Die Idee, das Erholungsbad in Kalt- und Warmzonen zu unterteilen, basiert auf dem Gedanken der Hydrotherapie. Wasser in allen drei Aggregatszuständen wird dem Besucher auf seinem Weg durch das Gebäude nähergebracht. Der Wechsel der Jahreszeiten in Verbindung mit der örtlichen Situation stellt einen weiteren großen Einfluss auf die Gestaltung des Bades und dessen Anwendungen dar. Die Bewegung im Inneren erfolgt über Rampen und Gänge auf verschiedenen Niveaus, welche mit dem Bekleidungsgrad der Gäste korrelieren. Ziel ist es, die Einsicht in die jeweiligen Bereiche zu steuern und an ausgewählten Stellen den Blick zum Müggelsee freizugeben.

### [MÜG|GEL]

The new open air bath is adapted to the existing listed buildings at the bathing beach because it has been carved into the slope and is also closely related to them in terms of function. The arrangement of the rooms is characterised by division into warm and cold areas, which encourages movement among its visitors. The idea of dividing a spa into hot and cold areas is based on the concept of hydrotherapy. Visitors experience water in all three states on their way through the building. The change in the seasons, combined with the location, also influenced the design of the swimming pool and its use. Guests move around inside the building via ramps and corridors on different levels that correlate to their state of dress. The aim is to control how much of each area can be seen from the outside and to give a view of Müggelsee at selected points.

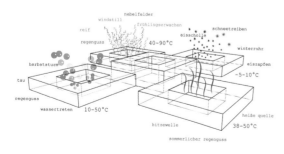

Müggelbad. Hydrotherapie
Müggelbad. Hydrotherapy

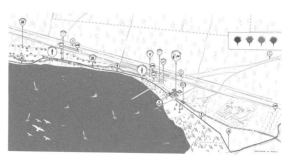

Müggelbad. Lageplan Müggelsee Berlin
Müggelbad. Site plan Müggelsee Berlin

**Müggelbad. Winterstimmung**
Müggelbad. Winter atmosphere

**Müggelbad. Impressionen des Innenraums**
Müggelbad. Impressions of the interior

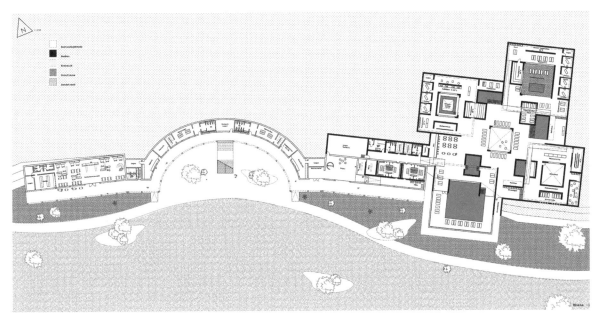

**Müggelbad. Grundriss Erdgeschoss**
Müggelbad. Ground floor plan

Helmholtz-Institut Ulm. Nickl & Partner Architekten AG
Helmholtz Institute Ulm. Nickl & Partner Architekten AG

Foto: Werner Huthmacher
Photo: Werner Huthmacher

# KONZENTRATION & KREATIVITÄT
## MIT BLICK NACH VORN

CONCENTRATION AND CREATIVITY
WITH AN EYE TO THE FUTURE

# SCIENCE

# FORSCHUNGS- & LABORBAUTEN

## CHRISTINE NICKL-WELLER

Forschungs- und Laborbauten sind hoch spezialisierte Orte der Wissensproduktion. Mit Einzug komplexer Technologien in die Labore Ende des 19. Jahrhunderts erlebten die Forschungsgebäude eine fortschreitende und bis heute anhaltende Spezialisierung bis hin zur Ausformulierung einer eigenen Gebäudetypologie geprägt durch komplizierte Lüftungs-, Versorgungs- und Schachtanlangen. Das begünstigte die Entwicklung der Forschungs- und Laborgebäude zu einem modularen Bautyp – ein Gebäude, das selbst wie eine Maschine rund um das Herzstück, das Modul „Labor", funktioniert.

Flexibilität, Kommunikation und Identität – unter diesen Stichworten möchte ich im Folgenden die Hauptansprüche formulieren, denen Architektur von Forschungs- und Laborgebäuden genügen muss und unter deren Prämisse das Entwerfen dieses Gebäudetyps am Fachgebiet gelehrt wird.

### FLEXIBILITÄT

Maximale Flexibilität ist die grundlegende Voraussetzung für die Brauchbarkeit eines Forschungsgebäudes. Denn kaum eine Branche erneuert sich so schnell und verändert ihre Raumansprüche mit so hoher Frequenz wie die Forschung. Wir können Flexibilität über die modulare Bauweise erreichen, außerdem konstruktive Entscheidungen und die Dimensionierung und Anordnung der Technikflächen. Flexibilität in der Struktur trägt somit entscheidend zur Nachhaltigkeit der Gebäude bei. Denn was nützt ressourcenschonendes, energieeffizientes Bauen, wenn das Bauwerk selbst nach wenigen Jahren untauglich geworden ist und womöglich ersetzt werden muss?

### KOMMUNIKATION

Wissen zu produzieren kann nur nützlich sein, wenn Wissen auch kommuniziert wird. Deshalb kommt gerade an Orten der Wissensproduktion der Kommunikation eine besondere Aufgabe zu. Die Architektur muss hier Kommunikation und Austausch zwischen den Nutzern des Gebäudes nicht nur möglich machen, sondern sie aktiv fördern. Die Atmosphäre des Raumes ist dabei von zentraler Bedeutung. Kommunikation – und besonders informelle Kommunikation – findet dort statt, wo Menschen sich gerne aufhalten. Erstaunlicherweise wurde bisher der gemeine Forscher als ein Wesen erachtet, das genügsam sein wissenschaftliches Dasein in strengster Kargheit und funktioneller Einöde verbringen möchte. Einen besonderen Anspruch an die gebaute Umgebung wurde dieser Spezies anscheinend bisher nicht zugemessen. Jahrzehntelang mussten Forschungsgebäude nur funktionieren. Inzwischen erlebt dieses Stiefkind der Architektur eine wahre und wohlverdiente Renaissance, man denke an den Campus Novartis in Basel oder an Jean Nouvels Institut Imagine in Paris. Architektonische Qualität soll hier auch zum betriebswirtschaftlichen Mehrwert werden und zum Renommee in der Forschungslandschaft beitragen.

### IDENTITÄT ERMÖGLICHEN

Forschung ist kein Job wie jeder andere. Forschung erfordert Leidenschaft, viel individuelles Engagement und persönliche Hingabe. Die Identifizierung mit dem, was man macht, ist hier wahrscheinlich wichtiger als in manch anderem Job. Identifizierung bedeutet so viel wie „sich gleichsetzen". Wer möchte sich schon mit Gesichtslosigkeit gleichsetzen? Mit einem identitätsstiftenden Arbeitsplatz hat der Arbeitgeber die Möglichkeit, das persönliche Engagement zu unterstützen, seine Wertschätzung gegenüber Mitarbeitern und persönlichem Engagement auszudrücken. Insofern ist ein identitätsstiftendes Gebäude nicht nur ein Statement für Qualität und Exzellenz, sondern auch eine Reverenz an alle Nutzer des Gebäudes.

# RESEARCH BUILDINGS & LABORATORIES

Research and laboratory buildings are highly specialised places for the production of knowledge. With the introduction of complex technologies in laboratories at the end of the 19th century, research buildings have experienced increased specialisation that persists to this day, to the formulation of an independent building typology characterised by complicated ventilation, supply, and ducting systems. This fostered the development of the research and laboratory building into a modular building type – a building that functions itself like a machine around the core, the "laboratory" module.

Flexibility, communication, and identity – using these key words, I would like to formulate in the following the main demands that the architecture of research and laboratory buildings must accommodate and under whose premises the design of this type of building is taught at the department.

## FLEXIBILITY

Maximum flexibility is the basic requirement for the usability of a research building. Because hardly any sector renews itself so quickly and changes its spatial requirements with such frequency as research. We can achieve flexibility through modular construction, as well as design decisions and the dimensioning and arrangement of technology areas. Flexibility in the structure therefore contributes importantly to the sustainability of the building. Because what use is resource-preserving, energy-efficient construction if the building itself becomes unsuitable after a few years and must potentially be replaced?

## COMMUNICATION

Producing knowledge can only be useful if knowledge is also communicated. Thus, communication is an important task, particularly in knowledge production areas. In this case, the architecture must not only make the communication and exchange between the users of the building possible but also actively promote it. The atmosphere of the space is therefore of central importance. Communication – and especially informal communication – takes place wherever people like to be. Amazingly, until now researchers were generally seen as people who contentedly spend their scientific existence in strictest austerity and functional isolation. Special demands on their building environment were never attributed to them. For decades, research buildings simply had to function. In the interim, this stepchild of architecture has been experiencing a true and well-deserved renaissance; one has only to think of the Campus Novartis in Basel or of Jean Nouvel's Institute Imagine in Paris. Architectural quality should become operational added value also in this case and contribute to the reputation in the research landscape.

## ENABLING IDENTITY

Research is a job unlike any other. Research requires passion, much individual engagement, and personal sacrifice. The identification with what one does is probably greater in this case than in many other jobs. Identification means "to equate oneself". And who wants to be equated with facelessness? With an identity-building workplace, the employer can support personal engagement and express how he values the employees and their personal engagement. In this respect, an identity-shaping building is not only a statement of quality and excellence, but also of respect for all users of the building.

2007–2008

# CAMPUS MILANO
# MAILAND

## LU ZHANG & SHUWEN ZHENG

### 9 GÄRTEN

Das geplante Forschungs-institut in Mailand besteht aus einem Gebäudekom-plex, welcher sich zum Universitätscampus öffnet.

Drei Institutsgebäude und ein Hörsaalzentrum bieten genügend Platz für Büros, Labore und Gemein-schaftsbereiche. Zu jeder Bürostation gehört ein Aufenthaltsbereich, der für kleine Pausen und zum Erholen einlädt. Ein Multifunktionsraum in jedem Institutsgebäude dient als Bibliothek, Fit-ness- und Veranstaltungs-raum.

Auf dem ganzen Forschungsgelände befinden sich Grünflächen und Gärten in Form von Höfen, Terrassen und Lichtschächten. Diese Gärten sind offen gestaltet und sollen die Arbeitsqualität erhöhen.

Um das Thema der Gärten zu verdeutlichen, wurde die Fassade durch viel Glas transparent gestaltet. Durch diese wintergartenähnliche Fassade entsteht ein Austausch zwischen Innen und Außen.

### 9 GARDENS

The planned research institute in Milan comprises a building complex that opens onto the university campus.

Three institute buildings and a lecture auditorium provide sufficient space for offices, laboratories and communal areas. Each office unit has a common room where workers can relax and take short breaks.

A multifunctional room in each institute building acts as a library, gym and event hall. Green spaces and gardens in the form of courtyards, terraces and lightwells are distributed across the research grounds.

These gardens have an open character and aim to enhance the quality of the working environment.

A transparent glass facade aims to enhance the garden motif, with this conservatory-inspired facade permitting exchange between the building interior and the outside.

9 Gärten. Ansicht
9 Gardens. Elevation

**9 Gärten. Blick vom Innenhof**
9 Gardens. View from the courtyard

**9 Gärten. Lageplan Mailand**
9 Gardens. Site plan Milan

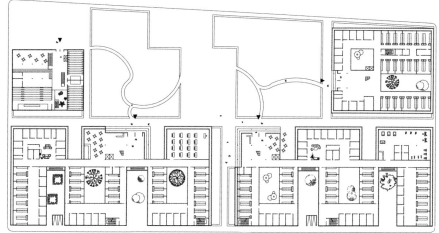

**9 Gärten. Grundriss Erdgeschoss**
9 Gardens. Ground floor plan

2008–2009

# SEARCH
# HEIDELBERG

## SEBASTIAN AWICK
## & MAXIMILIAN SCHMIDT

### SYNAPTON

Auf dem Campus der Universität Heidelberg entsteht ein Gebäudekomplex für Forschungseinrichtungen.

Der Komplex unterteilt sich in zwei Institutsgebäude und ein Hörsaalzentrum. Die drei Gebäude bilden durch die unterschiedliche horizontale Verschiebung drei Plätze. Diese Plätze dienen als Eingangs- und Aufenthaltsbereiche für Wissenschaftler und Besucher der Gebäude. An der Straße und in Richtung Campus befindet sich das Hörsaalzentrum. Die zwei Institutsgebäude gliedern sich nördlich an diesem an. Alle drei Gebäude werden durch einen gemeinsamen Eingang im südlichen Hof erschlossen.

Bewegliche, schwarz eloxierte Aluminiumlamellen geben den einzelnen Baukörpern ein einheitlich geschlossenes Äußeres und dienen gleichzeitig als Sonnenschutz. Der gesamte Komplex funktioniert autark, was durch die klare einheitliche Erscheinung und die erhöht errichteten Plätze sichtbar gemacht werden soll.

### SYNAPTON

A building complex for research institutes is to be constructed on the campus of Heidelberg University. The complex is split into two institute buildings and one lecture auditorium centre.

On account of their individual horizontal positions, the three buildings create three separate squares that serve as the entrance points and leisure areas for scientists and visitors to the building.

The auditorium centre is located on the street towards the campus, with the two institute buildings annexed to the north. All three buildings are accessed via a common entrance in the south courtyard.

Movable, black anodised plates lend the individual structures a uniform outer appearance and also serve a sun protection function.

The entire complex is an independent unit, which is reflected in its clear lines and raised squares.

Synapton. Ansicht
Synapton. Elevation

Synapton. Perspektive
Synapton. Perspective

Synapton. Lageplan Universitätscampus Heidelberg
Synapton. Site plan university campus Heidelberg

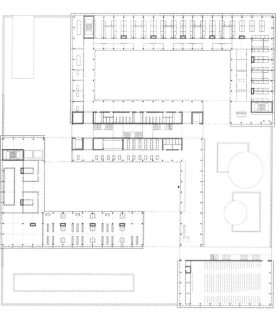

Synapton. Grundriss Erdgeschoss
Synapton. Ground floor plan

2010

# CITY LAB
# BERLIN PTB-CAMPUS

## SŁAWA JABŁONSKA
## & ROMAN RYBARSKI

### HARD CUT

Im Film unterscheidet man weiche und harte Schnitte. Bei einem weichen Schnitt verbindet sich eine Szene allmählich mit einer anderen. Bei einem harten Schnitt dagegen, einem hard cut, geht eine Filmszene plötzlich in die andere über. Das Gebäudekonzept basiert auf der klaren Unterscheidung der Funktionen Labor, dem festen und streng funktionalen Bestandteil und dem flexibel-beweglichen Public Interface, das mit dem Bürobereich verwoben ist. Die Verschiedenheit der Funktionen bedeutet hierbei keine Trennung, vielmehr bilden die unterschiedlichen Szenen einen zusammenhängenden Plot.

Städtebaulich setzt sich die Idee des Schnitts in der Kubatur fort. Das Gebäudevolumen in der Flucht der südlichen Bebauungsschiene des PTB-Campus wird im Eingangsbereich eingeschnitten. Es entsteht eine Geste, welche die zukünftige Verklammerung des Stamm- und Erweiterungsgeländes betont und sich weiterhin auf den Werner-von-Siemens-Bau bezieht.

### HARD CUT

There are soft cuts and hard cuts in a film. In a soft cut, one scene gradually blends into another; in a hard cut, on the other hand, one scene suddenly switches to another. The building concept is based on the clear distinction between the laboratory's functions: the fixed and strictly functional component and the flexible, movable public interface that is interwoven with the office area. The dissimilarity of the functions does not mean separation. Rather, the different scenes form a cohesive plot.

In terms of town planning, the idea of the cut continues in the cubic content. The building volume in the southern line of buildings of the PTB campus is cut in the entrance area, creating a gesture that emphasises the future link between the original and extension buildings and also references the Werner-von-Siemens building.

Hard Cut. Ansicht
Hard Cut. Elevation

Hard Cut. Straßenansicht
Hard Cut. View from the street

Hard Cut. Lageplan Berlin PTB-Campus
Hard Cut. Site plan Berlin PTB campus

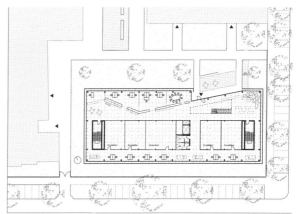

Hard Cut. Grundriss Erdgeschoss
Hard Cut. Ground floor plan

2013

# MOVING LAB BERLIN

## JANNIS JASCHKE & SORIN STANESCU

### KLETTERTURM

Der Entwurf des Forschungs- und Entwicklungszentrums eines Kletterausrüsters nimmt die Vorgabe eines Hochhauses aus dem Masterplan auf. Er wird von zwei unterschiedlichen städtebaulichen Maßstäben geprägt. Zum einen durch die Situation im Erdgeschoss, welches sich so formt, dass ein städtischer Platz als Eingang zur Europacity geschaffen wird. Die zweite Situation bilden die obersten fünf Geschosse, welche sich an den großen Verkehrsachsen und weiten Sichtbezügen orientieren. Zwischen dem freien Grundriss des Erdgeschosses und den rechteckigen Grundrissen der obersten fünf Geschosse spannt sich eine gefaltete Geometrie auf, welche drei Kletterebenen mit jeweils zwölf Metern Höhe beherbergt. Eine starke Verknüpfung der verschiedenen Funktionen entsteht. Öffentliche Funktionen sind neben Klettermöglichkeiten ein Shop und eine Produktausstellung in den ersten beiden Geschossen sowie ein gastronomischer Bereich, welcher zwischen den Kletterebenen und den Labors in den obersten Geschossen liegt.

### CLIMBING TOWER

The master plan demanded a high-rise building so the design will be a climbing tower as a research and development centre for a climbing outfitter. It is characterised by two different urban scales. First, the situation at ground floor, which is formed to create a public plaza as an entrance into Europacity. The second situation is the top five storeys, which are based on the major routes and wide visual links. Between the open floor plan of the ground floor and the rectangular shape of the top five storeys a folded geometry, which accommodates three 12-metre-high climbing levels, unfurls. A strong link between the various functions arises. Besides the climbing spaces there are more public functions, like a shop and a product exhibition space in the first two floors, as well as a restaurant, which links the laboratories in the top storeys and the climbing spaces on the ground.

Kletterturm & Bridging the Lab. Lageplan Berlin Heidestraße
Climbing Tower & Bridging the Lab. Site plan Berlin Heidestraße

**Kletterturm. Perspektive**
Climbing Tower. Perspective

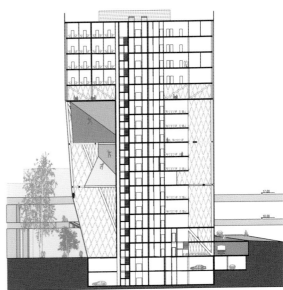

**Kletterturm. Schnitt**
Climbing Tower. Section

**Kletterturm. Grundriss Erdgeschoss**
Climbing Tower. Ground floor plan

2013

# MOVING LAB
# BERLIN

## NATHALIE MINCK & TILL KRETSCHMAR

### BRIDGING THE LAB

Das Entwurfsgebiet befindet sich nordöstlich des Hauptbahnhofes. Der Masterplan Europacity sieht nur eine zögerliche Anbindung des Quartiers an Moabit und an den – sich derzeit stark wandelnden – „Lehrter Kiez" vor. In letzterem Gebiet befindet sich ein weitgreifendes Angebot an Sportplätzen und Sporteinrichtungen. Daher schlägt der Entwurf vor, die beiden Quartiere und deren Qualitäten über das Gleisfeld hinweg zu vernetzen. Das Gebäude orientiert sich an der Kubatur der vor Ort bestehenden, städtebaulich sehr prägnanten Lagerhallen und fungiert gleichzeitig als Bindeglied zwischen den beiden Gebieten. Es vollzieht mittig einen Richtungswechsel, um so die Ausrichtung der beiden Quartiere aufzunehmen und sich in den vorhandenen Städtebau einzugliedern. Innerhalb der Kubatur befinden sich ein variabel nutzbarer, öffentlicher Überweg und das Labor mit dem Fitnessstudio. Die Fassadenstruktur unterstützt mit seinen horizontal gerichteten Lamellen die lineare Architektur des Gebäudes. Diese können bei Bedarf aufgedreht werden. Das Tragwerk gliedert den Grundriss und sorgt mit seinen Fachwerkstreben für beeindruckende Raumsituationen im Innen- und Außenraum.

### BRIDGING THE LAB

The design area is situated north-east of the main station. The Europacity master plan only intends to tentatively link the district at Moabit to the "Lehrter neighbourhood", which is currently undergoing major change. The latter area has a wide range of sports fields and sports facilities. The design therefore proposes interlinking both districts and their characteristics beyond the track areas. The building is based on the cubature of the warehouses at the location, which are eye-catching in terms of urban development and also link the two areas. There is a change of direction in the middle so as to pick up the alignment of both districts and to fit into the existing urban development. Within the cubature is a public crosswalk, with a variety of uses, and a laboratory with fitness studio. With its horizontally aligned segments, the facade structure supports the building's linear architecture. The segments can be opened, if required. The frame structures the ground plan and creates impressive spatial situations, both inside and out, with its half-timbered struts.

Kletterturm & Bridging the Lab. Lageplan Berlin Heidestraße
Climbing Tower & Bridging the Lab. Site plan Berlin Heidestra

Bridging the Lab. Perspektive
Bridging the Lab. Perspective

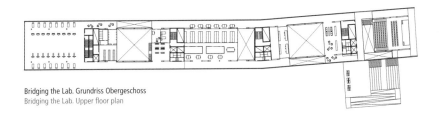

Bridging the Lab. Grundriss Obergeschoss
Bridging the Lab. Upper floor plan

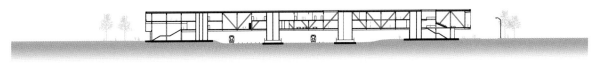

Bridging the Lab. Schnitt
Bridging the Lab. Section

2012

# AQUAPONIC TOWER PEKING

## MINH-KHOI NGYEN-THANH & JIAN YANG

Eine Eigenschaft, die alle großen Metropolen gemeinsam haben, sind große Verkehrsknotenpunkte, die die verschiedenen Zirkulationssysteme der Stadt miteinander verbinden. In Peking ist das nicht anders; derzeit verfügt die Stadt über 25 große Verkehrsknotenpunkte. Das Konzept sieht vor, 25 Türme auf und um diese zu platzieren. Dadurch wird Land verwendet, das für den Wohn- oder Bürobereich nicht attraktiv ist, aber der Bevölkerung zur Verfügung gestellt wird.

Der Turm hat drei Komponenten, zwei davon liegen auf der südlichen Seite des Turms. Sie werden dem Konzept des Lebensmittelanbaus und der Zucht von Fischen in einem Aquaponic-System gewidmet. Die Ebenen sind in Sechsergruppen angeordnet und können rotieren, um gleichmäßig Sonne einzufangen. Diese beiden Türme können sich verbiegen und sich zusammenziehen, um an der Fassade ein Gefälle zu bilden. Dieses Gefälle lässt mehr Sonnenlicht in die Wachstumsbereiche einfallen.

„Windmaschinen" sind auf der nördlichen Seite platziert. In Peking blasen die Hauptwinde von nordwestlicher in südöstliche Richtung. Die „Windmaschinen" produzieren nicht nur Energie, sondern sie filtern auch die Luft.

Die Türme können überall funktionieren, in jeder Stadt, auf jedem Kontinent. Sie sind schnell zu bauen und höchst effizient in der Produktion von großen Mengen Nahrungsmitteln für die wachsende Stadtbevölkerung.

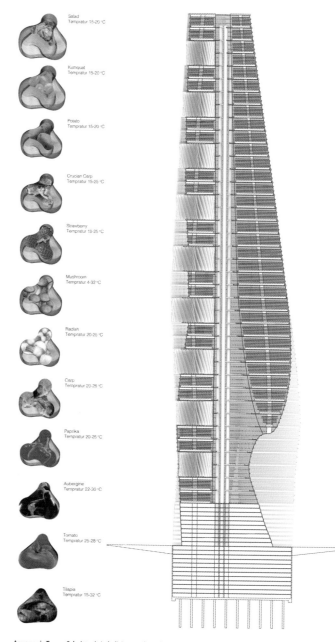

Aquaponic Tower. Schnitt mit Lokalisierung des Lebensmittelanbaus
Aquaponic Tower. Section including localisation of food cultivation

A common feature in all large metropolitan cities is large transport hubs that connect the various circulation systems of the city. Beijing is not different; currently, the city has twenty-five major transport hubs. The concept is to place twenty-five towers on and around these transport hubs. This will use land that is not desirable for housing or office space and convert it into use for the population.

The tower has three components, two of which are located on the southern side of the tower. They are assigned to the concept of growing food and cultivating fish in an aquaponic system. The floors are assembled in groups of six and can rotate so that they catch the sun evenly. These two towers bend and contract in size to create a slope in the facade. This slope allows more sunlight to flood into the grow areas.

"Wind machines" are located in the northern side. In Beijing the major winds blow from North-West to South-East. The "wind machines" not only produce power but they also filter air.

These towers can work anywhere, in any city, on any continent. They are quick to construct and are highly efficient at producing large amounts of food for the growing city population.

**Aquaponic Tower. Lebensmittelanbau**
Aquaponic Tower. Food cultivation

**Aquaponic Tower. Perspektive**
Aquaponic Tower. Perspective

**Aquaponic Tower. Lage in Peking**
Aquaponic Tower. Location in Beijing

2011–2015

# CSD MÜNCHEN
# CENTRUM FÜR SCHLAGANFALL- UND DEMENZFORSCHUNG

## NICKL & PARTNER ARCHITEKTEN AG

Der Neubau des CSD auf dem Campusgelände des Klinikums der LMU München am Standort Großhadern beherbergt das Partnerinstitut des nationalen Zentrums für neurodegenerative Erkrankungen und das Institut für Schlaganfall- und Demenzforschung. Im neuen Forschungs- und Institutsgebäude sind unterschiedliche Funktionen wie Labore, klinische Ambulanzen für Patientenuntersuchungen, Tierhaltung zu Forschungszwecken mit MRT und PET, Verwaltungs-, Kommunikations- und Seminarflächen angesiedelt. Kommunikative, offene Laborbereiche bieten optimale Bedingungen für Forschung und Raum für Austausch. Bereiche für Büros, Kommunikations- und zentrale Funktionsflächen sind im Norden und Süden zusammengefasst. Zentrale Unterrichts-, Konferenz- sowie Laborräume und der Haupteingang zum Forschungs- und Institutsteil befinden sich erdgeschossig zur Hauptstraße hin. Die transparente Gebäudehülle aus Streckmetallpaneelen und die klare Gebäudegeometrie verleihen dem CSD gegenüber den umgebenden Bestandsbauten seine charakteristische Ausdruckskraft.

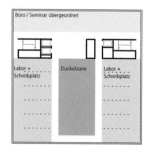

Labore mit gemeinsamer Dunkelzone
Laboratories with a common area without natural light

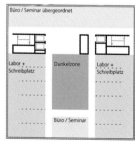

Labore und interne Bürozone
Laboratories with a common office area

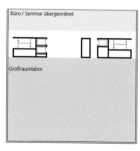

Open-space Labor und Arbeitsbereich
Open space laboratory and working area

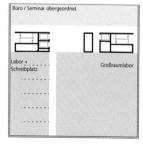

Mischnutzung von Labortypen
Mixed-use of types of laboratories

# CSD MUNICH
## CENTRE FOR STROKE AND DEMENTIA RESEARCH

This new building on the campus of the Ludwig Maximilians University Hospital will house two existing research institutions under one roof, one specialising in neurodegenerative disorders and the other in stroke and dementia research. The two bodies use a direct, integrated approach to fundamental and applications research. This is reflected in the structure of the square building, which has a large inner courtyard. It is designed for simplicity and flexibility, with open-plan, intercommunicating laboratories to en-courage the sharing of information. The offices and central utility areas are grouped together in the northern and southern sections of the building. Research animals are housed in the basement, and the central teaching, conference and laboratory areas on the ground floor, with the entrance on the main street. The building's transparent shell of metal mesh panel, and its simple geometry make it stand out boldly against the surrounding buildings.

Fotos: Stefan Müller-Naumann
Photos: Stefan Müller-Naumann

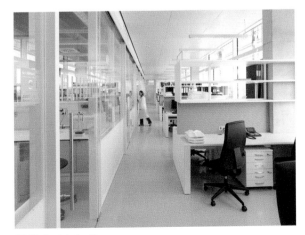

CSD München. Laborbereich
CSD Munich. Laboratories

CSD München. Fassade aus beweglichen Streckmetallpaneelen
CSD Munich. Facade made of movable metal mesh panels

2011–2014    PROJEKT PROJECT

# HELMHOLTZ-INSTITUT ULM
# ELEKTROCHEMISCHE ENERGIESPEICHERUNG

## NICKL & PARTNER ARCHITEKTEN AG

Das Helmholtz-Institut am Wissenschaftsstandort Ulm ist ein einzigartiges Exzellenzzentrum für elektrochemische Energiespeicherung.

Das städtebauliche Konzept führt den Masterplan für den Science Park am Oberen Eselsberg fort, in dessen geplante Bebauung sich das neue Helmholtz-Institut harmonisch einfügt. Das Konzept des dreigeschossigen Forschungs- und Laborgebäudes basiert auf einem modularen Aufbau. An den Außen- und Innenhoffassaden im Westen liegen Großräume, die nach Bedarf in mehrere Labore unterteilt werden können. Die offene Struktur ist in der Lage, mit geringem Aufwand auf die individuellen Anforderungen künftiger Forschergruppen flexibel zu reagieren. Nebst allgemeinen chemischen und physikalischen Laboren gibt es Sonder- und Speziallabore im Erd- und Untergeschoss, darüber sind Büros angeordnet. Zum Innenhof orientierte Flurfenster bieten optimale Belichtung und Ausblick. Zentrale Kommunikationsflächen bieten Raum für den Forschungsaustausch. Über das Erdgeschoss ist auch der Innenhof zugänglich, zu dessen heller, einladender Atmosphäre sich auch die Seminar- und Besprechungsräume orientieren. In der homogenen äußeren Fassadenebene aus Lochblechelementen entsteht durch verschieden große Lochungen ein spannendes Muster optischer Interferenzen.

Helmholtz-Institut Ulm. Ansicht
Helmholtz Institute Ulm. Elevation

Helmholtz-Institut Ulm. Fassadendetail
Helmholtz Institute Ulm. Detail of the facade

# HELMHOLTZ INSTITUTE ULM
# ELECTROCHEMICAL ENERGY STORAGE

The Helmholtz Institute in the high-tech city of Ulm is a unique national centre of excellence for electrochemical energy storage.

Located in the Obere Eselsberg science park, it allows the existing greenery to continue between the buildings and across the road, which passes the new research and laboratory building diagonally, provides spacious access to the main entrance, and creates a connection with the opposite section of the park.

The extended landscaping and the position of the new building connect the two parts of the campus, which are separated by the road. The institute's distinctive facade makes reference to chemistry and physics. Its homogeneous perforated sheet metal with holes of various sizes, and variable sunblind positions, create visual tension and give the building a strong identity.

Fotos: Werner Huthmacher
Photos: Werner Huthmacher

**Helmholtz-Institut Ulm. Aufenthaltsraum**
Helmholtz Institute Ulm. Lounge

**Helmholtz-Institut Ulm. Kommunikationsraum Treppe**
Helmholtz Institute Ulm. Staircase communication hub

In der Healthy City geht es darum, den Anwohnern ein aktives Umfeld zu gewähren, das zu Bewegung anregt, gesunde Ernährung zu ermöglichen und ihnen eine positive soziale Umgebung zu bieten. In der gesunden Stadt geht es darum, Gesundheit aktiv zu fördern, satt nur Krankheit und Verletzungen zu vermeiden. ©MAPOffice [Gutierrez+Portefaix]

Healthy Cities are mainly about ensuring its dwellers an active environment that encourages physical activity, a food environment for healthier diets, and a social environment for positive social interactions. Healthy Cities are about building positive health above avoiding disease and injury. ©MAPOffice [Gutierrez+Portefaix]

# HEALTHY CITY

# HYBRIDE BAUTEN

## CHRISTINE NICKL-WELLER

Was sind die Bausteine unseres städtischen Lebens? Die Wohnung, als zentraler Ausgangspunkt unseres Daseins, Lern- und Arbeitsstätten wie Schulen, Universitäten, Büros und Werkstätten, Orte für Freizeitgestaltung wie Parks, Kinos, Theater sowie Orte der Versorgung und der Verpflegung, an denen wir einkaufen oder essen können.

Doch unsere städtische Realität (wie auch unsere Lebensrealität) befindet sich im Wandel. Das Bild der Stadt, wie wir sie kennen, mit ihren klar definierten Funktionsbereichen, löst sich auf und wir müssen uns die Frage stellen, wie lange städtisches Leben in der bekannten Form noch funktionieren wird. Wohin wir auch blicken, ist Veränderung spürbar. Sei es die Arbeitswelt, die sich zunehmend entmaterialisiert, denn arbeiten ist heute überall möglich, im Café, im Flugzeug, zu Hause. Sei es die Lernwelt. Hunderttausende Studenten folgen den Onlinekursen von Harvard oder Stanford von Ägypten, Bulgarien oder Indien aus. Sei es die Verpflegung, die zunehmend über Onlineservice organisiert werden kann. Kurz, die Stadt funktioniert im digitalen Zeitalter anders. Funktionsbereiche und die dazugehörigen Infrastrukturen, die Schulen, Büros, Geschäfte etc. müssen längst nicht mehr so aussehen wie heute. Ein Entspezialisierungsprozess ist im Gange und die Grenzen, welche bisher Funktionsbereiche definiert und zur Herausbildung bautypologischer Merkmale geführt haben, verwischen. Für jede dieser Bautypologien werden derzeit neue Konzepte entwickelt.

Wir müssen uns die Frage stellen, was diese Entwicklung des urbanen Raumes für die Gesundheitsversorgung der Zukunft bedeutet. Wie wird sich der Anspruch auf gesundes Leben künftig im urbanen Raum, dem Lebensraum von bald 80 Prozent der Europäer, artikulieren? Wie sieht die „Healthy City" von morgen aus? Dieser Frage nähern sich die Studierenden in einer Reihe von Projekten, in denen explizit die Durchdringung zweier großer Themenkreise im Vordergrund steht. Einerseits Orte und Gebäudetypen städtischen Lebens, andererseits gesundheitsfördernde Verhaltensweisen und Public Health-Kernthemen wie körperliche Aktivität, gesunde Ernährung und präventive Gesundheitsversorgung. Die daraus resultierenden Entwurfsprojekte sind notwendigerweise hybride Bauten. Gebäude, denen kein eindeutiges Funktionsprogramm zugrunde liegt, sondern deren Nutzungsvielfalt wesenhaft ist.

Welche Stadt würde sich besser als Anschauungsobjekt für die Studierenden der TU Berlin eignen, als ihre eigene? Berlin wurde daher zum Standort der nachfolgenden Projekte.

# HYBRIDS

What elements make up our urban life? The home, as a central starting point of our existence, places of work and learning, such as schools, universities, offices and workshops, places for leisure activities, such as parks, cinemas, theatres, as well as food shops and restaurants, where we can go shopping or have something to eat.

Yet our urban reality (as well as the reality of our lives) is changing. The image of the city as we know it, with its clearly defined functional areas, is breaking up and we have to ask ourselves how long urban living will continue to function in the familiar form. Change is noticeable everywhere we look: in the world of work, which is increasingly dematerialising, because work is possible everywhere today, in cafés, the airport, at home. In the world of learning, hundreds of thousands of students are following online courses of Harvard or Stanford from Egypt, Bulgaria or India. In the food industry, which can increasingly be organised using an online service. In short, the city works differently in the digital age. Functional areas and the associated infrastructures, schools, offices, businesses, etc. must no longer look as they do today. A de-specialisation process is underway. The boundaries that have so far defined the functional areas and led to development of building typology features are becoming blurred. New concepts are currently being developed for each of these building typologies.

We have to ask ourselves what this development of urban space means for healthcare in the future. How will demand for a healthy life be expressed in future in urban areas, which are home to almost 80 per cent of Europeans? What will tomorrow's "healthy city" look like? Students approach this question in a series of projects, in which penetration of two major groups of themes is explicitly prominent. On the one hand, locations and types of buildings in urban life; on the other hand, healthy behaviour and key public health issues, such as physical exercise, healthy eating and preventive healthcare. The resulting design projects have to be hybrid buildings. Buildings that are not based on a clear range of functions, but whose diversity of use is intrinsic.

What city could be a better subject for students at TU Berlin than their own? Berlin is therefore the location of the following projects.

2011

# METROPOOLITAN BERLIN

## ALICIA YUBERO

### GLEISE

Dieses Projekt befindet sich am nördlichen Rand des Humboldt-Ufers in Nähe des Berliner Hauptbahnhofs. Es beinhaltet ein vielfältiges Programm, wobei die Hauptattraktion ein großes öffentliches Freibad ist, welches schöne Aussichten sowie Entspannung bietet. Des Weiteren setzt sich der Komplex aus einem Hotel, einem Wellnessbereich, einem Fitnessstudio und einem Hallenbad zusammen. Bahngleise, welche stets sehr prägnant in Berlin sind, werden zum wesentlichen konzipierenden Element des Entwurfs.

Die Gebäudeform berücksichtigt zwei Parameter: zum einen die Invalidenstraße, voller Hektik und Verkehr, und zum anderen die Anordnung des alten Lehrter Bahnhofs senkrecht zur Invalidenstraße und dem Ufer zugewandt. Beruhend auf der Relation dieser zwei Elemente zueinander, umarmen die Gleise das Freibad und schützen es.

### TRACKS

This project is located on the northern edge of the Humboldt banks near Berlin's central station. It includes a variety of facilities, with the main attraction being a large, public outdoor swimming pool offering stunning views and a relaxation area. The rest of the complex comprises a hotel, spa area, fitness studio and indoor pool. Railway tracks, which are always very succinct in Berlin, become an important conceptual element of the design.

The shape of the building takes into consideration two parameters: on the one hand Invalidenstraße, full of hustle and bustle and traffic and, on the other, the arrangement of the old Lehrter station perpendicular to Invalidenstraße and the riverbank. Based on the relationship between these two elements, the tracks embrace the outdoor pool and offer protection.

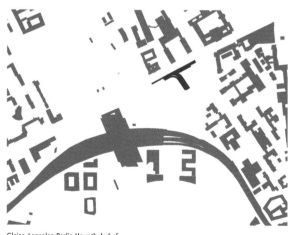

Gleise. Lageplan Berlin Hauptbahnhof
Tracks. Site plan Berlin central station

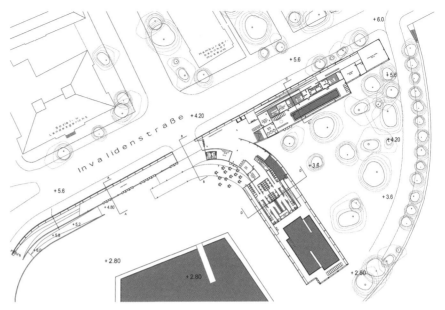

Gleise. Grundriss Erdgeschoss
Tracks. Ground floor plan

Gleise. Ansicht
Tracks. Elevation

Gleise. Schwimmhalle
Tracks. Indoor swimming pool

2011

# METROPOOLITAN BERLIN

## ANGÈLE LAUNAY & FRANÇOIS JUSTET

### À MARÉE BASSE

Der Monbijoupark besteht aus drei Teilen: dem „Kiez Park", dem „Stadtpark" und der „Stadt Spree", alle drei geprägt von unterschiedlichem Gelände und daraus resultierenden Aktivitäten. Die drei Elemente – Natur, Beton, Wasser – befinden sich hintereinander und durchmischen sich nicht. Der Entwurf verfolgt daher den Ansatz, die unterschiedlichen Elemente besser zu verteilen. Die starren Blöcke werden in kleine, quaderförmige Parzellen zerlegt und über die gesamte Fläche des Parks linienartig verteilt, sodass Pflanzen, Wasser und bauliche Elemente sich berühren und teilweise sogar überlagern. Von der Stadt hin zur Spree soll die Durchlässigkeit verbessert werden. Der Weg zum Schwimmbad, der Umkleidebereich und auch das Schwimmbad selbst sollen gleichermaßen entspannend wirken. Im Eingangs- und Umkleidebereich entstehen durch Glasscheiben abgetrennte, bepflanzte Innenhöfe. Die Natur im Gebäude und ebenso das einfallende Tageslicht geben einem das Gefühl, noch im Park zu sein.

### À MARÉE BASSE

Monbijou Park is made up of the three parts "Kiez Park", "Stadtpark" and "Stadt Spree". All three are characterised by different terrain and the associated activities. The three elements – nature, concrete and water – come one after the other and are not mixed. The approach is therefore to better spread out the different elements. The inflexible blocks are broken down into small, cube-shaped parcels and distributed in a linear fashion over the entire park so that plants, water and structural elements come into contact with each other and sometimes even overlap. The aim is to improve permeability from the city to the Spree. The path to the swimming pool, the changing area and the swimming pool itself should be equally relaxing. There are planted inner courtyards separated by panes of glass in the reception and changing area. Natural elements in the building and natural light convey the feeling of still being in the park.

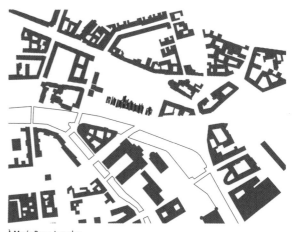

À Marée Basse. Lageplan
À Marée Basse. Site plan

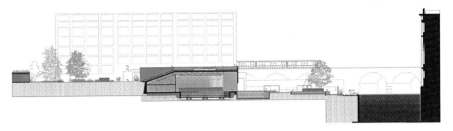

À Marée Basse. Schnitt
À Marée Basse. Section

À Marée Basse. Badelandschaft
À Marée Basse. Bathing area

À Marée Basse. Grundriss Erdgeschoss
À Marée Basse. Ground floor plan

2014

# FOOD & THE CITY
# BERLIN

## SEYHAN ÖZGEN

### (STADT)RÄUME DES HANDELS

Das städtebauliche Konzept basiert auf der Idee, in einer immer dichter werdenden Stadt großzügige Räume für den Austausch zu schaffen.

Die Vermittlung zwischen der Blockrandbebauung und der Opernwerkstatt stellte einen bedeutenden Parameter bei der Formfindung dar. Hierfür setzt sich das Gebäude aus vier Volumen zusammen, die auf die einzelnen Anforderungen auf dem Grundstück reagieren.

Der Block wird abgeschlossen und im Zusammenspiel mit der Opernwerkstatt schaffen diese Volumen zwei Höfe mit unterschiedlichen Charakteren. Der Hof in der Nähe der Zinnowitzerstraße bildet einen Gastronomiehof, der sich zur Mauergedenkstätte hin öffnet. Der zweite Hof hat einen privateren Charakter. In diesem befindet sich eine Freiluftbühne, auf der Studenten und Künstler der Hochschule für Schauspielkunst „Ernst Busch" sich mit ihren Werken präsentieren können.

(Stadt) Räume des Handels. Lageplan Berlin Nordbahnhof
(Urban) Trading Space. Site plan Berlin Nordbahnhof

(Stadt) Räume des Handels. Grundriss Erdgeschoss
(Urban) Trading Space. Ground floor plan

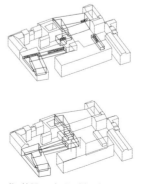
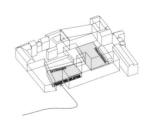

(Stadt) Räume des Handels. Volumetrie
(Urban) Trading Space. Volumetry

## (URBAN) TRADING SPACE

The town planning concept is based on the idea of creating generously proportioned meeting places in an increasingly populated city. Mediation between the traditional block perimeter and the opera workshop was an important parameter in finding the form. For this purpose, the building is made up of four volumes that respond to the individual requirements on the ground floor.

The block is enclosed and, together with the opera workshop, these volumes form two courtyards with different characters. The courtyard near Zinnowitzerstraße is a food court that opens out onto the Wall Memorial. The second courtyard is rather more private. It is home to an open-air stage where students and artists from the Ernst Busch Academy of Dramatic Art perform their plays.

(Stadt) Räume des Handels. Schnitte
(Urban) Trading Space. Sections

(Stadt) Räume des Handels. Markthalle
(Urban) Trading Space. Indoor market

2012–2013

# CARE & SHARE
# BERLIN SCHILLERPARK

## LUISE FISCHER & LENA HELTEN

### HAUS DER GESUNDHEIT

Das medizinische Versorgungszentrum am Schillerpark befindet sich im Haus der Gesundheit in Berlin-Wedding. Hier treffen Medizin und Bewegung aufeinander. Die Turnhalle hebt sich als wichtiger Baustein ebenso wie das MVZ aus dem Gebäudekomplex hervor, in dessen Erdgeschoss sich Geschäfte für das gesamte Viertel befinden. Die Turnhalle richtet sich zum öffentlichen Platz der Wohnsiedlung, das MVZ hingegen zur Straßenseite. Der Zugang zum Gebäude ist von beiden Seiten möglich. Der zuerst gedeckte Eingangsbereich öffnet sich schnell zur großen Geste der dreigeschossigen Eingangshalle. Die Besonderheit sind die räumlichen Bezüge, über die das Gebäude verfügt. Die gläserne Turnhalle macht die Aktivität nach außen sichtbar. Eine Wechselwirkung zwischen Anger und Turnhalle entsteht. Auch im Inneren des Gebäudes lassen sich diese Bezüge herstellen. Innerhalb des medizinischen Bereichs gibt es beispielsweise Sichtbezüge durch drei Höfe.

### HAUS DER GESUNDHEIT

Schillerpark's medical supply centre is located at Haus der Gesundheit in Berlin Wedding. Here, medicine and physical exercise come together. As important parts of the ensemble, the gym and the ambulatory healthcare centre stand out of the block of buildings which is containing shops for the whole neighbourhood on its ground floor. The gym is orientated towards the public square, while the ambulatory healthcare centre turns towards the street. The building is accessible from both sides. The entrance, at first narrowed down, soon opens up to form a three-storey foyer. Visual interconnections throughout the whole building like in the medical area, which benefits from visual references through three inner courtyards, are giving a very special character to the overall appearance of the structure. The glassed gym carries its activities to the outside.

Haus der Gesundheit. Ansichten
Haus der Gesundheit. Elevations

Haus der Gesundheit. Blick vom Schillerpark
Haus der Gesundheit. View from Schillerpark

Haus der Gesundheit. Lageplan Berlin Schillerpark
Haus der Gesundheit. Site plan Berlin Schillerpark

Haus der Gesundheit. Grundriss Erdgeschoss
Haus der Gesundheit. Ground floor plan

2014–2015

# ACTIVITY & THE CITY BERLIN

## MARLENE EVA OTT & ANNA KRISTIN VINKELOE

Frame. Lageplan Berlin Hellersdorf
Frame. Site plan Berlin Hellersdorf

### FRAME

Der neu entstehende Gebäudekomplex platziert sich in der zentralen Achse des Ortes und ist nicht nur durch seine Lage sehr präsent: Der Platz mit seinen unterschiedlichen Baukörpern, über denen eine skulpturale Dachscheibe schwebt, vereint unterschiedliche Funktionen, die einen öffentlichen Treff- und Anziehungspunkt generieren. Eine Sporthalle mit Physiotherapie sowie ein Ärztehaus mit Apotheke sind dort ebenso zu finden, wie eine Mediathek, ein Restaurant und ein Veranstaltungsraum.

Der Marktplatzcharakter verbindet die Gebäude miteinander.

Im Gegensatz zu der umgebenden Bebauungsstruktur beziehen sich die Volumina mit ihrer geringeren Geschossanzahl auf ein menschlicheres Niveau, das eine stärkere Beziehung zum Außenraum zulässt. Der Übergang zwischen Innen und Außen ist fließend: Die gläserne Fassade lässt den Platz offen wirken und vermeidet Grenzen. Durch den Versatz der Gebäude entsteht Raum zum Verweilen.

### FRAME

The recently developed building complex is located in the central axis of the area and is very present, not just because of its location. The location, with its different buildings, above which a sculptural roof panel floats, combines different functions to create a public meeting place and attraction. There is also a sports centre offering physiotherapy, a health centre with pharmacist, as well as a media library, restaurant and event venue. It feels like a market place, which brings the buildings together.

In contrast to the surrounding building structures, the volumes, with their small number of storeys, relate to a more human level that allows a more powerful connection to the outside. The transition between inside and outside is flowing. The glass facade makes the location seem open and avoids boundaries. The buildings have been offset to create a space for spending time.

Frame. Modell des Daches
Frame. Model of the roof

**Frame. Marktplatz**
Frame. Market square

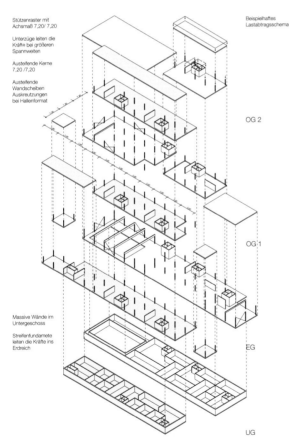

Stützenraster mit
Achsmaß 7,20/ 7,20

Unterzüge leiten die
Kräfte bei größeren
Spannweiten

Aussteifende Kerne
7,20 /7,20

Aussteifende
Wandscheiben
Auskreuzungen
bei Hallenformat

Massive Wände im
Untergeschoss

Streifenfundamete
leiten die Kräfte ins
Erdreich

Beispielhaftes
Lastabtragsschema

OG 2

OG 1

EG

UG

**Frame. Isometrie**
Frame. Isometry

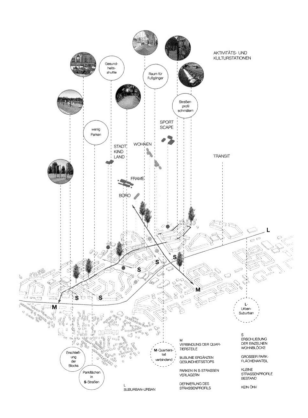

AKTIMITÄTS- UND
KULTURSTATIONEN

Gesund-
heits-
shuttle

Raum für
Fußgänger

Straßen-
profil
schmälern

SPORT
SCAPE

wenig
Parken

WOHNEN

STADT
KIND
LAND

TRANSIT

FRAME

BÜRO

L

S

S

S

S

M

M

L-
Urban-
Suburban

Erschließ-
ung der
Blocks

Erschließ-
ung der
Blocks in
S-Straßen

Parkflächen
in
S-Straßen

M-Quartiers-
teil
verbindend

M
VERBINDUNG DER QUAR-
TIERSTEILE

BUSLINIE ERGÄNZEN
GESUNDHEITSSTOPS

PARKEN IN S-STRASSEN
VERLAGERN

DEFINIERUNG DES
STRASSENPROFILS

S
ERSCHLIESSUNG
DER EINZELNEN
WOHNBLÖCKE

GROSSER PARK-
FLÄCHENANTEIL

KLEINE
STRASSENPROFILE
BESTAND

KEIN ÖNV

L
SUBURBAN-URBAN

**Frame. Masterplan Berlin Hellersdorf**
Frame. Master plan Berlin Hellersdorf

# MEDHOODS:
# BUILDING NEIGHBOURHOOD HEALTH ECOSYSTEMS

## ALVARO VALERA SOSA

Today Berlin has at least 60 per cent of patients suffering more than one disease or health condition at a time (multi-morbid). To their disadvantage, around 70 per cent of primary and secondary care physicians deliver care in offices geographically spread out in the city while only 30 per cent are concentrated in hospitals.

This fragmented care landscape threatens the health status and quality experience of patients when seeking help from various specialists. The process is time consuming and frustrating in locating a team of physicians – befitting their multiple health needs and requirements – and travelling conveniently and safely from one solo office to the next. This underperforming process is called serial care.

Serial care (uncoordinated solo offices) also impacts the German healthcare system with patient information loss; unnecessary medical procedures, treatments, and drugs; low transparency from unclear evaluation processes; and many other – management issues that lead to poor outcomes and increasing costs.

A medical neighbourhood (MedHood), is an alternative health ecosystem proposed to overcome these quality care and sustainability issues also present in most healthcare systems in Europe. The care strategy brings into perspective pathogenic and salutogenic approaches from human health sciences (see figure 1) aiming to effectively combat disease with parallel care, facilitate outpatient disease management through patient-centred medical homes (mainly for primary care), and empower city dwellers to prevent disease and attain positive health.

In cities with evident built environment disparities across its neighbourhoods, MedHoods are designed to attend health issues locally through well-informed urban development solutions.

The working concept of a MedHood centres on six care-value delivery components conceived by healthcare researchers Porter and Lee (see figure 2). It advocates for clinical partnerships seeking to coordinate primary and secondary care services around the patients' needs with disease prevention strategies.

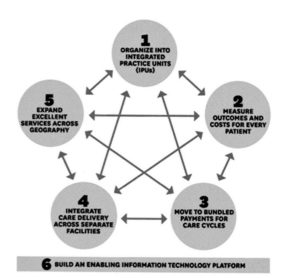

Abb. 2: Die wertebasierte Agenda (Porter & Lee, 2013)
Fig. 2: The value-based Agenda (Porter & Lee, 2013)

# MEDHOODS:
# AUFBAU VON GESUNDEN ÖKOSYSTEMEN IN EINZELNEN STADTVIERTELN

Heute leiden in Berlin mindestens 60 Prozent der Patienten an mehr als einer Erkrankung oder einem Gesundheitsproblem zur gleichen Zeit (Multi-Morbidität). Zu deren Nachteil kümmern sich etwa 70 Prozent der primären und sekundären Ärzte um die Betreuung in einzelnen Praxen, die geografisch über die Stadt verteilt sind, und nur 30 Prozent in den Krankenhäusern.

Diese fragmentierte Versorgungslandschaft bedroht den Gesundheitsstatus und die Qualitätserfahrung von Patienten, wenn sie die Hilfe verschiedener Spezialisten in Anspruch nehmen wollen. Der Prozess, ein Ärzteteam zu lokalisieren, das zu ihren multiplen Gesundheitsbedürfnissen und -anforderungen passt, ist zeitraubend und frustrierend, und das bequeme und sichere Fahren von einer einzelnen Praxis zur nächsten auch nicht immer gegeben. Dieser leistungsschwache Prozess nennt sich serielle Betreuung.

Die serielle Betreuung (unkoordinierte Einzelpraxen) haben auch Auswirkung auf das deutsche Gesundheitssystem mit Managementproblemen, die zu schwachen Ergebnissen und steigenden Kosten führen – Verlust von Patienteninformationen; unnötige medizinische Verfahren, Behandlungen und Medikamente; niedrige Transparenz aus unklaren Evaluierungsprozessen; und vieles mehr.

Eine medizinische Nachbarschaft (MedHood) ist ein alternatives Gesundheits-Ökosystem, das diese Probleme der Qualitätsbetreuung und Nachhaltigkeit auch in den meisten Gesundheitssystemen in Europa bewältigen soll. Die Pflegestrategie rückt pathogene und salutogene Ansätze aus den humanmedizinischen Wissenschaften ins Blickfeld (siehe Abbildung 1) mit dem Ziel, Krankheit durch parallele Betreuung zu bekämpfen, ein ambulantes Krankheitsmanagement durch patienten-zentrierte medizinische Heime zu erleichtern (hauptsächlich für die Primärpflege) und es Stadtbewohnern zu ermöglichen,

Krankheiten vorzubeugen und eine gute Gesundheit zu erlangen.

In Städten mit offensichtlichen Missverhältnissen im bebauten Umfeld in den Vierteln sollen MedHoods Gesundheitsprobleme lokal durch wohl informierte Städteplanungslösungen angehen.

Das Arbeitskonzept einer MedHood zentriert sich auf sechs Betreuungswertkomponenten, die von den Forschern in der Gesundheitsbetreuung, Porter und Lee, erdacht wurden (siehe Abbildung 2). Es empfiehlt klinische Partnerschaften, die primäre und sekundäre Betreuungsdienste rund um die Bedürfnisse der Patienten mit Krankheitspräventionsstrategien koordinieren wollen.

Um die sechs Komponenten dieser Betreuungswertagenda in Angriff zu nehmen, wird ein transidsziplinärer Ansatz in allen Phasen der Entwicklung und Umsetzung benötigt, von der Problembeschreibung bis zur urbanen Intervention.

In Zusammenarbeit mit lokalen öffentlichen Gesundheitsinstituten erfolgt eine eingehende Beschreibung des Gesundheitsproblems im Studienbereich (dem

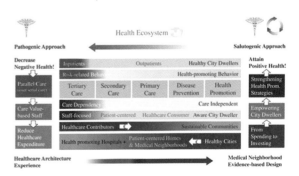

Abb. 1: Gesundheits-Ökosystem-Modell (Valera Sosa, A., 2015)
Fig. 1: Health Ecosystem Model (Valera Sosa, A., 2015)

To tackle the six components of this care-value agenda, a transdisciplinary effort is needed in all phases of development and implementation, from the problem description to the urban intervention.

In collaboration with local public health institutes, a thorough description of the health problem in the study area (the neighbourhood or "Kiez") is performed with a Neighbourhood Health Status Survey (NHSS). It is able to identify:

- disease trends and rates (incidence, prevalence, and mortality);

- population groups at risk; and

- risk factors (both environmental and behavioural).

Based on results from the NHSS, urban planners and designers have a critical role in developing components 4 and 5 with the following main objectives:

- geographically locate and describe existing or potential functions and activities in the neighbourhood environment supportive of clinical care, disease prevention, and health promotion; this objective aims to gather evidence on how to improve or propose new health-related services (component 5).

- assess the neighbourhood's physical conditions and spatial qualities for active travel (see "Walkability for Health" method) towards health-related facilities (component 4).

Results from built environment evaluations are key to developing the sixth point of the care-value agenda: a health information technology (HIT) platform.

"Hacking Health", a series of workshops in Berlin, has been the ideal environment for developing HIT – mobile and web-based applications – tackling the following five patient-centred aspects: (1) medical team build-ing around a patient's needs (e.g. define a network of specialists for a diabetes patient); (2) patient travel route selection along the medical network manner (considering disability levels); (3) a patient case platform for discussion and file sharing across the multidisciplinary medical team; (4) a comprehensive scheduling system to reduce waiting times; and (5) health literacy during waiting times to empower patients and optimise the already short consultation times with physicians.

In a broader context, the MedHoods research project seeks to operationalise WHO's (World Health Organization) Healthy Cities concept as a conglomerate of neighbourhoods for care. It aims to upscale tangible care solutions (and its measurable outcomes, such as hospitals have) to the urban neighbourhood level (see figure 3).

MedHoods has been discussed at numerous international conferences and taught at important academic institutes including the Polytechnic University of Milan, Technion Israel Institute of Technology, Aalborg University, and the University of Florence. In Italy, MedHoods will support the implementation of a primary healthcare network in the region of Tuscany called Casa della Salute. In Sweden, a similar experience is expected to aid local healthcare networks under the Effectiv Värd strategy.

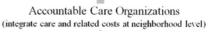

Alvaro Valera Sosa (2016)

Abb. 3: Operationalisierungsprozess für gesunde Städte (Valera Sosa, A., 2016)
Fig. 3: Operationalisation process for Healthy Cities (Valera Sosa, A., 2016)

Viertel oder „Kiez") durch eine Neighbourhood Health Status Survey (NHSS – Gesundheitsumfrage im Viertel). Dadurch lässt sich identifizieren:

- Krankheitstrends und Quoten (Häufigkeit, Prävalenz und Mortalität);

- risikobehaftete Bevölkerungsgruppen; und

- Risikofaktoren (umwelt- und verhaltenstechnisch).

Basierend auf den Ergebnissen der NHSS haben Städteplaner und Designer eine wichtige Aufgabe bei der Entwicklung der Komponenten 4 und 5 mit den folgenden Hauptzielen:

- geografische Lokalisierung und Beschreibung bestehender oder potentieller Funktionen und Aktivitäten im Viertel, die eine klinische Betreuung unterstützen, Prävention von Krankheiten und Gesundheitsförderung; dieses Ziel soll Nachweise darüber sammeln, wie man neue gesundheitsbezogene Services verbessern oder vorschlagen kann (Komponente 5).

- Bewertung des physischen Zustands des Viertels und der räumlichen Qualitäten für aktive Bewegung (siehe „Walkability for Health"-Methode) in Richtung gesundheitsbezogener Einrichtungen (Komponente 4).

Die Ergebnisse der Evaluierungen zum bebauten Umfeld sind wichtig für die Entwicklung der sechs Punkte der Betreuungswertagenda: eine Gesundheits-Informationstechnologie-(HIT)-Plattform.

„Hacking Health", eine Reihe von Workshops in Berlin, war das ideale Umfeld, um HIT zu entwickeln – mobile und webbasierte Anwendungen – und damit die folgenden fünf patientenzentrierten Aspekte anzugehen: (1) Aufbau eines medizinischen Teams rund um die Patientenbedürfnisse (zum Beispiel Definieren eines Netzwerks von Spezialisten für einen Diabetespatienten); (2) Auswahl von Patienten-Bewegungsrouten entlang des medizinischen Netzwerks (unter Berücksichtigung von Behinderungsgraden); (3) eine Patienten-Fallplattform für die Diskussion und den Aktenaustausch im gesamten multidisziplinären, medizinischen Team; (4) ein umfangreiches Plansystem zur Reduzierung von Wartezeiten; und (5) Gesundheitsbildung während der Wartezeiten, um die Patienten zu befähigen und die bereits ohnehin kurzen Beratungszeiten mit Ärzten zu optimieren.

In einem breiteren Kontext will das MedHoods Forschungsprojekt das Healthy Cities Konzept der WHO (Weltgesundheitsorganisation) als ein Konglomerat von Vierteln für die Betreuung operationalisieren. Es hat zum Ziel, konkrete Betreuungslösungen (und deren messbare Ergebnisse wie bei Krankenhäusern) auf die städtische Nachbarschaftsebene auszuweiten (siehe Abbildung 3).

MedHoods wurden bei vielen internationalen Konferenzen diskutiert und werden an wichtigen akademischen Instituten gelehrt, darunter das Politechnikum Mailand, das Technion Israel sowie die Universitäten Aalborg und Florenz.

In Italien werden MedHoods die Umsetzung eines primären Gesundheitsnetzwerks in der Region Toskana namens Casa della Salute unterstützen. In Schweden wird eine ähnliche Erfahrung bei der Unterstützung lokaler Gesundheitsnetzwerke unter der Effektiv Värd Strategie erwartet.

# CITY DEVELOPMENT

## ALVARO VALERA SOSA

The teaching research project started in the winter semester of 2013, ending its first phase the summer semester of 2015, today the second phase continues. The first phase learning experience was structured in three modules: a theoretical course called "Building Health" held in collaboration with students of the Berlin School of Public Health (BSPH), and two urban planning and design courses in collaboration with the City and Regional Planning School at TU Berlin.

The purpose of this teaching research project is to engage students in the planning and design of urban spaces which support healthy behaviours such as physical activity, healthy diet, and positive social interaction. The evaluation methods include the "Walkability for Health" framework (see pages 188–191), which is centred on investigating the actual health status of the residents of Berlin and lifestyle-related issues; active transportation difficulties (for walking and biking) and restrictions on accessibility to health promoting destinations at a neighbourhood level. The design efforts looked at the street-level as the most important element, but still not overlooked public space cities offer. Results of three of the four courses are shown with students' work in the following subchapters: "Building Health", "Hellersdorf-Süd Walkability", and "Karl-Marx-Allee Streetscape Design".

"Community Design" is the fourth and still ongoing chapter of the course series. It explores an urban development approach with both bottom-up and top-down strategies where people have the first say. Previous knowledge on urban health, walkability evaluation, and streetscape design set the tone in a course where community is defined not only as a geographical area, but also as a population group with similar interests and/or characteristics.

Since the summer semester of 2017 "Community Design" has been developed at Hellersdorf in collaboration with the Prinzessinnengarten representatives from Moritzplatz in Kreuzberg. The implementation phase is expected to start during the second semester of 2018.

- Building Health | 2013–2014
- Hellersdorf-Süd Walkability | 2013–2014
- Karl-Marx-Allee Streetscape Design | 2014–2015

# STADTENTWICKLUNG

Das Lehrforschungsprojekt startete im Wintersemester 2013 und endete in seiner ersten Phase im Sommersemester 2015. Heute wird mit der zweiten Phase fortgefahren. Die Lernerfahrung aus der ersten Phase wurde in drei Modulen strukturiert: ein theoretischer Kurs mit der Bezeichnung „Building Health", der in Zusammenarbeit mit Studenten der Berlin School of Public Health (BSPH) durchgeführt wurde, und zwei Stadtplanungs- und Designkurse, die in Zusammenarbeit mit der City and Regional Planning School an der TU Berlin abgehalten wurden.

Der Zweck dieses Lehrforschungsprojekts ist es, Studenten in die Planung und das Design von städtischen Räumen einzubinden, die ein gesundes Verhalten wie physische Aktivität, gesunde Ernährung und eine positive soziale Interaktion fördern. Zu den Bewertungsmethoden gehören der „Walkability for Health"-Rahmen (siehe Seite 188–191), der die Untersuchung des tatsächlichen Gesundheitszustandes der Berliner Einwohner und Lifestyle-bezogenen Probleme in den Mittelpunkt stellt, aktive Transportschwierigkeiten (zu Fuß und mit dem Fahrrad) sowie die Zugangsbeschränkungen für gesundheitsfördernde Zielorte auf Nachbarschaftsebene. Die Designleistungen hatten die Straßenebene als wichtigsten Punkt im Fokus, verloren aber auch den öffentlichen Raum, den Städte bieten, nicht aus dem Auge. Die Ergebnisse von drei der vier Kurse zeigen sich in den Arbeiten der Studenten unter den folgenden Unterkapiteln: „Gebäudegesundheit", „Hellersdorf-Süd Walkability" und „Karl-Marx-Allee Streetscape Design".

„Community Design" ist das vierte und noch laufende Kapitel der Kursreihe. Es erforscht einen urbanen Entwicklungsansatz mit Bottom-up- und Top-down-Strategien, bei dem die Menschen das erste Wort haben. Das bisherige Wissen über urbane Gesundheit, Walkability-Evaluierung und Streetscape Design hat den Ton in einem Kurs angegeben, in dem die Gemeinde nicht nur als ein geografischer Bereich definiert ist, sondern auch als eine Bevölkerungsgruppe mit ähnlichen Interessen und/oder Eigenschaften.

„Community Design" wird seit dem Sommersemester 2017 in Hellersdorf in Zusammenarbeit mit den Vertretern des Prinzessinnengartens vom Moritzplatz in Kreuzberg entwickelt. Die Umsetzungsphase soll während des zweiten Semesters 2018 starten.

- Gebäudegesundheit | 2013–2014
- Hellersdorf-Süd Walkability | 2013–2014
- Karl-Marx-Allee Streetscape Design | 2014–2015

2013–2014     TEACHING RESEARCH PROJECT   LEHRFORSCHUNGSPROJEKT

# BUILDING HEALTH

GROUP WORK   GRUPPENARBEIT

From the disciplines in public health, socio-economic factors explain the evident health status differences across neighbourhoods of the same city. It means that higher education and income levels can easily translate into lower disease rates, and therefore more healthy individuals. Additionally, environmental health scientists have proven the impact of urban environments on urban health, such as the correlation between high levels of air particles from emissions and pulmonary diseases. However, there are few disciplines and studies which correlate how built environment qualities influence health behaviours which protect our individual and population health.

Building Health introduced students – from public health, urban planning, and design disciplines – to basic urban health and urban planning concepts and principles necessary for:

- investigating the risk factors for disease, population groups at highest risk, and the built environment contributors for disease, accidents, and injury;

- learning about protective factors for health and health behaviours; and

- correlating risk and health behaviours with the physical state of a built environment in a specific city site.

In den Bereichen des öffentlichen Gesundheitswesens erklären sozioökonomische Faktoren die offensichtlichen Unterschiede im Gesundheitsstatus in verschiedenen Vierteln der gleichen Stadt. Das bedeutet, dass höhere Bildung und Einkommensniveaus sich leicht auf niedrigere Krankheitsraten und somit gesündere Einzelpersonen übertragen lassen. Zusätzlich haben Umwelthygienewissenschaftler die Auswirkungen urbaner Umgebungen auf die urbane Gesundheit nachgewiesen, wie die Korrelation zwischen hohen Pegeln von Luftpartikeln aus Emissionen und Lungenerkrankungen. Die Disziplinen und Studien jedoch, die eine Korrelation herstellen, wie die Qualitäten einer bebauten Umgebung das Gesundheitsverhalten beeinflussen, das unsere individuelle und die öffentliche Gesundheit schützt, sind rar.

Gesundheit bauen (Building Health) führte Studenten – aus dem öffentlichen Gesundheitswesen, der Stadtplanung und den Design-Disziplinen – in die Grundlagen der urbanen Gesundheits- und der Städteplanungskonzepte und -prinzipien ein, die notwendig sind für:

- Untersuchung der Risikofaktoren für Krankheiten, Bevölkerungsgruppen mit hohem Risiko und der Faktoren der bebauten Umgebung, die zu Krankheit, Unfällen und Verletzung beitragen;

- Lernen über Schutzfaktoren für Gesundheit und Gesundheitsverhalten; und

- Korrelation von Risiko und Gesundheitsverhalten mit dem physischen Status einer bebauten Umgebung an einem spezifischen Stadtstandort.

## PHYSICAL ACTIVITY & THE BUILDING ENVIROMENT

**INCIDENTAL ACTIVITY**

**RECREATIONAL ACTIVITY**

**PHYSICAL EXERCISE**

## FOOD & THE BUILT ENVIRONMENT IN GERMANY

### Apiculture
There's about 100 beekeepers in Berlin. Many bee hives are located on public and commercial buildings. There are about 800.000 bee colonies in Berlin and 822.700 in Germany. Berlin's bees produce 12 tons of honey per year. Besides, they pollinate plants, among them many food crops.

### Aquaculture
There are about 8.000 aquaculture businesses in Germany that produce 20.900 tons of fish and 600 tons of seafood. Aquaculture is an important measure to reduce overfishing, but it must be taken into consideration that predatory fish are commonly fed with fish from the ocean, so aquaculture with fish that feed from plants is more sustainable.

### Aviculture
For meat production 701.900.186 poultry were slaughtered in 2013. 13 million eggs were produced in businesses with more than 30.000 hens. 15.7 % of the total egg production were free range, 6.4 % were organic. A hen in a factory farm will lay about 300 eggs per year, one that is raised organically up to 250.

### Urban Live Stock
Keeping live stock in the city is common in developing countries. In Nairobi there are 25.000 cattle, 9.500 pigs and 3.000 sheeps and goats. In developed countries kids focus in the city put their focus on kids. In Berlin, there's at least 12 farms where kids can learn about animals and agriculture.

## SOCIAL INTERACTION & THE BUILT ENVIRONMENT

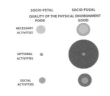

# ACTIVE ENVIRONMENT
## PHYSICAL ACTIVITY & HEALTH

a public transit round trip of 2.500 steps (1250 m) accounts for 25% of the **recommended** amount of **physical activity** required each day

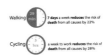

Walking — **7 days** a week **reduces** the risk of **death** from all causes by 22%

Cycling — a week to work **reduces** the risk of **death** from all causes by 28%

Every additional kilometer walked per day is associated with a **reduction** in **obesity**

Every — 1 hour — spent in a car is associated with a 6% increase in the likelihood of obesity

# FOOD ENVIRONMENT
## FOOD & HEALTH IN GERMANY

recommended fruit and vegetable consumption per day

350 g actual fruit and vegetable consumption German adults per day (2013) In the year 2000 only 20% of German adulty consumed 650g of fruit per day

recommended max. alcohol per day

average alcohol consumption in GER per day (2013) 23% drink too much

recommended meat consumption per week

1.050 g actual meat consumption per week meat consumption is twice as high as recommended

Men eat less fruit and drink less water than women. Fluid intake for Men age 65+ consists of 10% alcoholic beverages.

Population groups with a low so-cio-economic status show especially unhealthy dietary habits.

# SOCIAL ENVIRONMENT
## SOCIAL INTERACTION & HEALTH

2013–2014   TEACHING RESEARCH PROJECT   LEHRFORSCHUNGSPROJEKT

# HELLERSDORF-SÜD
# WALKABILITY

GROUP WORK   GRUPPENARBEIT

Since the early 1990s, walkability research has tried to define factors that affect travel behaviour, in particular the use of private vehicles, taking public transportation, or using active means of transport such as walking or biking. The extensive literature has so far elaborated on personal factors for mode preference such as travel cost (e.g. fuel price) or waiting times (e.g. bus or train frequency). Physical environment factors have also been very well studied, such as sidewalk width, shelter at stops, bike lane availability, park & ride facilities, and many others.

Hellersdorf-Süd Walkability was a student research project aiming to describe only the physical factors that affect active transportation towards public transportation stops and stations, and other important neighbourhood destinations. The "Walkability for Health" framework (see pages 188–191) was the key to training students on how to:

- gather data using secondary sources (e.g. GIS data bases and maps) and primary sources (e.g. photographic surveying);

- map locations and services which influence health behaviours mostly found in the active, food, and social environments of a neighbourhood;

- assess the state and design quality of the active travel environment, such as pedestrian paths, bike lanes, and entrances at buildings or other locations; and

- propose concepts that tackle the specific health needs of the local population with built environment interventions.

Seit Anfang der 1990er-Jahre versucht die Walkability-Forschung [Walkability = Bewegungsfreundlichkeit des näheren Wohnumfeldes] Faktoren zu definieren, die das Fortbewegungsverhalten beeinflussen, insbesondere das Fahren von Privatfahrzeugen, das Nutzen öffentlicher Transportmittel oder der Einsatz aktiver Transportmittel wie Laufen oder Radfahren. Die umfangreiche Literatur hat bislang persönliche Faktoren für die Auswahl des Transportmittels herausgearbeitet, wie etwa Fahrtkosten (zum Beispiel Spritpreis) oder Wartezeiten (zum Beispiel Bus- oder Zugfahrplan). Physische Umweltfaktoren wurden auch eingehend untersucht, wie etwa die Breite des Gehsteigs, Unterstände an Haltestellen, Verfügbarkeit von Radwegen, Park & Ride-Plätze und vieles mehr.

Hellersdorf-Süd Walkability war ein studentisches Forschungsprojekt, das zum Ziel hatte, nur die physischen Faktoren zu beschreiben, welche den aktiven Transport hin zu öffentlichen Transporthaltestellen und -bahnhöfen und sonstigen wichtigen Zielen im Viertel beeinflussen. Der "Walkability for Health"-Rahmen (siehe Seite 188–191) war der Schlüssel, um den Studenten beizubringen, wie:

- man Daten über Sekundärquellen (zum Beispiel GIS-Datenbanken und Karten) und Primärquellen (zum Beispiel fotografische Vermessung) sammelt;

- Standorte und Services kartografiert werden, die Einfluss auf das Gesundheitsverhalten nehmen. Sie sind zumeist in den aktiven, Nahrungsmittel- und sozialen Umfeldern eines Viertels vorzufinden;

- der Status und die Designqualität des aktiven Bewegungsumfelds, wie Gehwege, Radwege und Eingangsbereiche von Gebäuden oder andere Standorte, zu bewerten sind; und

- wie man Konzepte vorschlägt, welche die spezifischen Gesundheitsbedürfnisse der lokalen Bevölkerung mit Eingriffen in bebauten Umgebungen angehen.

**Analyse: Karte zur Diskonnektivität und Diskontinuität**
Analysis: disconnectivity and discontinuity map

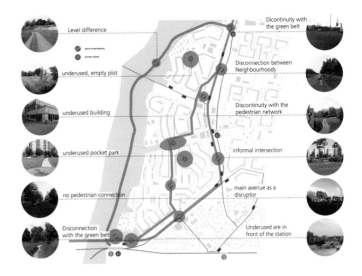

**Vorschlag Netzwerkkonzept: Karte zur Konnektivität und Kontinuität**
Network concept proposal: connectivity and continuity map

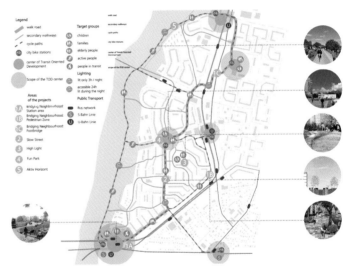

**Vorschläge für ein gesundes Zielortkonzept: sonnige Hügel**
Healthy destination concept proposals: sunny hills

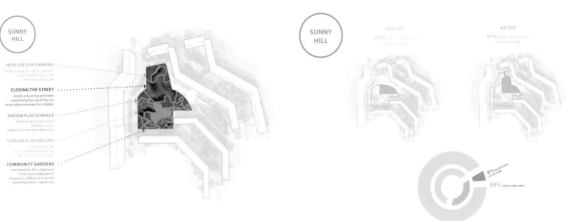

2014–2015     TEACHING RESEARCH PROJECT   LEHRFORSCHUNGSPROJEKT

# KARL-MARX-ALLEE
# STREETSCAPE DESIGN

GROUP WORK   GRUPPENARBEIT

On average, Berlin neighbourhoods have more than 35 per cent of their surfaces covered by streets, including sidewalks, on-street parking, and car lanes. The Karl-Marx-Allee quarter (Mitte) presents more than 40 per cent of this kind of void area, mainly at its borders.

These alarming and less surprising features play an important role in the visual image of a city, but overall, in its sustainability. There are twelve goals for human development that streetscape designs can successfully attain.

Four environmental goals: (1) decrease land demand for roads and parking, (2) provide more permeable surfaces to improve rain runoff and water pollution, (3) increase green strips and patches to avoid heat island effects, and (4) decrease motorised traffic to improve energy consumption and pollution emissions.

Five economic impacts are: (5) health costs, (6) transportation costs, (7) walking tourism and heritage preservation, (8) higher local business activity and employment, and (9) competitive real estate value in depressed areas.

The most well-known are the three social and health effects: (10) a call for universal designs and access especially for children, elder and disabled, (11) strengthening neighbourhood interaction and community cohesion, and (12) improving physical activity rates and engagement.

The Karl-Marx-Allee quarter stresses a very common characteristic of most Kiezes (neighbourhoods) in Berlin: isolation within large motorised arterials or street collectors. In particular, it also stands out with large amounts of un-programmed greenery and hard surfaces mostly used for car parking.

Considering both the human development goals and these distinctive physical environment issues, students were instructed to:

- estimate parking capacities and propose a parking solution to free streets from cars;
- improve the connectivity across large avenues towards other neighbourhoods in the vicinity;
- propose an active transportation network within the neighbourhood limits.

Parking management
Borders
Active Transportation Network

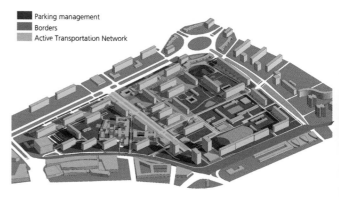

Parkmanagement
Parking management

In den Berliner Vierteln sind im Durchschnitt mehr als 35 Prozent der Oberflächen von Straßen bedeckt, inklusive Gehwegen, Parkplätzen an der Straße und Autospuren. Das Viertel um die Karl-Marx-Allee (Mitte) hat mehr als 40 Prozent solcher leeren Flächen hauptsächlich im Randbereich.

Diese alarmierenden und doch wenig überraschenden Punkte spielen eine wichtige Rolle im visuellen Image einer Stadt und in deren Nachhaltigkeit insgesamt. Es gibt zwölf Ziele für die humane Entwicklung, die Streetscape Designs erfolgreich erreichen können.

Vier Umweltziele: (1) Flächenbedarf für Straßen und Parkplätze reduzieren, (2) mehr durchlässige Oberflächen bereitstellen, damit Regenwasser besser ablaufen und die Wasserverschmutzung reduziert werden kann, (3) Vermehrung grüner Streifen und sonstiger Grünflächen, um Hitzeinseln zu vermeiden und (4) den motorisierten Verkehr reduzieren, um Energieverbrauch und Verschmutzungsemissionen zu reduzieren.

Die fünf wirtschaftlichen Faktoren sind: (5) Gesundheitskosten, (6) Transportkosten, (7) Fußtourismus und Denkmalpflege, (8) höhere lokale Geschäftsaktivität und Beschäftigung und (9) wettbewerbsfähige Immobilienwerte in Notstandsgebieten.

Die bekanntesten sind die drei sozialen und gesundheitsspezifischen Auswirkungen: (10) eine Forderung nach universellen Designs und Zugang speziell für Kinder, Senioren und Behinderte, (11) Stärkung von Interaktion und Gemeinschaft im Viertel und (12) Verbesserung von Anteilen und Engagement physischer Aktivitäten.

Das Viertel um die Karl-Marx-Allee hebt eine Eigenschaft hervor, die viele Kieze in Berlin gemeinsam haben: eine Isolation innerhalb großer, motorisierter Pulsadern und Straßenkollektoren. Insbesondere sticht es durch große Mengen nicht geplanter Grünflächen sowie harter

**Aktives Transportnetzwerk**
Active transportation network

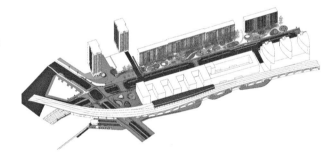

**Grenze an der Holzmarktstraße**
Border at Holzmarktstraße

Oberflächen heraus, die meist für Parkplätze verwendet werden.

Unter Berücksichtigung der humanen Entwicklungsziele und dieser markanten physischen Umweltprobleme wurden die Studenten angewiesen:

- die Parkkapazitäten zu schätzen und eine Parkplatzlösung anzubieten, um die Straßen von Autos zu befreien;

- die Konnektivität über große Alleen hin zu anderen Vierteln in der Umgebung zu verbessern;

- ein aktives Transportnetzwerk innerhalb der Grenzen des Viertels vorzuschlagen.

2011    DOCTORAL THESIS   DISSERTATION

# WALKABILITY FOR HEALTH

A SYSTEMATIC OBSERVATION METHOD FOR ACTIVE TRANSPORT AND HEALTHY DESTINATIONS

## ALVARO VALERA SOSA

Many factors, singled out or combined, determine the health of city dwellers. As affirmed by the World Health Organization (WHO), the most common ones are: access to healthcare services, income, education level, genetics and, more recently studied, our social and built environments.

When considering the urban built environment as a determinant of health, many questions arise about what physical features may influence health behaviours, such as diet and physical activity. This issue is of special importance particularly for Europe where on average 70 per cent of our population lives in urban areas and in similar percentage suffer some kind of lifestyle-related diseases, e.g. diabetes.

"Walkability", both a concept and a measuring tool, can extensively explain why some physical environments can be friendlier than others for particular health behaviours, such as walking or biking, which reduce the incidence, prevalence, and morbidity of lifestyle-related diseases.

Walkability for Health (WfH) is a method designed to systematically observe and describe how the physical environment of a neighbourhood may facilitate or obstruct not only active travel, but also engaging in: other forms of physical activity (active environment), healthy diet (food environment), and positive human interaction (social environment).

The method consists of urban indicators composed by physical features – of (1) the pedestrian network (paths and destination entrances) and (2) health promoting destinations – which are conducive to health behaviours (physical activity, healthy diet, and positive human interaction). This correlation between the physical environment and health behaviours is what characterises a health promoting neighbourhood environment, which

> **Doc:** Dear patient, your blood levels are off the scale! You should eat healthier! Walk more!
>
> **Patient:** Sure Doc! I will!
>
> **Fact:** Patient can't find fresh food whithin a radius of at least 600 metres; he or she lives in a food desert! Patient buys fresh food the first weeks of treatment but creating a regular habit is uphill.
>
> Six months later…
>
> **Doc:** No improvement, you're not doing enough!

builds positive health apart from reducing the effects of lifestyle-related diseases and injury.

WfH has the purpose of best informing urban development decision makers, city dwellers, and other stakeholders about the possibility of implementing human-centred designs that aim at healthier lifestyles. The data gathering process stresses the needs and requirements of vulnerable groups such as children, the cognitively and physically impaired, elderly, and other disadvantaged population groups.

Acknowledging the frequent shortage or lack of economic and human resources, the method helps to define where built interventions should develop in favour of these specific users. For example, it highlights the most suitable urban areas around nurseries and kindergartens with the potential of enhancing early childhood development; or locations and access routes in the vicinity of hospitals that comfort healthcare consumers and staff (see MedHoods research project pages 176–179); or detects facilities that may enable refugees to integrate with host communities.

# WALKABILITY FOR HEALTH

EINE SYSTEMATISCHE BEOBACHTUNGSMETHODE FÜR DEN AKTIVEN TRANSPORT UND GESUNDE ZIELORTE

Es gibt viele Faktoren, die einzeln oder kombiniert die Gesundheit von Stadtbewohnern beeinflussen. Wie von der Weltgesundheitsorganisation (WHO) bekräftigt, sind die häufigsten: Zugang zu Gesundheitsbetreuungsdiensten, Einkommen, Bildungsniveau, Genetik und, seit neuestem untersucht, unser soziales und bebautes Umfeld.

Wenn man das städtische bebaute Umfeld als Bestimmungsfaktor für die Gesundheit berücksichtigt, entstehen viele Fragen dahin gehend, welche physischen Eigenschaften das Gesundheitsverhalten wie eine Diät und die physische Aktivität beeinflussen können. Dieses Problem ist von besonderer Wichtigkeit für Europa, wo im Durchschnitt 70 Prozent der Bevölkerung in städtischen Bereichen leben und ein ähnlicher Prozentsatz unter einer lebensstil-bezogenen Krankheit leidet, zum Beispiel Diabetes.

„Walkability", sowohl ein Konzept als auch ein Messwerkzeug, kann umfangreich erklären, weshalb einige physische Umfelder für ein bestimmtes Gesundheitsverhalten wie Laufen oder Radfahren freundlicher sein können als andere, was das Auftreten, die Prävalenz und Morbidität bei Lebensstil-bezogenen Krankheiten reduziert.

Walkability for Health (WfH) ist eine Methode, die entwickelt wurde, um systematisch zu beobachten und zu beschreiben, wie das physische Umfeld eines Viertels nicht nur die aktive Bewegung erleichtern oder behindern kann, sondern sich auch noch mit anderen Formen der physischen Aktivität (aktives Umfeld), gesunder Ernährung (Nahrungsmittelumfeld) und positiver menschlicher Interaktion (soziales Umfeld) beschäftigt.

Die Methode umfasst die städtischen Indikatoren aus physischen Eigenschaften – (1) das Fußgängernetzwerk (Wege und Zielorteingangsbereiche) und (2) gesundheitsfördernde Zielorte –, die dem gesunden Verhalten

zuträglich sind (physische Aktivität, gesunde Ernährung und positive menschliche Interaktion). Diese Korrelation zwischen dem physischen Umfeld und dem gesunden Verhalten charakterisiert eine gesundheitsfördernde Nachbarschaft, die eine positive Gesundheit aufbaut und auch noch die Wirkungen von Lebensstil-bezogenen Krankheiten und Verletzungen reduziert.

> **Doktor:** Lieber Patient, Ihre Blutwerte gehen durch die Decke! Sie sollten sich gesünder ernähren! Mehr laufen!
>
> **Patient:** Klar, Doktor! Das werde ich!
>
> **Fakt:** Der Patient kann innerhalb eines Radius von mindestens 600 Metern kein gesundes Essen finden; er oder sie lebt in einer Nahrungsmittelwüste! Der Patient kauft in den ersten Wochen der Behandlung frische Nahrungsmittel, ist aber von einer regelmäßigen Gewohnheit weit entfernt.
>
> Sechs Monate später …
>
> **Doktor:** Keine Verbesserung, Sie tun nicht genug!

WfH hat den Zweck, die Entscheidungsträger in der Stadtentwicklung, Stadtbewohner und sonstige Interessengruppen so gut wie möglich über die Möglichkeit der Umsetzung von human-zentrierten Designs zu informieren, die auf einen gesünderen Lebensstil abzielen. Der Datensammlungsprozess hebt die Bedürfnisse und Anforderungen von anfälligen Gruppen wie Kinder, kognitiv und physisch Eingeschränkte, Senioren und sonstige benachteiligte Bevölkerungsgruppen hervor.

For this purpose, WfH pursues three main objectives:

(1) perform a Neighbourhood Health Status Survey (NHSS) to mainly identify socio-economic and health issues, population groups at risk (including needs and requirements), and risk factors (both environmental and behavioural);

(2) evaluate the active transport network (pedestrian and biking environment); and

(3) evaluate neighbourhood-level destinations which favour the target population group.

The first main objective is carried out in collaboration with local public health institutes, and the other two with surveyors reasonably trained in managing geographic information data and urban design or planning disciplines.

To tackle the second and third main objectives, 24 assessment sheets are available to conduct the evaluation process at three urban scales: (a) the macro scale, where urban form factors such as street density (number of street intersections per square kilometre), public transportation network diversity and many others are described to explain travel directness, length, frequency and duration; (b) the meso scale, where street elements such as crosswalks and middle islands are surveyed to determine pedestrian path continuity along street segments and continuity from block to block; and (c) the micro scale, where design variables that ensure comfort, safeness and a pleasant visual structure are studied along street segments and neighbourhood destinations or locations.

The WfH method has been discussed and taught in different academic institutes across Europe such as the Chalmers University of Technology, Polytechnic University of Milan, the University of Florence, and the Technical University of Berlin. WfH has been tested and adjusted to work in very diverse cities and sites such as: Karl-Marx-Allee, Hellersdorf-Süd, and Prenzlauer Berg in Berlin; SAR Macau; Milan and Florence in Italy; and Valletta in Malta.

**Aktive Umwelt**
Active environment

Als Bestätigung der häufigen Knappheit oder des Mangels an wirtschaftlichen und menschlichen Ressourcen hilft die Methode dabei zu definieren, wo bebaute Interventionen zugunsten dieser spezifischen Nutzer entstehen sollten. Zum Beispiel betont sie die fittesten städtischen Bereiche rund um Kindertagesstätten und Kindergärten mit dem Potenzial, die frühe Kindheitsentwicklung zu verbessern; oder Orte und Zugangsrouten in der Nähe von Krankenhäusern, die Konsumenten des Gesundheitswesens und Belegschaft beruhigen (siehe MedHoods Forschungsprojekt); oder sie erkennt Einrichtungen, die es Flüchtlingen ermöglichen, sich in die Gastgebergemeinden zu integrieren.

Zu diesem Zweck verfolgt WfH drei Hauptziele:

(1) Durchführen eines Neighbourhood Health Status Survey (NHSS) zur hauptsächlichen Identifizierung von sozioökonomischen und Gesundheitsproblemen, risikobehafteten Bevölkerungsgruppen (inklusive Bedürfnisse und Anforderungen) und Risikofaktoren (umwelt- und verhaltenstechnisch);

(2) Evaluierung des aktiven Transportnetzwerks (Fußgänger- und Radfahrbereich); und

(3) Evaluierung der Zielorte im Viertel, welche die Zielbevölkerungsgruppe favorisiert.

Das erste Hauptziel wird in Zusammenarbeit mit lokalen öffentlichen Gesundheitsinstituten ausgeführt und die beiden anderen mit Vermessern, die entsprechend im Management geografischer Informationsdaten und im Städtedesign oder in den Planungsdisziplinen ausgebildet sind.

Um die zweiten und dritten Hauptziele anzugehen, gibt es 24 Bewertungsblätter für die Durchführung des Evaluierungsprozesses in drei urbanen Skalen: (a) die Makro-Skala, in der urbane Formfaktoren wie die Straßendichte (Anzahl von Straßenkreuzungen pro Quadratkilometer), die Diversität des öffentlichen Transportnetzwerks und weitere beschrieben werden, um die Reisedirektheit, Länge, Häufigkeit und Dauer zu erklären; (b) die Meso-Skala, in der Straßenelemente wie Übergänge und Verkehrsinseln vermessen werden, um die Kontinuität des Fußgängerwegs entlang von Straßensegmenten und die Kontinuität von Block zu Block festzustellen; und (c) die Mikro-Skala, in der Designvariablen studiert werden, die Komfort, Sicherheit und eine angenehme visuelle Struktur, entlang von Straßensegmenten und Zielorten oder Standorten im Viertel sicherstellen.

Die WfH-Methode wurde an unterschiedlichen akademischen Instituten in ganz Europa diskutiert und gelehrt, darunter die Technische Hochschule Chalmers, das Polytechnikum Mailand, die Universität Florenz und die TU Berlin. WfH wurde getestet und angepasst, um in ganz unterschiedlichen Städten und an unterschiedlichen Standorten zu funktionieren, wie etwa: Karl-Marx-Allee, Hellersdorf-Süd und Prenzlauer Berg in Berlin; SAR Macau; Mailand und Florenz in Italien und Valletta auf Malta.

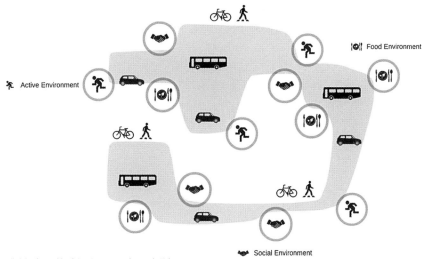

Walkability for Health. Aktiver Transport und gesunde Zielorte
Walkability for Health. Active transport and healthy destinations

# ARCHITEK TOUR

## GESCHE GERBER

Architektur ist vielseitig. Um diese Vielseitigkeit zu erfassen, bedarf es der inhaltlichen Auseinandersetzung mit vielen unterschiedlichen Gebäuden. Aber wie sieht diese Auseinandersetzung im Studium aus? Wenn man das Studium von Geisteswissenschaftlern als Beispiel nimmt, besteht es darin, in der Bibliothek Bücher zu wälzen. Für Architekturstudierende ist dies zwar eine Möglichkeit, sich verschiedenen Gebäuden und Architekturen anzunähern, jedoch können Bilder und Texte, die in Architekturbüchern abgedruckt sind, nur einen Teil des Studierens eines Gebäudes leisten. Wenn man die Bezeichnung „Bild" aufgreift, liegt darin schon der Kern, woraus man einen für das Architekturstudium wichtigen Punkt ableiten kann: Ein Bild ist eine zweidimensionale Darstellung. Die Architektur hingegen steht in einem dreidimensionalen Kontext, in dem man arbeiten und denken muss. Es gilt, die Architektur in ihrer Räumlichkeit zu erfahren und zu studieren. Dabei ist die räumliche Wirkung, die Proportion der Innenräume sowie die Raumfolge gemeint, aber auch die stadträumliche Situierung eines Gebäudes, also die Einbindung eines Gebäudes in den Stadtraum wie das städtische Gefüge. Um diese dreidimensionale Erfahrung machen zu können, sind Studienexkursionen und Besichtigungen von Gebäuden ein wichtiger Bestandteil der Architekturlehre und des Architekturstudiums, für Studierende wie auch absolvierte Architekten. Das Studium moderner Architektur ist dabei genauso wichtig wie das alter Baustile, die häufig als Grundlage moderner Auffassungen dienen. Selbstverständlich können verschiedenste Erfahrungen auch in der eigenen Stadt, und besonders in einer Stadt wie Berlin, die viele verschiedene Architektur- und Stadtplanungsstile präsentiert und sich stetig verändert, gemacht werden. Jedoch reicht ein Ort als Pool, aus dem man seine Erfahrungen schöpft, nicht aus, um die Diversität von Architektur in ihrer Gänze zu erfassen und abzudecken. Die Besichtigung anderer Städte und Länder mit ihren – teils einmaligen – Architekturen ist demnach unumgänglich.

So hat das Fachgebiet über die Jahre viele unterschiedliche Exkursionen unternommen, die allesamt den Studierenden die Vielseitigkeit der Architektur nähergebracht haben. Einige stellten die Architektur im Allgemeinen in den Vordergrund, andere hatten einen Schwerpunkt, der sich auf die aktuelle Entwurfsaufgabe bezog, andere wiederum führten uns an den Ort der Entwurfsaufgabe.

Architektur im Allgemeinen hatte unsere Exkursion nach London im Fokus. Besichtigt wurden die Serpentine Gallery von Zaha Hadid, das LSE Student Centre von O'Donnell + Tuomey sowie das neue Olympiagelände, das auf einer Industriebrache entstanden ist und durch dessen Realisierung die angrenzenden Stadtteile eine komplette Umwandlung erfahren und sich von heruntergekommenen Arbeitervierteln in beliebte Wohngegenden gewandelt haben – eine städtebauliche Besonderheit. Die Führung durch das Maggie's Centre „West London" von Rogers Stirk Harbour + Partners stellte die Einführung in die Entwurfsaufgabe der Bachelorstudenten sowie das Thema des Seminars dar.

Die Exkursion nach Amsterdam, die wir im Sommersemester 2013 unternommen haben, stellte das Thema Bauen am Wasser in den Vordergrund, mit dem sich die Entwurfsaufgabe in dem Semester auseinandergesetzt hat. Die einzigartige Baustruktur in Amsterdam – Gebäudezeilen am Wasser mit schmalen Vorderfronten und großen Gebäudetiefen und -höhen – hat sich aus der Geschichte des Handels entwickelt, wonach die Steuer für ein Gebäude nach seiner Breite am Kanal bemessen wurde. Diese Bauform ist nun prägend für das Stadtbild – ein Typus, der andernorts nur selten zu finden ist. Auch die besondere (moderne) Architektursprache, die in den Niederlanden vorherrscht und aus der die Architekturbewegung der Amsterdamer Schule hervorging, ist wichtiger Teil der Architekturlehre zum Thema experimentelle Herangehensweise in der Architektur.

Die modulare beziehungsweise Container-Bauweise von einer Unterkunft und medizinischen Einrichtungen für Flüchtlinge hat uns 2015 zur Expo nach Mailand geführt, wo wir verschiedene modulare Systeme „in Verwendung" studieren konnten. Der „Bosco Verticale" nördlich der Mailänder Innenstadt zeigte uns mit seinen zwei begrünten Wohntürmen zudem experimentelle Baukunst im Wohnungsbau.

Der Lido, eine Insel vor Venedig, war Schauplatz unseres Entwurfs „Lido Leisure", in dem das 1933 als Badeheilanstalt entstandene, heute verlassene Ospedale al Mare (Krankenhaus am Meer) von unseren Studierenden mit seinen Bestandsbauten zu einem neuen medizinischen Komplex entwickelt werden sollte. Im Vorarlberg, wo unser Projekt „Living high – Training low" ein Höhentrainingslager als Masterentwurf und eine – über eine Bergbahn – angeschlossene Unterkunft (Entwurfsaufgabe der Bachelorstudenten) vorsah, war die Inspektion des Baugrundstücks vor Ort für den Entwurfsprozess wesentlich. Bei dieser Entwurfsaufgabe wurde es besonders deutlich, dass andere Orte andere örtliche Gegebenheiten vorweisen, die durch ihre Topografie, ihr Klima, ihre landschaftliche Einbettung – wie in diesem Fall die Berge, anderenorts eine flache Ebene, ein See, das Meer, ein Gesteinsgrund etc. – andere Architekturen möglich machen beziehungsweise erfordern.

Auch hieran sieht man, dass das Architekturstudieren an anderen Orten notwendig ist und den Architekturhorizont erweitert. Aber nicht nur örtliche Gegebenheiten beeinflussen die Architektur, auch Kulturen haben über die Jahre differierende Architekturen hervorgebracht, die sich in ihrer Konstruktion, der Bauweise, den Baumaterialien, aber auch in ihren Wohn- oder Lebensformen unterscheiden können. Kampongs – traditionelle indonesische Häuser – waren ein Beispiel dafür während unserer Exkursion nach Batam und Jakarta in Indonesien.

Neben den verschiedensten Zielen bildeten Besichtigungen von Krankenhäusern bei uns – dem Fachgebiet „Entwerfen von Krankenhäusern und Bauten des Gesundheitswesens" – immer wieder einen Teil der Exkursionsprogramme. Die komplexe Bauweise eines Krankenhauses konnten wir so den Studierenden direkt am Projekt erläutern, wie am Beispiel des Krankenhauses in Agatharied, dem Klinikum Benjamin-Franklin in Berlin sowie dem Franz-Josef-Spital in Wien, um nur einige zu nennen.

Und neben Gebäuden haben wir bei unseren Exkursionen auch immer wieder Architekturbüros besucht, die uns Einblick in die Architektenarbeit und die verschiedenen Herangehensweisen des jeweiligen Büros wie auch deren räumliche Bürostruktur gaben. Auch erhielten wir Projekterläuterungen, die in dieser Tiefe sonst nicht denkbar gewesen wären. Besonders waren der Besuch bei Zaha Hadid Architects in London, wo wir Einblick in die Entwürfe und damit auch in die Entwicklung dieser über die Jahre bekommen haben, die Bürobesichtigung von 3XN in Kopenhagen, bei der uns Bo Boje Larsen verschiedene Projekte des Büros erläutert und den Studierenden Rede und Antwort gestanden hat, sowie der Besuch bei Robbrecht en Daem in Gent, die neben der besonderen Architektur auch besondere Arbeitswelten für ihre Mitarbeiter anbieten, wie einen Gemeinschaftsbereich und einen eigens angelegten Garten im Innenhof zum Eintauchen in eine andere Welt und zur Ideenschöpfung. Im Anschluss an diesen Besuch haben wir die vom Büro entworfene „Market Hall" in der Genter Innenstadt vor Ort durch den Projektleiter erläutert bekommen, die in ihrer Ausformung und Positionierung nun zwei zuvor unwirtliche Stadtplätze miteinander verbindet und eine Besonderheit mit dieser städtebaulichen Lösung darstellt.

Den Wissens- und Kulturaustausch zwischen zwei Universitäten unterschiedlicher Staaten hat die Exkursion nach St. Petersburg im Rahmen eines Workshops mit Studenten unseres Fachgebiets und der Saint-Petersburg State University of Architecture and Civil Engineering möglich gemacht und die Vermittlung des jeweiligen Architekturverständnisses sowie die Bauweisen in einem anderen politischen System wie auch die verschiedenen Dimensionen der Bauaufgaben verdeutlicht.

Referenzen sind demnach die Grundlage der Weiterentwicklung für einen Architekten. Sie wecken Ideen und Kreativität und zeigen Lösungen auf, die man mitunter selbst nicht in Betracht gezogen hätte. Eine Ideenschöpfung, die in diesem Ausmaß nicht oder nur schwer möglich wäre. Gebaute Lösungen von baulichen Herausforderungen stellen jede für sich andere Gestaltungspunkte in den Vordergrund, aus denen der Architekt für seine Bauaufgaben schöpfen kann. Erst durch die Auseinandersetzung mit einem Gebäude und seiner reellen Räumlichkeit können bauliche und funktionale Lösungen nachvollzogen werden.

# ARCHITEK TOUR

## GESCHE GERBER

Architecture is multifaceted. To preserve its various facets, we need to examine many different buildings in terms of their content. But what does this examination look like for architecture students? If we take the study of arts scholars as an example, it consists of poring over books in the library. It is a way for students to learn about different buildings and types of architecture, but images and texts printed in architecture books are only part of studying a building. If we pick up on the word "image", then we find the crux, from which an important point for the study of architecture can derive: an image is a two-dimensional representation. Architecture, on the other hand, is in a three-dimensional context, in which we have to work and think. It is essential to experience and study architecture in its three-dimensionality. This means the three-dimensional effect, the proportion of the interior and the sequence of spaces, but also a building's urbanistic situation, i.e. how it integrates into the urban space and the urban fabric. To be able to experience this three-dimensionality, study trips and tours of buildings are an important part of teaching and studying architecture, both for students and for qualified architects. It is as important to study modern architecture as it is to study old architectural styles that are often the basis for modern views. Of course, it is possible to gather a wide range of experiences in your own city and especially in a city like Berlin that has lots of different architectural and town planning styles and is constantly changing. However, one place is not adequate as a pool from which experiences can be gathered, in order to grasp and deal with the diversity of architecture in its entirety. It is therefore absolutely necessary to look around other cities and countries, with their – sometimes unique – architecture.

For this reason, the faculty has made many and varied study trips over the years, all of which have brought to life the versatility of architecture for students. Some placed special emphasis on architecture in general. Others placed special emphasis on architecture in general. Others focused on the current design task, while others still took us to the site of the design task.

Our study trip to London focused on architecture in general. We visited the Serpentine Gallery of Zaha Hadid and the LSE Student Centre by O'Donnell + Tuomey. We also visited the new Olympic site that has been built on industrial wasteland. Its realisation completely changed the adjoining districts, transforming the run-down, working-class areas into popular residential areas – a special urban planning feature. The guided tour through the Maggie's Centre "West London" by Rogers Stirk Harbour + Partners introduced the bachelor students' design task and the topic of the seminar.

The study trip to Amsterdam, which we made in summer semester 2013, placed the emphasis on building on water, which was the semester's design task. The unique structure of buildings in Amsterdam – rows of very deep, tall buildings on the water, with narrow facades – developed from the history of trade, according to which the tax for a building was calculated in accordance with the width it took up on the canal. This type of building is now characteristic of the cityscape and is seldom found elsewhere. Even the special (modern) architectural language that predominates in the Netherlands and from which the architectural movement of the Amsterdam School emerged, is an important part of architecture teaching on the subject of experimental approaches in architecture.

In 2015, the modular, or rather container construction of accommodation and medical facilities for refugees took us to Expo in Milan, where we were able to study different modular systems "in use". With its two residential tower blocks that have been planted with greenery, the "Bosco Verticale", north of Milan's city centre, also showed us experimental architecture in housing construction.

Lido, an island in front of Venice, was the setting for our "Lido Leisure" design. Students were supposed to develop the abandoned Ospedale al Mare (hospital by the sea), which was built in 1933 as a water-bath sanatorium, with its existing buildings, into a new medical complex. In Vorarlberg, where our project "Living high – Training low" planned an altitude training facility as a master design, and accommodation linked by mountain cableway (bachelor students' design task), inspection of the site was essential for the design process. In this design task, it became particularly clear that other sites have different local conditions that enable or require different architectures as a result of their topography, climate, embedding in the landscape – such as the mountains, in this case, or a flat plain, a lake, the sea or stony ground etc elsewhere.

This also shows that it is necessary to study architecture in different locations and that this broadens architectural horizons. However, local conditions are not the only factors that influence architecture. Cultures have also produced various architectures over the years that can differ in terms of their construction, building materials, but also in their type of housing and way of life. Kampongs – traditional Indonesian houses – were an example of this on our study trip to Batam and Jakarta in Indonesia.

Along with a wide variety of objectives, touring hospitals was always on the itinerary of study trips for us – the field of design of hospitals and healthcare buildings. This enabled us to explain to students the complex construction of a hospital at the project itself, by using examples as the hospital in Agatharied, Klinikum Benjamin-Franklin in Berlin and Franz-Josef-Spital in Vienna, to name just a few.

Along with buildings, our study trips also repeatedly took us to architecture firms, which gave us an insight into the work of architects and the different approaches of each firm, as well as their spatial office structure. We were also given explanations of projects, the depth of which would otherwise not have been conceivable: in particular, the visit to Zaha Hadid Architects in London, where we gained insights into the designs over the years and therefore also into their development, the tour of the firm 3XN in Copenhagen, where Bo Boje Larsen explained to us some of the firm's projects and answered the students' questions, as well as the visit to Robbrecht en Daem in Ghent, who, along with special architecture, offer a special world of work for their staff, such as a communal area and a specially laid-out garden in the inner courtyard for immersion in a different world and brainstorming. After this visit, the project manager explained to us, on location, the "Market Hall" in Ghent's city centre, which was designed by the office. Its form and position now connects two previously inhospitable city squares. This urban planning solution makes it a special feature.

The study trip to St. Petersburg, as part of a workshop with students from our field and the Saint-Petersburg State University of Architecture and Civil Engineering, facilitated the exchange of knowledge and culture between two universities from different countries. It also clarifies teaching of the understanding of architecture, as well as methods of construction in a different political system, as well as the different dimensions of the construction task.

References are therefore the basis of further development for an architect. They awaken ideas and creativity and highlight solutions that we sometimes would not have thought of ourselves. Creation of ideas on a scale that would have been impossible or very difficult. Constructional solutions to structural challenges each prioritise different design factors that the architect can use for his or her building task. Only by examining a building and its actual three-dimensionality can constructional and functional solutions be implemented.

# WOHNEN

# LIVING

## CHRISTINE NICKL-WELLER

Das Thema „Wohnen" wird vor dem Hintergrund des demografischen Wandels und dem Paradigmenwechsel, der sich beim Bauen für Senioren in den letzten zwei Jahrzehnten abzeichnete, betrachtet. Die „neue" ältere Generation ist aufgrund medizinischer und sozialer Entwicklungen bis ins hohe Alter deutlich mobiler und anspruchsvoller in der Gestaltung des Lebensalltages. Die Unterbringung älterer Menschen in Altenheimen ist nicht mehr zeitgemäß. Pflegeheime werden von geriatrischen Abteilungen in Kliniken abgelöst. Die neue Selbstständigkeit führt dazu, sich mit innovativen Wohnformen und deren sozialem Umfeld auseinander-zusetzen.

Von den Studenten wird eine grundlegende, konzepti-onelle Auseinandersetzung mit dem Thema „Wohnen" erwartet. Unter den Stichworten „Mehrgenerationen-wohnen", „temporäres Wohnen", „familienorientiertes Wohnen", „Integration von Wohnen und Arbeiten" etc. sollen neue Typologien erforscht und erfunden, aber auch bewährte Wohnformen weiterentwickelt werden, um die Ansprüche künftiger (Wohn-)Generationen erfüllen zu können. Vor diesem Hintergrund müssen auch programmatische Ansätze zum Thema urbane Mischung hinterfragt werden. In welcher Form müssen künftige Wohnwelten mit anderen Nutzungen vernetzt werden, um den Bedürfnissen ihrer Bewohner gerecht zu werden?

The theme of "Living" is examined against the back-ground of demographic change and the paradigm shift that has begun to emerge in building for seniors in the last two decades. Because of medical and social developments, the "new" older generation is much more mobile and demanding in shaping their everyday life, up to an advanced age. It is no longer appropriate to accommodate elderly people in old people's homes. Nursing homes are being replaced by geriatric depart-ments in clinics. The new independence leads to dealing with innovative types of housing and their social milieu.

A thorough, conceptual examination of the theme of "Living" is expected from students. They should explore and invent new typologies under the keywords "mul-ti-generational living", "temporary living", "family-ori-ented living" and "integration of living and working", etc., but also further develop tried and tested types of housing, in order to meet the (living) demands of future generations. Against this background, students must also examine programmatic approaches to the theme of urban mixing. In which way must future living environ-ments be linked with other uses in order to satisfy the needs of their residents?

2006

# A OR B
# AUCKLAND

## FREDERIKE JOHNE
## & DANIELA KINZEL

### UP AND DOWN

Nördlich von Auckland/ Neuseeland liegt der Vorort Devonport, der durch seine kleinteilige Bebauung geprägt ist.

Das zu bebauende Grundstück, der Bartley Square, wird bisher als Parkplatz für Supermarktkunden genutzt.

Die Leitidee des Entwurfes ist es, zum einen die Stadtstruktur im Zentrum zu verstärken, was durch einen eingeschossigen Sockel erreicht wird. Zum anderen wird die Kleinteiligkeit der umliegenden Wohnbebauung in den drei Obergeschossen des Gebäudes neu interpretiert.

Das Sockelgeschoss ist öffentlich. In ihm sind mehrere Shops, ein Café, eine Bibliothek, Therapieräume sowie Ateliers untergebracht.

Außerdem bieten drei begrünte Höfe auch in den öffentlichen Bereichen Ruhezonen und sorgen gleichzeitig für die Belichtung der innen liegenden Räume.

### UP AND DOWN

The suburb of Devonport is located to the north of Auckland, New Zealand, and is characterised by small-scale buildings. Bartley Square is the development site, and has been used as a parking lot for supermarket customers up to now.

The primary concept of the design is to consolidate the urban structure in the centre, achieved with the construction of a single-storey, homogenous base.

The fragmented and small-scale nature of the surrounding residential development is reinterpreted in the three upper stories of the building. The single-storey base is open to the public and houses several shops, a café, a library, therapy rooms and workshops.

In addition, three leafy courtyards in the public areas give visitors the opportunity to rest and relax, and also provide natural light to the rooms in the interior.

Every apartment has a separate entrance and private terrace.

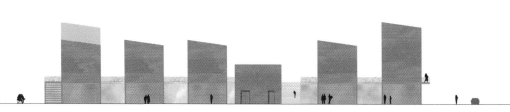

Up and Down. Ansichten
Up and Down. Elevations

Up and Down. Lageplan Auckland,
Neuseeland
Up and Down. Site plan Auckland,
New Zealand

Up and Down. Modell
Up and Down. Model

Up and Down. Grundriss Erdgeschoss
Up and Down. Ground floor plan

2011–2012
SCHINKEL WETTBEWERB SCHINKEL COMPETITION

# TOGETHER FOREVER
# POTSDAM SPEICHERSTADT

## CHRISTINA HAMMINGER
## & FELIX LEINGANG

### UPPER LIVING

Die historische Speicherstadt steht im direkten Kontext mit dem zentralen Bereich des Bahnhofes, dem Brauhausberg und der Uferzone. Wichtig für den Entwurf war eine Verknüpfung zwischen Stadt und Land und die Herausarbeitung deren Potenziale. Der Entwurf findet auf zwei Ebenen statt: Die markante Sockelzone erstreckt sich vom Brauhausberg bis in die Uferzonen der Havel und geht schließlich langsam in ein Wohngebiet über. Der Sockel nimmt viele öffentliche Funktionen auf, die für das Gebiet wichtig sind.

Die zweite Ebene, das Wohngebiet, wird in eine kleinteilige Bebauung gegliedert. Die Verbindung zwischen der Öffentlichkeit und dem Privaten bilden die Atrien, die in die Sockelzone geschnitten werden. Die Blickbeziehungen richten sich zur Havel und zur historischen Altstadt. In weiterer Folge soll sich das Gebiet zum Naherholungszentrum entwickeln. Dazu ist vor allem die Verbindung der Uferzone mit dem Brauhausberg durch die Sockelebene von Bedeutung.

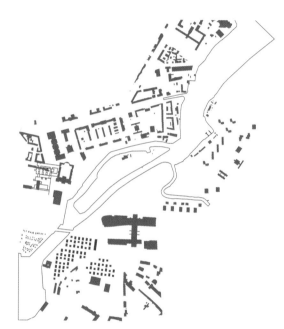

Upper Living. Lageplan Potsdam Speicherstadt
Upper Living. Site plan Potsdam Speicherstadt

Upper Living. Ansichten und Schnitte
Upper Living. Elevations and sections

Upper Living. Blick vom Ufer
Upper Living. View from the water front

## UPPER LIVING

The historic Speicherstadt is in the same context as the central area of the railway station, Brauhausberg and the shore area. Making a link between town and country and exploiting its potential was important for the design. The design was created on two levels: the striking base zone extends from Brauhausberg into the banks of the Havel and then finally slowly transitions into a residential area. The base performs many public functions that are important for the area.

The second level, the living space, is organised into a compartmentalised development. The atria that are divided in the base zone form the link between public and private spaces. The area has views towards the Havel and the historic old town.

The area is ultimately to become a local recreation area. The shore area, in particular, is to be connected with the Brauhausberg by the base level.

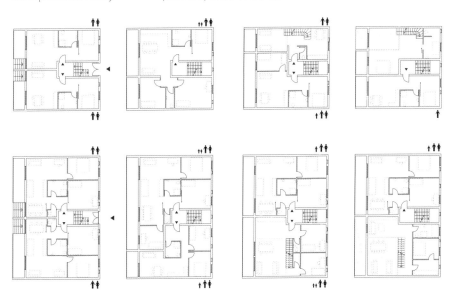

Upper Living. Grundrisse verschiedener Wohnungstypen
Upper Living. Floor plans of the various types of flats

2011–2012 SCHINKEL WETTBEWERB SCHINKEL COMPETITION

# TOGETHER FOREVER
# POTSDAM SPEICHERSTADT

## MARINA KOLOVOU-KOURI
## & FRANK SCHULZE

### WOHNEN AM UFER

Ziel der Arbeit war es, das Gelände aus seinem Dornröschenschlaf zu wecken und für Potsdamer und Gäste zugänglich zu machen. Derzeit ist keine durchgängige Begehbarkeit des Havelufers möglich.

Der erste Schritt im Entwurf beinhaltete daher eine Weiterführung zu dem bereits existierenden Uferweg an der Neustädter Havelbucht. So ist eine durchgehende Erschließung Potsdams innenstädtischer Ufer möglich. Beim Entwickeln der Gebäude wurde besonderer Wert auf eine Durchmischung gelegt. Ansonsten funktionieren alle Grundrisse nach einem einfachen Prinzip: In Boxen sind die Privat- und Sanitärräume untergebracht, während dazwischen die Negativräume die öffentlichen Bereiche ergeben. Es bildet sich ein Raumkontinuum mit vielen Ecken und Nischen mit unterschiedlichen Qualitäten. Die Wohnkuben sind in der Fassade ablesbar und geben somit jedem Bewohner eine „eigene" Adresse.

### LIFE ON THE SHORE

The aim of the work was to awaken the site from its long sleep and make it accessible to Potsdam locals and visitors. It is currently not possible to walk all the way along the banks of the Havel. The first stage in the design therefore involved continuing the existing path at Neustädter Havelbucht. This enables consistent development of Potsdam's inner city shore. When developing the buildings, particular emphasis was placed on creating a mix.

Otherwise, all ground plans work according to a simple principle – private spaces and sanitary areas are accommodated in boxes, while the negative spaces in between form the public areas. A spatial continuum is formed with lots of corners and niches with different qualities. The living cubes are visible in the facades, giving each resident their "own" address.

Wohnen am Ufer. Ansichten und Schnitte
Life on the Shore. Elevations and sections

Wohnen am Ufer. Vogelperspektive
Life on the Shore. Bird's eye view

Wohnen am Ufer. Lageplan Potsdam Speicherstadt
Life on the Shore. Site plan Potsdam Speicherstadt

Wohnen am Ufer. Grundrisse Erdgeschoss
Life on the Shore. Ground floor plans

2007–2008    MASTERARBEIT    MASTER THESIS

# WOHNBRÜCKE IN DUISBURG

## THE PHUONG NGUYEN

Wohnbrücke. Lageplan Duisburg Rheinpark
Habitable bridge. Site plan Duisburg
Rheinpark

Nach dem Motto des fünften Xella Studentenwettbewerbs „Der Weg ist das Ziel" und dem der Stadtplanung Duisburgs „Der Weg ist als Lebensraum zu bezeichnen" sieht das gesamte Entwurfskonzept vor, die zu planende Wohnbrücke als Weg zu sehen. Die Wohnbrücke verbindet die künstliche Landschaft, den Rheinpark am Nordufer, und die natürliche Landschaft, die Aue am Westufer, miteinander. Ziel war es, Räume für das Wohnen, für das Bleiben, für die Bewegung und für die Begegnung auf der neuen Brücke zu schaffen.

Unregelmäßige Grünflächen zwischen den Wohnungen dienen als Sitzecken, Sport- und Spielplätze sowie als Kräuterbeete. Bei der Planung der Wohnbrücke wurde darauf geachtet, unterschiedliche Wohnformen zu integrieren, um ein differenziertes Wohnumfeld zu schaffen. Die gesamte Brücke liegt auf Stahlbetonstäben. Die Konstruktion begleitet die Brücke flussabwärts wie die Holzstelzen eines Steges.

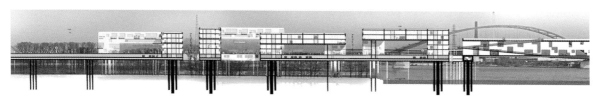

Wohnbrücke. Schnitt
Habitable bridge. Section

Wohnbrücke. Vogelperspektive
Habitable bridge. Bird's eye view

# HABITABLE BRIDGE IN DUISBURG

Following the theme of the fifth Xella Student Competition entitled "The Path is the Destination", and that of the Duisburg urban development authority "Path as Living Space", the overall design concept intends the habitable bridge to be seen as a path: The habitable bridge links the man-made landscape – the Rheinpark on the northern bank – with the natural landscape comprising the floodplains on the west bank.

The aim was to create space for living, relaxing, exercising and socialising on the new bridge. Irregular green areas between the apartments serve as seating areas, sports fields, playgrounds and herbaceous gardens. In planning the habitable bridge, attention was paid to accommodating different housing structures in order to present a varied living environment. The entire bridge rests on reinforced concrete poles, with the construction supporting the bridge suggesting the image of wooden stilts on a footbridge.

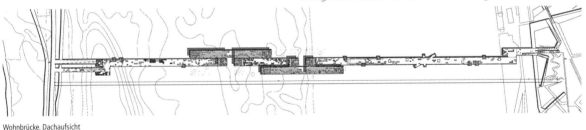

Wohnbrücke. Dachaufsicht
Habitable bridge. View on the rooftop

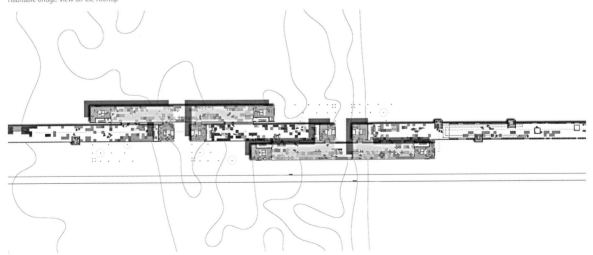

Wohnbrücke. Grundriss Gartenebene
Habitable bridge. Floor plan garden level

Konzeptmodell. Kaiser-Franz-Josef Spital Wien
Concept model. Kaiser-Franz-Josef Spital Vienna

# RAUM & PSYCHE

## SPACE & MIND

# ARCHITEKTURPSYCHOLOGIE IN DER ENTWURFSLEHRE

## TANJA C. VOLLMER

Kann Architektur trösten? Kein Zweifel besteht an der Ausdrucksfähigkeit von Architektur. Allerdings ist dieser Ausdruck nicht immer gleichzusetzen mit dem Eindruck, den sie beim Betrachter hinterlässt. In jedem Augenblick, in dem wir Raum durchschreiten, erfassen wir ihn als Spiegel unserer eigenen Gestimmtheit und Verfassung. Das fühlende und wahrnehmende Subjekt steht in ständigem und untrennbarem Austausch mit dem umgebenden Objekt, dem Raum. In diesem Austausch werden die Informationen nicht eins zu eins übertragen, sondern unterliegen komplexen Filterprozessen, die sich auf körperlicher, geistiger, psychischer und soziokultureller Ebene vollziehen. Ihr Zusammenwirken bestimmt letztendlich das finale Erleben, die Bewertung und Wirkung des Raumes, den Raumeindruck (Abbildung 1). Wenn Studierende diese Essenz verstanden und die Wirkung der Filter durchdrungen haben, steht ihnen ein neuer Weg, jener zum „psychologisch unterlegten Entwerfen" offen. Ein Weg, auf dem Ausdruck und Eindruck einander annähern und demjenigen, der Trost sucht, Trost spendet. Dieser Weg muss jedoch erst geebnet werden, denn bis dato stellt die Integration der Architekturpsychologie in die Entwurfslehre ein Novum an europäischen Universitäten dar.

Als mir im Mai 2016 die Gastprofessur für Architekturpsychologie am Fachgebiet „Architecture for Health" des Instituts für Architektur der TU Berlin übertragen wurde, erschien es mir am wichtigsten, von einer reinen Vermittlung psychologischer Grundlagen und Theorien in der architektonischen Lehre abzusehen. Psychologie soll in meinem Verständnis als das Fach der exzellenten Forschungsmethoden – von qualitativen Interviewtechniken bis hin zur apparativen Verhaltensmessung – verstärkt dazu beitragen, Forschung in der Architektur nicht länger an Nebendisziplinen zu delegieren. Bisher wurde der praktische Entwurfsunterricht als Kern der Architekturausbildung unabhängig von der Forschung gelehrt (Flach & Kurath, 2016)[1]. Christine Nickl-Weller und ich waren uns einig, dass meine am Fachgebiet gelehrte Architekturpsychologie vielmehr die Chance einer modernen interdisziplinären und forschungsorientierten Lehre nutzen sollte. Für mich steht diese Herangehensweise auch in der Verantwortung, die architektonische Lehre auf die Anforderungen einer sich wandelnden Zukunft von kultureller und gesellschaftlicher Veränderung sowie rasant anwachsendem Wissen anzupassen. Vor allem im Bereich der Gesundheitsbauten, in denen die Forderung nach einem evidenzbasierten Design immer lauter wird, sprich einer Beweisbarkeit der Effekte von Architektur auf die Gesundheit der Menschen, hält Architekturpsychologie die methodischen und Verständnisgrundlagen dieses neuen Denkens bereit und befähigt Architekturstudierende, sich künftig stärker aktiv gestalterisch und forschend an innovativen Entwicklungen und dem interdisziplinären Diskurs im Gesundheitswesen zu beteiligen.

Im Zentrum meiner Lehre am Fachgebiet „Architecture for Health" steht daher neben der in Abbildung 1 dargestellten Filtertheorie das in Abbildung 2 dargestellte Navigramm, das drei Felder interdisziplinärer Zusammenarbeit aufspannt und den Zusammenhang von Architektur und Gesundheit kategorial betrachtet: 1. Als Präventiv-Architektur, sprich eine solche, die dem Menschen hilft, gesund zu bleiben. Um diese Räume und gebauten Strukturen entstehen zu lassen, ist es unabdingbar, unter anderem menschliches Gesundheits- und Risikoverhalten besser zu verstehen. 2. Als Kurativ-Architektur, sprich eine solche, die direkten Einfluss auf die Gesundwerdung kranker Menschen nimmt. Ein tiefgründiges Krankheits- und Krankheitsverarbeitungsverständnis muss hier vermittelt werden, um veränderte Bedürfnisse Kranker im Entwurf aufgreifen zu können und so Umgebungen zu schaffen, die unterstützend wirken. 3. Als (Re)Kreativ-Architektur, sprich eine solche,

# ARCHITECTURAL PSYCHOLOGY IN DESIGN EDUCATION

Can architecture provide comfort? There is no doubt about the expressiveness of architecture. However, this expression does not always equate to the impression that it makes on the observer. Every time we walk through a space, we grasp it as a mirror of our own mood and state of mind. The feeling and perceiving subject is in constant and inextricable dialogue with the surrounding object, i.e. the space. Information in this dialogue is not communicated directly, but subject to complex filtering processes that take place on a physical, spiritual, psychological and socio-cultural level. Their interaction ultimately determines the final experience, the assessment and effect of space, the impression a space makes (Fig. 1). When students have understood this essence and succeeded in getting through the effect of the filters, a new path opens up to them, that of "psychologically-supported design". It is a path, on which expression and impression become closer together, and that gives comfort to those who seek it. However, this path first needs to be paved, because integrating architectural psychology into design education is so far a novel concept at European universities.

When I was appointed visiting professor of architectural psychology in the field of "Architecture for Health" at the Institute for Architecture at TU Berlin in May 2016, the most important thing seemed to be to not purely teach psychological principles and theories in architecture education. Psychology, according to my understanding of it as a discipline with excellent research methods – from qualitative interview techniques to instrumental behavioural measurement – should contribute more to research in architecture instead of delegating it to secondary disciplines. Practical design had so far been taught as a core of architectural training, independent from research (Flach & Kurath, 2016)[1]. Christine Nickl-Weller and I agreed that the architectural psychology I was teaching at the faculty should instead

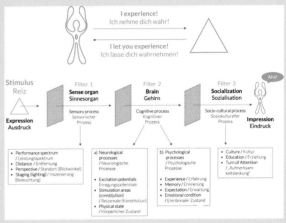

Abb. 1: Erklärungsmodell zur Filtertheorie und der Divergenz von räumlichem Ausdruck und menschlicher Wahrnehmung (Eindruck) © kopvol architecture & psychology 2016
Fig. 1: Model explaining filter theory and divergence from spatial expression and human perception (impression) © kopvol architecture & psychology 2016

use the opportunity of modern, interdisciplinary and research-orientated education. For me, this approach is also part of the responsibility of adapting architecture education to the requirements of a changing future of cultural and societal change, as well as rapidly growing knowledge. In the area of healthcare buildings, in particular, where demand for evidence-based design, i.e. provability of the effects of architecture on people's health, is growing ever louder, architectural psychology has at hand the methodical bases and bases of understanding this new way of thinking. It enables architecture students to more actively shape and research innovative developments and interdisciplinary discourse in healthcare.

My teaching at the "Architecture for Health" faculty therefore focuses on the navigram in Figure 2, in addition to the filter theory presented in Figure 1. It spans three fields of interdisciplinary collaboration and considers the link between architecture and health categorially: 1. As preventive architecture, i.e. architecture

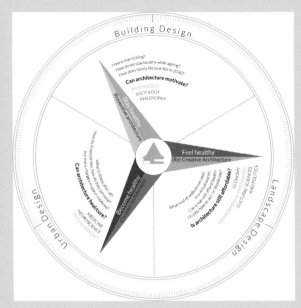

Abb. 2: Navigramm. Die drei Bereiche der Gesundheitsbauten-Architektur in ihrer dynamischen Ausrichtung zu Forschungsfragen und Interdisziplinarität © kopvol architecture & psychology 2016
Fig. 2: Navigram. The three areas of the architecture of healthcare buildings in their dynamic alignment to research questions and interdisciplinarity © kopvol architecture & psychology 2016

die dem Menschen das Gefühl hoher Lebensqualität, oder anders gesagt, ein „Wohlgefühl" vermittelt. Dieser Bereich schließt die Vermittlung von Aspekten aus der Persönlichkeits- und Sozialpsychologie ein und befasst sich mit den Grundlagen menschlicher Wahrnehmung. Das Navigramm ist dynamisch aufzufassen: Jede der klassischen Architekturdisziplinen (Hochbau, Städtebau, Landschaftsarchitektur) kann unter bestimmten Betrachtungswinkeln mit den drei Gesundheitsarchitekturbereichen in Bezug gesetzt werden.

Den Zusammenhang von Architektur und Psychologie beschreibt 1886 erstmals der Kunsthistoriker und Philosoph Heinrich Wölfflin als folgt: „Die Psychologie der Architektur hat die Aufgabe, die seelischen Wirkungen, welche die Baukunst mit ihren Mitteln hervorzurufen imstande ist, zu beschreiben und zu erklären."[2] Die moderne Architekturpsychologie hat einerseits diese Sicht in Form von Wirksamkeitsstudien aufgegriffen[3] und zu einem eigenen Lehr- und Forschungszweig erklärt[4]. Andererseits hat sie diese einseitige Betrachtung verlassen und setzt sich verstärkt ein, die Erkenntnisse aus der Zusammenhangsforschung in die Gestaltung von Räumen und Gebäuden aktiv einfließen zu lassen[5]. Die dazugehörige Entwurfsrichtung fasst man inzwischen als Evidence-based Design (EBD) zusammen, aus der die Psychologie beziehungsweise ein tief greifendes Verständnis des Zusammenhangs von Raum und Psyche nicht mehr wegzudenken sind.

Die nachfolgend gezeigten Seminararbeiten Studierender dokumentieren fragmentarisch einen solchen „psychologisch unterlegten" EBD-Prozess. Erklärtes Lernziel des nur vier Semesterwochenstunden umfassenden Bachelor-Seminars „Architektur & Psychologie" ist eine wissenschaftlich angelegte Selbstexploration architekturpsychologischer Inhalte und Methoden, die schließlich zum Entwurf führt. Dabei durchlaufen die

Studierenden fünf Phasen: 1. Literaturanalyse, 2.Selbstexploration, 3. Faktorenanalyse, 4. Rollentausch und 5. Evidence-based Design. In der letzten Phase lautet die Aufgabe: Entwerfe ein Cabanon für deinen Kommilitonen/Kunden. Siedle diesen im Bereich der Präventiv-Architektur an, heißt, eine Behausung, die dem Kunden hilft, gesund zu bleiben. Auf kleinster Fläche und auf das Wesentliche reduziert, dient die Behausung einem zeitlich begrenzten Aufenthalt. Wichtig ist, dass das Cabanon auch in der Lage ist, Identität zu stiften, heißt, die individuellen Ausprägungen der Kundenbedürfnisse, die in Phase vier wissenschaftlich ermittelt wurden, zu verbilden.

1   Anna Flach & Monika Kurath. Die Architektur als Forschungsdisziplin. Ausbildung zwischen Akademisierung und Praxisorientierung. Archithese (2) 2016. Seite 72-80.
2   Heinrich Wölfflin. *Prolegomena zu einer Psychologie der Architektur.* Neuausgabe aus dem Original von 1886. Berlin 1999. Seite 7.
3   Vgl. David Canter. *Architekturpsychologie. Theroie, Laboruntersuchungen, Feldarbeit.* Aus dem englischen Original von 1970. Düsseldorf 1973.
4   Vollmer, T.C. & Koppen, G.: *Die Erkrankung des Raumes: Raumwahrnehmung im Zustand körperlicher Versehrtheit und deren Bedeutung für die Architektur.* München 2010.
5   Vollmer, T.C., Vraetz, T., Koppen, G., Niemeyer, C. (2017): Evidenz basiertes design und Patientenorientierung in der Kinder- und Jugendklinik Freiburg. In: Nickl-Weller, C., Matthys, S. (Hrsg.). *Health Care der Zukunft 6.* Berlin 2017.

that helps people to stay healthy. Gaining a better understanding of e.g. human health and risk behaviour is essential in order to be able to create these spaces and buildings. 2. As curative architecture, i.e. architecture that has a direct influence on peoples' recovery from illness. In curative architecture, an in-depth understanding of disease and coping with disease needs to be conveyed, in order to be able to incorporate the changed needs of patients into the design and to create surroundings that have a supportive effect. 3. As (re) creative architecture, i.e. architecture that conveys to people the feeling of a high quality of life or, to put it another way, a "sense of well-being". This area includes teaching aspects of personality and social psychology and deals with principles of human perception. The navigram is to be understood dynamically: each of the classic sub-disciplines of architecture (building design, urban development and landscape architecture) can be related to the three areas of architecture in healthcare, from certain perspectives.

The link between architecture and psychology was first described by art historian and philosopher Heinrich Wölfflin in 1886, as follows: "the role of architectural psychology is to describe and explain the mental impact that architecture and its methods are capable to cause."[2] On the one hand, modern architectural psychology has picked up on this view in the form of efficacy studies[3] and made it into its own branch of teaching and research[4]. On the other hand, it has developed further from this one-sided view and tries harder to actively incorporates the scientific results into designing spaces and buildings[5]. The associated design direction is now summarised as evidence-based design (EBD) which is hard to imagine without psychology or an in-depth understanding of the correlation between "space and psyche".

The students' seminar results shown on the next pages document in fragmentary form this kind of "psychologically-supported" EBD process. The stated educational aim of the "Architecture & Psychology" bachelor seminar, which amounts to just four semester credit hours per week, is a scientific self-exploration of architectural psychology content and methods that eventually results in the design. During the course students go through five phases: 1. Literature analysis, 2. Self-exploration, 3. Factor analysis, 4. Role reversal and 5. Evidence-based design. The task in the last phase is: Design a Cabanon for your fellow student/client. Position it in the field of preventive architecture, i.e. a dwelling that will help the client to stay healthy. Pared down to the smallest area and to the essentials, the dwelling will only be used for a short time. At the same time it is important that the Cabanon is also able to establish identity, i.e. to reflect the individual expressions of the client's needs that were scientifically determined in phase four.

1    Anna Flach & Monika Kurath. Die Architektur als Forschungsdisziplin. Ausbildung zwischen Akademisierung und Praxisorientierung. Archithese (2) 2016. Page 72-80.
2    Heinrich Wölfflin. Prolegomena zu einer Psychologie der Architektur. New edition from the original from 1886. Berlin 1999. Page 7.
3    Cf. David Canter. Psychology for Architects Theory, laboratory studies and field work. From the original English from 1970. Düsseldorf 1973.
4    Vollmer, T.C. & Koppen, G.: Die Erkrankung des Raumes: Raumwahrnehmung im Zustand körperlicher Versehrtheit und deren Bedeutung für die Architektur. Munich 2010.
5    Vollmer, T.C., Vraetz, T., Koppen, G., Niemeyer, C. (2017): Evidenz basiertes design und Patientenorientierung in der Kinder- und Jugendklinik Freiburg. In: Nickl-Weller, C., Matthys, S. (Pub.). Health Care der Zukunft 6. Berlin 2017.

2016–2017     ARCHITEKTUR & PSYCHOLOGIE ARCHITECTURE & PSYCHOLOGY

# MASCHAS CABANON
# BERLIN VIKTORIAPARK

## CAROLINA GRUHN, KATJUSCHKA OWUSU & YANYI HUA

Maschas Cabanon befindet sich an der Quelle eines Wasserfalls im Viktoriapark in Kreuzberg, Berlin. Der zweigeschossige Rundbau von etwa 15 Quadratmetern soll einen kompakten und persönlichen Wohn- und Arbeitsraum schaffen.

Der Entwurf zu Maschas Cabanon basiert auf einer intensiven Auseinandersetzung mit dem Wohlfühlort in Berlin unserer Kundin Mascha Babkina, den sie selbst skizzierte und beschrieb. Der Wohlfühlort von Mascha befindet sich im Deutschen Historischen Museum in Berlin-Mitte. Besonders gerne hält sie sich im gewendelten Treppenhaus auf.

Um zu erreichen, dass die Kundin sich im Cabanon wohlfühlt, wurden alle Maße an ihre Größe angepasst. Die Funktionsverteilung wurde ebenfalls speziell für sie persönlich mit einem künstlerisch kreativen Charakter geplant, denn sie ist selber sehr kreativ und zeichnet gerne. Interessant und im Entwurf beachtet ist auch, dass die Kundin eine introvertierte Seite hat, sich aber trotzdem sehr für das Stadtleben interessiert. Durch die Wendeltreppe als Aufenthaltsfläche, eine große Fensterfläche und die verspiegelte Fassade hat sie immer selbst die Wahl, die Stadt oder die Natur zu beobachten. Der Cabanon-Entwurf ermöglicht Mascha folglich eine flexible und ihrer Persönlichkeit gewidmete Nutzung.

Mascha's Cabanon is at the source of a waterfall in Viktoriapark in Kreuzberg, Berlin. The two-storey circular building, measuring around 15 square metres, is supposed to create a compact and personal living and work space.

The design for Mascha's Cabanon is based on an intensive examination of the personal space of well-being in Berlin of the client, Mascha Babkina, that she sketched and described herself. Mascha's personal space of well-being is in the Deutsches Historisches Museum in Berlin-Mitte. She especially likes to spend time on the spiral staircase.

All dimensions are adjusted to her size, so that the client felt comfortable in the Cabanon. The distribution of functions was also planned especially for her with an artistic, creative character, because she herself is very creative and loves to draw. It is interesting that the client has an introverted side, but is still very interested in city life. This was also taken into account. With the spiral staircase as somewhere to spend time, a large window area and the mirrored facade, she always has the choice between observing the city or nature. The Cabanon design therefore gives Mascha flexibility of use that is completely suited to her personality.

Maschas Cabanon. Schnitte
Mascha's Cabanon. Sections

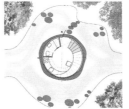
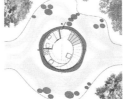

Maschas Cabanon. Grundrisse EG und OG
Mascha's Cabanon. Ground and upper floor plans

Mein persönlicher Wohlfühlort in Berlin. Handskizze von Mascha Babkina („Kundin"), Bachelor-Studentin an der TU Berlin 2017
My personal space of well-being in Berlin. Freehand sketch by Mascha Babkina ("client"), Bachelor student at TU Berlin 2017

Maschas Cabanon. Perspektiven vom Außenraum und vom Innenraum
Mascha's Cabanon. Views from interior and exterior

Maschas Cabanon. Funktionales Innenraumschema
Mascha's Cabanon. Functional interior diagram

2016–2017    ARCHITEKTUR & PSYCHOLOGIE  ARCHITECTURE & PSYCHOLOGY

# EBERSWALDER ESCAPE
# BERLIN EBERSWALDER STRASSE

## GERD KAY MARKVARD & TAREK DWEIDARI

Eberswalder Escape ist ein „One-man" Studio, das sich direkt an der pulsierenden Eberswalder-Kreuzung in Berlin befindet. Das Studio ist ein Ort, an den man vor der Hektik des Alltags flüchten kann, sich zurückzieht und seine Kreativität fördert, während man gleichzeitig doch auch im Zentrum der Stadt bleibt. Ein Ort, an dem man das Leben auf den Straßen beobachten kann und sich davon inspirieren lässt.

Der U-Bahnhof Eberswalderstraße ist eine Hochbahnstation im Ortsteil Prenzlauer Berg in der Nähe einer großen Straßenkreuzung. Diese Kreuzung beschrieb der Kunde Sebastian Gubernatis als seinen Wohlfühlort und begründete dies mit: "[…] weil es hier viel Leben gibt, die Straßen und die zahlreichen Geschäfte sind tagelang voll. Bahnen, Trams und Fahrräder fahren ständig vorbei. Man sieht in die verschiedensten Gesichter und hat das stete Gefühl einer geschäftigen Stadt […]."

Da der Kunde im Gegensatz zu den Architekten selbst die Hektik und Lebendigkeit der Großstadt eingefangen wissen wollte, gestaltete es sich als schwierig, einen solchen Ort zu schaffen, der von den eigenen Bedürfnissen ziemlich entfernt war. Gleichzeitig liebten die Architekten die Herausforderung, den Wunsch nach Hektik mit dem nach einer ruhigen Cabanon-Atmosphäre sowie nach Privatheit und Anonymität zu verbinden und im Entwurf umzusetzen. Wichtig war dabei, dass der Kunde neben der Anonymität, in die er eintaucht, die Umgebung deutlich fühlt und der Baukörper genau dies zulässt.

Eberswalder Escape is a "one-man" studio, located right next to the lively Eberswalder crossing in Berlin. It is somewhere to escape the hectic pace of everyday life, to retreat and nurture your creativity, while still remaining in the city centre. Somewhere to watch the world go by on the streets and take inspiration from it.

Eberswalderstraße underground station is an elevated station in the district of Prenzlauer Berg, near a large intersection. The client, Sebastian Gubernatis, described this intersection as his personal space of well-being "[…] because it is full of life. The streets and the many shops are packed all day long. There are always trains, trams and bikes going by. You look at the different faces and you always have the feeling that it's a bustling city […]".

Because, unlike the architects, the client wanted to capture the hustle and bustle and liveliness of the big city, it was not easy to create a place that was rather different from their own needs. At the same time, the architects loved the challenge of combining the desire for a hectic pace with the desire for a peaceful Cabanon atmosphere, as well as for privacy and anonymity, and bringing them together in the design. It was important that the client could clearly feel his surroundings, as well as the anonymity that he immersed himself in, and that the building allowed this.

Mein persönlicher Wohlfühlort in Berlin. Handskizze Eberswalder Gleisdreieck von Sebastian Gubernatis („Kunde"), Bachelor-Student an der TU Berlin 2017
My personal space of well-being in Berlin. Freehand sketch Eberswalder Glass Triangle by Sebastian Gubernatis ("client"), Bachelor student at TU Berlin 2017

Eberswalder Escape. Lageplan
Eberswalder Escape. Site plan

Eberswalder Escape. Schnitt
Eberswalder Escape. Section

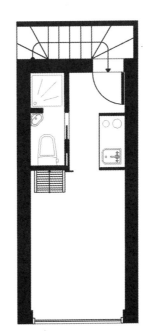

Eberswalder Escape. Grundrisse
Eberswalder Escape. Plans

Eberswalder Escape. Piktogramm zum Verortungskonzept
Eberswalder Escape. Pictogram of the location concept

# PANORAMA CUBE
# BERLIN TEMPELHOFER FELD

## KONRAD HEDEMANN & CHRISTOPHER L. MATZ

Der Panorama Cube steht mit seiner monolithischen Erscheinung wie ein Fels in der Brandung gegen den alltäglichen Lebensstress und die Anspannung. Um dies zu unterstreichen und dennoch eine einladende Wärme auszustrahlen, ist er aus einem graubraunen Naturstein gefertigt, der vor allem im Innenraum zur Geltung kommt.

Der Entwurf des Panorama Cubes basiert auf einer intensiven Auseinandersetzung mit dem Berliner Wohlfühlort der Kundin Gerd Kay Markvard, den sie selbst skizzierte und beschrieb: „First of all it´s the size and the space (360-degree view) – it´s not a park full of trees etc, but it´s actually very spacious, empty and wide: The Tempelhofer Feld! [...] For me it´s about nature, freedom/feeling free, being active, finding peace and quiet.[...]" Die Kundin hat ihren Wohlfühlort, das Tempelhofer Feld, in einer weitwinkligen Panorama-ansicht gezeichnet. Der

Blick erstreckt sich über die ganze Weite des Feldes, links und rechts die Lande- beziehungsweise Startbahn des alten Flughafens. In der Ferne kann man schemenhaft ein paar Menschen erkennen.

Hier ein Cabanon zu gestalten, bringt einige Schwierigkeiten mit sich, da es kaum einen städtebaulichen Kontext gibt. Eine Entscheidung musste getroffen werden, ob sich das Cabanon eher verstecken oder präsentieren soll. Der Entwurf des Cabanons integriert viele Gegensätze: Die Freiheit und den Rückzug sowie die Aktivität und die Erholung.

Panorama Cube. Totalansicht
Panorama Cube. Full view

Mein persönlicher Wohlfühlort in Berlin. Handskizze von Gerd Kay Markvard („Kundin"), Erasmus-Studentin an der TU Berlin 2017
My personal space of well-being in Berlin. Freehand sketch by Gerd Kay Markvard ("client"), Erasmus student at TU Berlin 2017

Panorama Cube. Ansichten. Von links nach rechts: Seiten-, Vorder-, Seiten- und Rückenansicht
Panorama Cube. Elevations 1:50. From left to right: side, front, side and back view

With its monolithic appearance, the Panorama Cube withstands the stress and tension of everyday life, like a rock stands steadfastly against breaking waves. In order to emphasise this, but to still radiate an inviting warmth, it has been made from greyish brown natural stone that is especially shown to its best advantage inside.

The design of the Panorama Cube is based on an intensive examination of the personal space of well-being in Berlin of the client, Gerd Kay Markvard, that she sketched and described herself – "First of all it's the size and the space (360-degree view) – it's not a park full of trees etc, but it's actually very spacious, empty and wide – the Tempelhofer Feld! [...] For me it's about nature, freedom/feeling free, being active, finding peace and quiet. [...]" The client has drawn her feel-good place, Tempelhofer Feld, from a wide-angled, panoramic perspective.

The view takes in the entire width of the Feld, with the take-off and landing runways of the old airport to the left and right. You can make out the outline of a few people in the distance.

Designing a Cabanon is also not without its difficulties, because there is hardly any town-planning context. A decision had to be made as to whether the Cabanon should be concealed or whether it should present itself. The design of the Cabanon integrates many contrasts: Freedom and somewhere to retreat, as well as activity and relaxation.

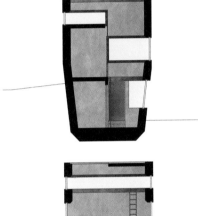
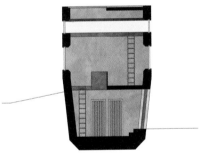

Panorama Cube. Schnitte AA und BB
Panorama Cube. Sections AA and BB

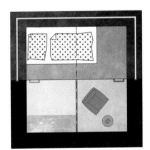

Panorama Cube. Grundrisse EG, MG und OG
Panorama Cube. Ground plans ground storey, middle storey and upper storey

# WISSENSTRANSFER

## KNOWLEDGE TRANSFER

# THE NEED FOR KNOWLEDGE TRANSFER

## COR WAGENAAR

It is impossible for any one person to know everything there is to know about hospitals. It isn't even imaginable that there is one specific scientific discipline that can cover the entire field. The principal reason is the complexity of the building's use, or "function", as architects would say. There are numerous ways to define buildings. One can refer to their style, construction technologies, the characteristics they derive from the period that produced them, or regional peculiarities. Only since the middle of the 18th century, a building's use has become a major issue. Scientific views and methods began to inspire architects to distinguish new functions, explore the specific requirements of these functions, and design custom-made buildings that perfectly matched these requirements. The term "building type" was coined to identify buildings by way of their function – disregarding all other qualities. In the history of architecture, hospitals represent the very first building type, followed by prisons and industrial buildings (notably mines). And this brand-new type was the result of transferring knowledge from fields that had very little in common with architecture or medicine.

The identification of the hospital as a specific building type was nothing short of revolutionary. It called for a clear definition of its function, which was defined as a "healing machine", a contraption that should contribute to healing its patients. Though the term hospital existed before, its precursors were institutions of social support and charity, and could do very little to help patients to get better. The second condition that needed to be met was the definition of the functional requirements a hospital should meet in order to fulfill its task. Here, another revolutionary phenomenon occurred: the architects realised that in architecture itself there were no precedents for what was needed now. Likewise, medical doctors could find nothing in their discipline that could help the architects to design a hospital fit for its function. They

would normally visit their patient at home, and there they would find everything they needed.

If neither the accumulated expertise of architecture nor medical expertise could inspire the kind of building that was needed, where else to look for relevant expertise? There was widespread consensus that the best way to help cure patients was to provide them with fresh air: hospitals had to be designed as air conditioners. This called for expertise in climate control. Where to find them? Two phenomena were identified where air conditioning, regulating the steady flow of fresh air and air temperature were essential: greenhouses, and the mining industry. So, the knowledge and expertise from those domains should be transferred to hospital architecture. Thus, the first hospital types took either the shape of huge ventilators or of a collage of separate buildings (pavilions) in a green setting. They were inspired by knowledge outside their own field – they were the result of successful processes of knowledge transfer.

Since those early days, many things have changed, but the need for knowledge transfer has never been more urgent than today. What was expressed in rather simple, but effective terms 250 years ago is now couched in a professional vocabulary that reflects the evolution of architecture, public health, hospital management and medicine. When discussing the efficiency of hospitals, "performance" has become a key issue. There is an avalanche of scientific studies that analyse a building's energy efficiency, its sustainability, financial issues related to real estate value. Research into the performance of hospitals adds a dimension that is unique for this type of building: performance in terms of the impact on the health conditions of its patients. The way hospitals perform in this respect is determined by several aspects that architects can hardly change. Health systems determine the accessibility of hospitals – who

# ÜBER DIE NOTWENDIGKEIT VON WISSENSTRANSFER

## COR WAGENAAR

Für eine einzelne Person ist es unmöglich, alles über Krankenhäuser zu wissen. Es ist nicht einmal vorstellbar, dass es eine spezifische wissenschaftliche Disziplin gibt, die den gesamten Bereich abdecken kann. Der Hauptgrund ist die Komplexität der Gebäudenutzung, oder der „Funktion", wie ein Architekt sagen würde. Es gibt zahlreiche Wege, Gebäude zu definieren. Man kann sich auf ihren Stil, die Bautechnik, die Eigenschaften aus der Epoche, der sie entstammen, oder auf regionale Eigenheiten beziehen. Erst seit Mitte des 18. Jahrhunderts rückte die Nutzung eines Gebäudes in den Vordergrund. Wissenschaftliche Ansichten und Methoden begannen, Architekten zu inspirieren, um neue Funktionen zu unterscheiden, spezifische Anforderungen dieser Funktionen zu erforschen und maßgeschneiderte Gebäude zu entwerfen, die perfekt auf diese Anforderungen passten. Der Begriff „Gebäudetyp" wurde zur Identifizierung von Gebäuden nach deren Funktion geprägt – unabhängig von allen anderen Qualitäten. In der Geschichte der Architektur repräsentieren Krankenhäuser den allerersten Gebäudetyp, gefolgt von Gefängnissen und Industriegebäuden (insbesondere Minen). Und dieser brandneue Typ war das Ergebnis des Wissenstransfers aus Bereichen, die mit der Architektur oder Medizin nur ganz wenig gemeinsam hatten.

Die Identifikation des Krankenhauses als spezifischer Gebäudetyp hatte etwas Revolutionäres. Sie verlangte eine klare Definition der Funktion, die als „Heilmaschine" bezeichnet wurde, oder als Vorrichtung, die zur Heilung von Patienten beitragen sollte. Auch wenn der Begriff Hospital schon zuvor existierte, waren seine Vorläufer Institutionen der sozialen Unterstützung und Wohlfahrt und konnten nur sehr wenig zur Genesung von Patienten beitragen. Der zweite Umstand, der erfüllt werden musste, war die Definition der funktionalen Anforderungen, die ein Krankenhaus erfüllen musste, um seinen Aufgaben nachzukommen. Hier entstand ein weiteres, revolutionäres Phänomen: Die Architekten erkannten, dass es in der Architektur selbst keine Vorgänger für das gab, was jetzt gebraucht wurde. Ähnlich konnten die Ärzte nichts in ihrer Disziplin finden, was den Architekten bei der Entwicklung eines funktionstüchtigen Krankenhauses helfen konnte. Normalerweise besuchten sie ihre Patienten zu Hause, wo sie alles vorfanden, was gebraucht wurde.

Wenn weder das akkumulierte Fachwissen der Architektur noch der Medizin die Art von Gebäude inspirieren konnte, die gebraucht wurde, wo sollte man sonst noch nach dem relevanten Fachwissen suchen? Es bestand ein weitgehender Konsens darin, dass man Patienten am besten heilen konnte, wenn man sie mit frischer Luft versorgte: Krankenhäuser mussten also als Luftkonditionierer entwickelt werden. Das verlangte nach Experten in der Klimasteuerung. Aber wo sollte man die finden? Zwei Phänomene wurden identifiziert, wo eine Luftkonditionierung, eine Regulierung des stetigen Flusses von Frischluft und die Lufttemperatur essenziell waren: Treibhäuser und die Bergbauindustrie. Das Wissen und die Erfahrung aus diesen Bereichen sollten also in die Krankenhausarchitektur einfließen. Somit nahmen die ersten Krankenhaustypen entweder die Form von riesigen Ventilatoren an, oder sie bildeten eine Collage aus separaten Gebäuden (Pavillons) in einer grünen Umgebung. Ihre Architektur wurde durch das Wissen aus einem fachfremden Bereich inspiriert – sie waren das Ergebnis erfolgreicher Prozesse des Wissenstransfers.

Seit diesen frühen Tagen haben sich viele Dinge verändert, aber die Notwendigkeit des Wissenstransfers war noch nie so dringlich wie heute. Was vor 250 Jahren auf eher einfache, aber effektive Weise ausgedrückt wurde, wird heute in ein professionelles Vokabular gepresst, das die Evolution von Architektur, öffentlicher Gesundheit, Krankenhausmanagement und Medizin reflektiert. Bei

can afford to go there? Hospital managers may organise their hospital in various ways, based on or ignoring care pathways, promoting translational working methods or overlooking them, creating networks of various types of medical facilities or sticking to the traditional large-scale institution. Although these factors partly define the type of hospital that is being built, the designers are usually not involved in the decision making processes behind these choices.

Architects do make their own decisions, and these also have an impact on the performance of hospitals. They have to think of solutions that accommodate the medical processes. These require well-designed sequences of functional spaces, linking various stages of the therapies a patient will be subjected to. Their choices will determine how often patients need to be transported from one room to another, for instance. (Now there is strong trend to minimise transportation and organise as many medical processes around the patient as are medically feasible.) The architectural layout is decisive: the division in functional zones, the main traffic structure, the distinction between flows of people (staff, patients,

outpatients, and visitors), the flows of food, the medical equipment. Sustainability has become a standard requirement – though there are no direct effects on health outcomes, there is no doubt that in the long run sustainable solutions do contribute to public health.

In practice, another type of indirect impact on the performance of hospitals takes effect immediately. We refer to the capacity of architecture to influence how people experience a building, how they feel, what emotions are triggered, to what extent stress is reduced. In this case, the patient's mind acts as an interface between design decisions and medical outcomes. The way this works is investigated by numerous scientific disciplines: psychology, environmental psychology, sociology, ergonomics, and many others. The phenomenon of evidence-based design has become a common denominator of this type of scientific research, but it cannot claim to have a monopoly. Since neither architects nor medical professionals can be expected to accumulate in-depth knowledge in all these fields, applying the findings of this very broad domain necessitates continuous processes of knowledge transfer.

der Diskussion um die Effizienz von Krankenhäusern ist „Leistung" zum Schlüsselwort geworden. Es gibt eine Flut von wissenschaftlichen Studien, welche die Energieeffizienz eines Gebäudes, seine Nachhaltigkeit oder finanzielle Fragen in Bezug auf den Immobilienwert analysieren. Die Forschung hinsichtlich der Leistung von Krankenhäusern verleiht dem Ganzen eine Dimension, die für diesen Gebäudetyp einzigartig ist: Leistung in Sachen Wirkung auf den Gesundheitszustand der Patienten. Die Weise, wie Krankenhäuser in dieser Hinsicht funktionieren, wird durch verschiedene Aspekte festgelegt, die Architekten kaum verändern können. Gesundheitssysteme legen die Zugänglichkeit von Krankenhäusern fest – wer kann es sich leisten, dorthin zu gehen? Krankenhausmanager können ihr Krankenhaus auf verschiedene Weise organisieren, basierend auf Behandlungspfaden oder diese ignorierend, durch Förderung oder Übersehen von translatorischen Arbeitsmethoden, durch Schaffen von Netzwerken unterschiedlicher Arten von medizinischen Einrichtungen oder durch Festhalten an der traditionellen Institution im großen Rahmen. Auch wenn diese Faktoren teilweise die Art des Krankenhauses definieren, das es zu bauen gilt, werden die Designer für gewöhnlich nicht in die Entscheidungsfindungsprozesse eingebunden, die hinter dieser Organisation stecken.

Architekten treffen ihre eigenen Entscheidungen, und die haben auch eine Wirkung auf die Leistung des Krankenhauses. Sie müssen Lösungen erdenken, die Raum für die medizinischen Prozesse schaffen. Diese erfordern wohl entwickelte Sequenzen funktioneller Räume, wobei verschiedene Therapiephasen, die ein Patient durchläuft, verknüpft werden. Ihre Entscheidung legt zum Beispiel fest, wie oft Patienten von einem Raum zum nächsten transportiert werden müssen. (Heute gibt es einen starken Trend zur Transportminimierung und zum Organisieren vieler medizinischer Prozesse rund um den Patienten, sofern medizinisch machbar.) Das architektonische Layout ist entscheidend: die Unterteilung in funktionale Zonen, die Hauptverkehrsstruktur, die Unterscheidung zwischen Menschenströmen (Belegschaft, Patienten, ambulante Patienten und Besucher), der Nahrungsmittelfluss, die medizinischen Geräte. Nachhaltigkeit wurde zur Standardanforderung – und auch wenn sie keine direkte Auswirkung auf die Gesundheit hat, besteht kein Zweifel darin, dass langfristig nachhaltige Lösungen zur öffentlichen Gesundheit beitragen.

In der Praxis nimmt eine andere Art von indirekter Wirkung sofortigen Einfluss auf die Leistung eines Krankenhauses. Wir beziehen uns hier auf die Fähigkeit der Architektur, Menschen darin zu beeinflussen, wie sie ein Gebäude wahrnehmen, wie sie sich darin fühlen, welche Emotionen ausgelöst werden, in welchem Maß der Stress reduziert wird. In diesem Fall agiert der Geist eines Patienten als Schnittstelle zwischen Designentscheidungen und medizinischen Ergebnissen. Wie das

In a domain as varied and complex as hospital architecture, knowledge transfer may be vital – it is also very difficult. Although the number of terms invented to promote this type of transfer constantly grows – multidisciplinary, transdisciplinary, translational ways of working, for instance – it often requires a huge effort to create a shared language that allows different professionals to at least gain a basic understanding of what their colleagues in other fields are doing. Realizing that knowledge transfer is indispensable, but also complex, facilitating and promoting it has become a major concern. It is also a urgent component of the mission of the European Network Architecture for Health (ENAH), which aims at connecting all research based and scientific endeavors in the field, stimulating further research and education. The network specifically wishes to promote and facilitate the interaction between public health experts with planners and designers to together assess, propose, develop, implement and evaluate all phases of health and healthcare projects. The network wants to break down the barriers between design and science, reach out across national boundaries (usually defined by national political and legal systems), and the scientific cultures in a myriad of disciplines that should contribute to making better hospitals and healthier cities. Ultimately, ENAH is an international knowledge transfer hub, acknowledging that this has been a condition for healing architecture since the emergence of the very first healing hospitals.

funktioniert, wird in zahlreichen wissenschaftlichen Disziplinen untersucht: Psychologie, Umweltpsychologie, Soziologie, Ergonomie und vielen anderen. Das Phänomen des Evidence-based Design wurde zu einem gemeinsamen Nenner für diese Art wissenschaftlicher Forschung, es kann jedoch kein Monopol für sich beanspruchen. Da man weder von Architekten noch von medizinischen Profis erwarten kann, tief gehendes Wissen in all diesen Bereichen zu akkumulieren, braucht die Anwendung der Forschungsergebnisse in dieser sehr umfangreichen Domäne laufende Prozesse des Wissenstransfers.

In einem Fachgebiet, das derart vielfältig und komplex ist wie die Krankenhausarchitektur, kann der Wissenstransfer entscheidend sein, aber auch sehr schwierig. Auch wenn die Anzahl der Begriffe, die erfunden wurden, um diese Art von Transfer zu fördern, kontinuierlich anwächst – beispielsweise multidisziplinäre, transdisziplinäre, translatorische Arbeitsweisen – ist oft ein Riesenaufwand nötig, um eine gemeinsame Sprache zu finden, die es unterschiedlichen Profis ermöglicht, zumindest ein grundlegendes Verständnis für das, was ihre Kollegen in anderen Bereichen tun, zu erlangen.

Nachdem erkannt wurde, dass Wissenstransfer unverzichtbar ist, aber auch komplex, rückte dessen Erleichterung und Förderung stark in den Fokus. Das ist auch eine wichtige Komponente der Mission des European Network Architecture for Health (ENAH), das alle forschungsbasierten und wissenschaftlichen Unternehmungen in dem Bereich miteinander verbindet und dadurch weitere Forschung und Bildung stimuliert. Das Netzwerk zielt spezifisch darauf ab, die Interaktion zwischen öffentlichen Gesundheitsexperten und Planern sowie Designern zu fördern und zu vereinfachen, um gemeinsam alle Phasen von Gesundheits- und Gesundheitspflegeprojekten zu bewerten, einzubringen, zu entwickeln, umzusetzen und auszuwerten. Das Netzwerk möchte die Barrieren zwischen Architektur und Wissenschaft einreißen, sich über nationale Grenzen (die für gewöhnlich von nationalen politischen und rechtlichen Systemen definiert sind) und die wissenschaftlichen Kulturen in einer Unzahl von Disziplinen hinweg erstrecken, die zu besseren Krankenhäusern und gesünderen Städten beitragen sollen. Schließlich ist das ENAH ein internationaler Wissenstransferhub, der bestätigt, dass dies eine Voraussetzung für die Gesundheitsarchitektur seit der Entstehung der allerersten Heilkrankenhäuser gewesen ist.

# EUROPEAN NETWORK ARCHITECTURE FOR HEALTH (ENAH)

Since 2015, the European Network Architecture for Health (ENAH) has brought together a broad range of specialists from academia and practice committed to ensuring the sustainability of European healthcare systems.

The strategy is to improve health-related outcomes – such as disease rates, patient/staff satisfaction, resource waste, and many others – by simultaneously enhancing built environments and care delivery mechanisms. Therefore, the efforts focus on the following main actions:

- integrate knowledge from disciplines as diverse as urban planning, architecture, medicine, public health, and health economics
- breakdown of multidisciplinary communicational barriers through transdisciplinary work
- understand care delivery problems and issues from its multiple origins and causes
- bring into perspective holistic solutions that in an integrated manner address all urban scales and health needs

    o clinical settings for health recovery
    o patient-centred networks for disease prevention
    o neighbourhood environments for health promotion
    o urban development along with health policy

To accomplish this ambitious purpose, ENAH has structured four interactive pillars of knowledge bringing together academia, industry, policy makers, and other important societal actors and institutions.

**ENAH Research** teams scientific members from the main universities and research centres across Europe, Singapore and Israel as follows: Berlin University of Technology, University Medical Center of Groningen, Delft University of Technology, Swiss Federal Institute of Technology in Zurich (ETH), University of Florence, Polytechnic University of Milan, Chalmers University of

Technology, Aalborg University, the Norwegian University of Science and Technology, the National University of Singapore, and Technion of Israel.

**ENAH Practice** lists the best specialists in all areas of expertise able to support industry and government in evaluating, developing, and implementing health-related projects. Moreover, it welcomes industry to state problems with ongoing projects or propose new challenges.

**ENAH School** is a key knowledge building and sharing platform for research and practice. Its courses prepare participants for transdisciplinary work by complementing their core backgrounds with content from health sciences, planning and design disciplines. The school targets students, practitioners, and researchers.

**ENAH Dissemination** gathers outputs from all three pillars and actively promotes the most outstanding business cases and best practices. Its most relevant format is the biannual symposium "Healthcare of the Future" hosted by the Berlin University of Technology.

More at www.enah.eu

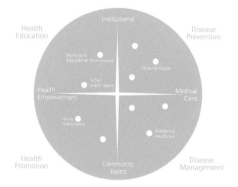

ENAHs Tätigkeitsfeld
ENAH field of activity

Seit 2015 hat das European Network Architecture for Health (ENAH) eine Vielzahl von Spezialisten aus Hochschulen und Praxis zusammengebracht, die sich der Sicherstellung der Nachhaltigkeit europäischer Gesundheitspflegesysteme verpflichtet haben.

Die Strategie ist es, gesundheitsbezogene Ergebnisse – wie Krankheitsraten, Zufriedenheit von Patient/Belegschaft, Ressourcenverschwendung und viele andere – zu verbessern, indem gleichzeitig die bebaute Umgebung und Fördermechanismen für die Gesundheitsversorgung erweitert werden. Deshalb konzentrieren sich die Bemühungen auf die folgenden Hauptbereiche:

• Integrieren von Wissen aus Disziplinen wie der Städteplanung, Architektur, Medizin, des öffentlichen Gesundheitswesens und der Gesundheitwirtschaft

• Auflösen multidisziplinärer Kommunikationsbarrieren durch transdisziplinäres Arbeiten

• Verstehen von Gesundheitsversorgungsproblemen und Themen multipler Ursprünge und Ursachen

• Aufmerksam machen auf holistische Lösungen, die auf integrierte Weise alle städtischen Ansätze und Gesundheitsbedürfnisse angehen

    o Klinische Einrichtungen für die Genesung
    o patienten-zentrierte Netzwerke für die Krankheitsprävention
    o Nachbarschaftsumfeld zur Gesundheitsförderung
    o urbane Entwicklung zusammen mit Gesundheitspolitik

Um dieses ambitionierte Ziel zu erreichen, hat das ENAH vier interaktive Wissenssäulen strukturiert, die Hochschule, Industrie, Politik und sonstige wichtige soziale Akteure und Institutionen zusammenbringen.

**ENAH Research** vereint wissenschaftliche Mitglieder großer Universitäten und Forschungszentren in ganz Europa, Singapur und Israel wie folgt: Technische Universität Berlin, University Medical Center Groningen, Technische Universität Delft, Eidgenössische Technische Hochschule (ETH) Zürich, Universität Florenz, Politechnikum Mailand, Technische Hochschule Chalmers, Universität Aalborg, Technisch-Naturwissenschaftliche Universität Norwegens, Nationaluniversität Singapur und Technion Israel.

**ENAH Practice** listet die besten Spezialisten in allen Wissensbereichen auf, die Industrie und Regierung bei der Evaluierung, Entwicklung und Umsetzung gesundheitsbezogener Projekte unterstützen können. Darüber hinaus fordert sie die Industrie auf, Probleme mit laufenden Projekten anzugehen oder neue Herausforderungen vorzuschlagen.

**ENAH School** ist eine Plattform für den Aufbau und das Teilen von Wissen für die Forschung und Praxis. Ihre Kurse bereiten Teilnehmer auf das transdisziplinäre Arbeiten durch Ergänzung ihres Kernhintergrunds mit Inhalten aus den Gesundheitswissenschaften, den Planungs- und Designdisziplinen vor. Die Schule richtet sich an Studenten, Praktiker und Forscher.

**ENAH Dissemination** sammelt Ergebnisse aus allen drei Säulen und fördert aktiv die herausragendsten Geschäftsfälle und Best Practices. Das relevanteste Format ist das zweijährlich stattfindende Symposium „Health Care of the Future" (mit 6 Auflagen) an der TU Berlin.

Mehr unter www.enah.eu

# SYMPOSIUMREIHE „HEALTH CARE DER ZUKUNFT"

Als geeignetes Instrument des Wissenstransfers und als Generator neuer Ideen hat sich das Symposium „Health Care der Zukunft" etabliert, welches zweijährlich vom Fachgebiet „Architecture for Health" in Berlin organisiert wird und sich eines zunehmend internationalen Publikums erfreut. Das Symposium bringt Vertreter verschiedenster Disziplinen zusammen, um Fragen hinsichtlich unserer gebauten Umwelt in Bezug auf das Gesundheitswesen der Zukunft zu diskutieren. In den sechs Veranstaltungen seit 2006 adressierten und diskutierten die jeweils rund 250 Teilnehmer Herausforderungen und Innovationen für künftige Planungen im Gesundheitswesen. Die fachliche Spannbreite des Symposiums erstreckt sich über die Bereiche Architektur und Stadtplanung, Medizin und Gesundheitswesen, Philosophie und Ethik, Ökonomie und Politik.

## Die Vision

Das Symposium basiert auf der Überzeugung, dass gute Architektur und Städteplanung einen Beitrag zur Verbesserung der Gesundheitsversorgung wie auch zur Prävention und Krankheitsvermeidung leisten können. Gesundheit muss hier im Sinne der von der WHO definierten Einigkeit des „körperlichen, geistigen und sozialen Wohlergehens" verstanden werden. Die gebaute Umwelt beeinflusst diese drei Ziele unmittelbar. Als Stellschraube zur Sicherung von Gesundheit und Wohlergehen für alle muss Architektur und Städtebau Hand in Hand mit allen im Gesundheitswesen Beteiligten diskutiert und geplant werden.

## Die Ziele

Das Symposium verfolgt das Ziel, Akteure, Entscheider, Wissenschaftler und Vordenker aller Bereiche rund um das Bauen und das Gesundheitswesen zusammenzubringen. Es fördert den interdisziplinären Dialog und bietet sich als Plattform zum multi-professionellen Austausch und als Generator innovativer Denkansätze an. Die anschließende Publikation zum Symposium fasst die vorgestellten Expertenbeiträge zusammen und stellt sie einer breiteren Öffentlichkeit zur Verfügung.

## Die Teilnehmer

Die Teilnehmerstruktur setzt sich zusammen aus:

- Führungskräften der Branchen rund um das Planen und Bauen im Gesundheitswesen
- Forschern und Mitgliedern der wissenschaftlichen Gemeinschaft
- politischen Entscheidern und leitenden Beamten aus Behörden im Bereich Bauen und Gesundheit
- Entscheidungsträgern und Vordenkern des Gesundheitswesens
- Vertretern der Industrie und der Technologie des Bauens im Gesundheitswesen
- Studenten und Doktoranden der Bereiche Architektur, Stadtplanung, Gesundheitswissenschaften

Symposium 2006 – „Eine Herausforderung für Architektur, Medizin und Ökonomie" 2009
Symposium 2006 – "A challenge for architecture, medicine and economy"

Symposium 2008 – „Auf dem Weg zur Risikokultur"
Symposium 2008 – "On the way to risk culture"

Symposium 2010 – „Leistung aus Leidenschaft"
Symposium 2010 – "Performance by passion"

Symposium 2012 – „Healing Architecture"
Symposium 2012 – "Healing Architecture"

# SYMPOSIUM "HEALTH CARE OF THE FUTURE"

The biannual symposium "Health Care of the Future" has established itself as an appropriate instrument of knowledge transfer and as a generator of new ideas. Organised by the department of "Architecture for Health" in Berlin it enjoys an increasingly international audience. The symposium brings together representatives of different disciplines, in order to discuss issues related to our built environment in relation to the healthcare of the future. In six events since 2006, the approximately 250 participants each time addressed and discussed challenges and innovations of future architectural and urban planning in the health sector. The professional spectrum of the symposium covers the fields of architecture and urban planning, medicine and health sciences, philosophy and ethics, economics and politics.

## Vision
The biannual symposium "Health Care of the Future" is based on the conviction that good architecture and urban planning can improve healthcare provision as well as disease prevention and health promotion. The meaning of health in this context is based on the WHO's definition of a unity of physical, mental, and social well-being. The built environment directly influences those three aspects of the definition. As a regulating element for safeguarding health and well-being, architecture and urban development need to be discussed and planned hand in hand with all participants of the healthcare sector.

## Goals
The symposium aims at bringing together stakeholders, decision makers, scientists, and visionaries of all areas related to both the building and healthcare sectors. It provides a platform for a transdisciplinary dialogue between these two sectors through expert lectures, generating and presenting innovative concepts, and drafting common goals. The publication collects contributions presented by the experts at the symposium making them available to a broader audience.

## Participants
The participants' backgrounds are as follows:

- leaders of all branches surrounding planning and building in the healthcare sector
- researchers and members of scientific communities
- political decision makers and leading public officials from both building and health departments
- decision makers and visionaries of the healthcare sector
- representatives of industry and technology of the building and healthcare sector
- Students and postgraduates of the disciplines architecture, urban development, medicine, and health sciences

Symposium 2014 – „Healing Architecture & Communication"
Symposium 2014 – "Healing Architecture & Communication"

Symposium 2016 – „Livability of Health"
Symposium 2016 – "Livability of Health"

# SCHLUSSWORT

## CHRISTINE NICKL-WELLER

Die grundsätzliche Frage, wie Architektur zur Heilung beitragen kann, ist elementar in der Lehre des Fachgebiets „Architecture for Health". Indes stellt nicht nur die Auswirkung der geformten Umwelt auf den kranken Menschen, sondern auch die kritische Betrachtung des urbanen Kontextes in Korrelation mit der Gesundheit seiner Bewohner einen Schwerpunkt des Schaffens dar. Die optimale Gestaltung der räumlichen Umgebung, in Verbindung mit einem komplexen System an Einfluss nehmenden Faktoren, wird zum Ziel eines systematischen Entwurfsprozesses. Der Begriff „Raum" steht hier für eine bewusste menschliche Einflussnahme auf die physische Gestalt des Raumes in seiner Gesamtheit unter Einbezug impliziter und expliziter historischer Bezüge. „Healing Architecture" stellt wiederum den erschaffenen Raum unter den besonderen Aspekt der Gesundheit der Menschen.

Bereits im Jahre 1984 veröffentlichte Roger S. Ulrich seine revolutionäre Studie „View Through a Window May Influence Recovery from Surgery" und bewies, dass die Unterbringung von Patienten in einem Zimmer mit Blick in die Natur den Heilungsprozess positiv beeinflusste. Gerade die Reduktion von Stressfaktoren führte zu besseren Behandlungsergebnissen und zu einer reduzierten Aufenthaltsdauer im Krankenhaus. Ausgedehnte Studien und neue architektonische Ansätze vertieften diesen Ansatz weiter. Mit fortschreitender Zeit erlangt die These, die eine Beziehung zwischen positiven Genesungsverläufen und gebauter Umgebung aufweist, einen immer größeren Anklang. Jedoch umfasst „Healing Architecture" zukünftig nicht mehr nur den physischen Raum, sondern alle Lebensbereiche. Dank digitaler Gerätschaften wie Smartphones und Smartwatches, die das physische Wohlbefinden konstant messen und endlose Feedbackschleifen und Ferndiagnosen ermöglichen, wird die Gesundheit zum konstanten Bestandteil des Alltags und zu einem Lifestyle.

„Healing Architecture" wird somit entmaterialisiert und überschreitet die physische Grenze des Raumes. Als Folge muss sich die Architektur von rein ästhetischen Betrachtungen lösen und die Maxime des Ermöglichens verwirklichen. Lebenswelten müssen geschaffen werden, die dem individuellen Wunsch nach einer gesunden Lebensweise Raum geben, die geistige Anregung schaffen und soziale Interaktion ermöglichen. Eine einheitliche Programmatik im Sinne eines gestalterischen Dogmas kann dabei jedoch nicht gemeint sein. Die Aufgabe des Architekten ist es vielmehr, eine Bildhaftigkeit zu erzeugen, die alle Sinne des Menschen erfasst und positiv anregt. Die für die Gesellschaft zentralen Themen der Gesundheit und Urbanität werden miteinander verschmolzen, um einen Mehrwert über räumliche Grenzen hinaus zu schaffen und um den kulturellen und gesellschaftlichen Ansprüchen gerecht zu werden. Nur somit kann die Architektur relevant bleiben und auch in Zukunft einen Beitrag zur Fortentwicklung der Gesellschaft leisten.

# FINAL WORDS

The fundamental question of how architecture can contribute to healing is essential to the teaching of the "Architecture for Health" department. The work mainly focuses not only on the effect of the man-made environment on ill people, but also on critical examination of the urban context in correlation with the health of its residents. Optimal design of the spatial environment, in conjunction with a complex system of influential factors, becomes the objective of a systematic design process. Here, the concept of space represents conscious human exertion of influence on the physical form of the space as a whole, including implicit and explicit historical connections. "Healing Architecture", on the other hand, positions the space created under the particular aspect of human health.

Back in 1984, Roger S. Ulrich published his revolutionary study "View Through a Window May Influence Recovery from Surgery" and proved that giving patients a room with a view of nature had a positive influence on the healing process. Reducing stress factors, in particular, led to better treatment results and to a shorter stay in hospital. Extended studies and new architectonic approaches further deepened this approach. As time went on, the thesis that showed a relationship between a positive course of recovery and the built environment gathered increasing support. However, "Healing Architecture" in the future would no longer encompass just physical space, but all areas of life. Thanks to digital tools, such as smartphones and smartwatches, that continually measure physical well-being and enable infinite feedback loops and remote diagnosis, health becomes a lifestyle and a constant part of everyday life.

"Healing Architecture" therefore dematerialises and goes beyond the physical boundary of space. As a consequence, architecture has to free itself from purely aesthetic considerations and realise the maxim of enablement. Everyday worlds must be created that accommodate the individual desire for a heathy way of life, create mental stimulation and enable social integration. However, this cannot mean standardised objectives within the meaning of a creative dogma. The architect's task is rather to create vividness that seizes and positively stimulates all of a person's senses. The themes of health and urbanity, which are central to society, are blended into one, in order to create added value beyond spatial boundaries and to satisfy cultural and societal requirements. Only in this way can architecture remain relevant and continue to contribute to further development of society in the future.

# DANKSAGUNG

## CHRISTINE NICKL-WELLER

Vierzehn Jahre Lehr- und Forschungstätigkeit zwischen zwei Buchdeckel zu bringen, erfordert ein geradezu sträfliches Maß an Vernachlässigung all jener Projekte und Ideen, die es ebenso, wie die hier Zusammengefassten, verdient hätten, erwähnt zu werden. Die vierzehn Jahre haben eine solche Fülle an Arbeiten hervorgebracht, der jemals gerecht zu werden unmöglich ist. Die Vorbereitung dieses Buches hat uns dazu geführt, in dieser Fülle zu stöbern. Über jedes einzelne der hier dargestellten Projekte könnte eine ganze Geschichte erzählt werden, genauso wie über all jene, die unerwähnt bleiben. So kann dieses Buch nur einen Eindruck dessen verschaffen, was Studierende, Mitarbeiter, Doktoranden und Forscher am Fachgebiet „Architecture for Health" in den Jahren 2004 bis 2017 geleistet haben.

Schließlich ist es gelungen, die Fülle der vierzehn Jahre zu bezähmen und in diesem Buch zu vereinen. Das hat einiges an Kraft und Willen gekostet, wofür ich allen Beteiligten an diesem Projekt herzlich danken möchte. Allen voran Stefanie Matthys, der es oblag, eines zum anderen zu fügen und dabei nicht die Übersicht zu verlieren, ebenso den wissenschaftlichen Mitarbeitern am Fachgebiet, Esther Berkhoff, Gesche Gerber und

Alvaro Valera Sosa, und den Tutoren Kassandra Sarantis und Sebastian Georgescu für ihre Beiträge und ihre tatkräftige Unterstützung, ohne die wir niemals fertig geworden wären. Auf dem Weg zum vollendeten Werk sind viele Etappen zu meistern und eine entscheidende ist die grafische Umsetzung dieser lebhaften Mischung an Projekten, Texten und Bildern. Für Konzept und Umsetzung der Buchgestaltung danke ich daher besonders Bianca Weber und Michaela Prinz. Als kritischer Diskussionspartner hat mein Sohn Magnus mit wertvollen Beiträgen die textlichen Inhalte geschärft.

Wissenschaftliche Mitarbeiter am Fachgebiet „Architecture for Health" seit 2004
Esther Berkhoff, Adrian Betz, Andreas Dopfer, Tanja Eichenauer, Virginia Fernandez de Santos, Gesche Gerber, Satu Mahringer, Stefanie Matthys, Benjamin Rämmler, Marco Schmidt, Mena Theißen-Helling, Alvaro Valera Sosa

Sekretariat
Jutta Ritschel, Claudia Zylka

# ACKNOWLEDGEMENTS

Fitting fourteen years of teaching and research between two book covers requires an almost punitive degree of neglect of all those projects and ideas that also deserved to be mentioned, like the ones summarised here. The fourteen years produced such an enormous amount of work that it would be impossible to ever do it justice. Preparing for this book led us to rummage through this abundance of work. A whole story could be told about every single one of the projects presented here, just like all of those that are not mentioned. This book can therefore only give an impression of what students, colleagues, PhD students and researchers at the "Architecture for Health" department achieved from 2004 to 2017.

It has finally been possible to contain the abundance of fourteen years and to bring it together in this book. This took a great deal of strength and will, for which I would like to warmly thank all of the participants in this project. First and foremost, Stefanie Matthys, who was responsible for putting everything together and never losing track, as well as the research assistants at the department, Esther Berkhoff, Gesche Gerber and Alvaro Valera Sosa, and tutors Kassandra Sarantis and Sebas-tian Georgescu, for their contributions and energetic support, without which we would never have finished. There are many stages to master on the way to the finished work, a crucial one of which is the graphic realisation of this lively mix of projects, texts and images. I would therefore especially like to thank Bianca Weber and Michaela Prinz for the concept and realisation of the book design. As a critical partner in discussions, my son, Magnus, sharpened up the text with valuable contributions.

Scientific assistants at the department "Architecture for Health" since 2004
Esther Berkhoff, Adrian Betz, Andreas Dopfer, Tanja Eichenauer, Virginia Fernandez de Santos, Gesche Gerber, Satu Mahringer, Stefanie Matthys, Benjamin Rämmler, Marco Schmidt, Mena Theißen-Helling, Alvaro Valera Sosa

Secretariat
Jutta Ritschel, Claudia Zylka

## CHRISTINE NICKL-WELLER, PROF.

Christine Nickl-Weller konzipiert und realisiert Bauten für Gesundheit, Forschung und Lehre sowie Entwicklungs- und Masterpläne. Nach Beendigung ihres Architekturstudiums an der Technischen Universität München trat sie 1989 in die Architektengemeinschaft Nickl & Partner in München ein und übernahm 2008 den Vorstandsvorsitz der Aktiengesellschaft. 2004 erfolgte die Berufung an die Technische Universität Berlin, Fachgebiet „Entwerfen von Krankenhäusern und Bauten des Gesundheitswesens" (Architecture for Health). Dort initiierte sie die Symposiumsreihe „Health Care der Zukunft", die seit 2006 zweijährlich in Berlin stattfindet. Sie ist Herausgeberin und Autorin zahlreicher Bücher und Artikel (unter anderem *Healing Architecture* (2013), *Hospital Architecture* (2013) und *Health Care of the Future 6 – Livability of Health (2017)*) und hält Vorträge im In- und Ausland.

Christine Nickl-Weller is dedicated to the design and execution of healthcare, research and education buildings, development plans and master plans. After graduating with a degree in Architecture from the Technical University of Munich, Christine Nickl-Weller joined the Munich-based architecture team of Nickl & Partner in 1989 and became Chief Executive Officer of the corporation in 2008. In 2004, she was appointed Professor at Technical University of Berlin, department "Architecture for Health". Christine Nickl-Weller initiated the biannual "Health Care of the Future" symposia taking place in Berlin since 2006. She is author and editor of numerous articles and books, most recently *Healing Architecture* (2013, with Hans Nickl), *Hospital Architecture* (2013, editor) and *Health Care of the Future 6 – Livability of Health* (2017, editor). She gives lectures in Germany and abroad.

## TANJA EICHENAUER

Tanja Eichenauer absolvierte ihr Architekturstudium in London. Von 2003 bis 2008 arbeitete sie als Architektin im Bereich Krankenhaus-, Gesundheits- und Sozialbau unter anderem für das renommierte Architekturbüro Penoyre & Prasad in London. Nach ihrer Rückkehr nach Deutschland war sie unter anderem als wissenschaftliche Mitarbeiterin unter der Leitung von Prof. Christine Nickl-Weller am Fachgebiet „Entwerfen von Krankenhäusern und Bauten des Gesundheitswesens" der Technischen Universität Berlin tätig. Frau Eichenauer organisierte mehrere multidisziplinäre Symposien zum Thema „Healing Architecture" sowie zwei vom Bundesministerium für Gesundheit geförderte Kongresse zum gleichen Thema in Berlin und in St. Petersburg. Neben ihrer Tätigkeit am Fachgebiet von Prof. Nickl-Weller an der TU Berlin ist Frau Eichenauer im Büro Nickl & Partner Architekten AG tätig.

Tanja Eichenauer studied Architecture in London. From 2003 until 2008 she worked as an architect in hospital-, healthcare-planning and social housing, amongst others she worked for the renowned architectural office Penoyre & Prasad in London. After returning to Germany she worked as scientific assistant for Prof. Christine Nickl-Weller at the department "Architecture for Health" at Technical University Berlin. Tanja Eichenauer organised various multidisciplinary symposia with the topic "Healing Architecture", as well as two congresses supported by the Federal Ministry of Health regarding the same topic in Berlin and St. Petersburg. Apart from her position at the department of Prof. Nickl-Weller at TU Berlin, she works for the architectural firm Nickl & Partner Architekten AG.

## GESCHE GERBER

Gesche Gerber studierte Architektur an der UdK Berlin, wo sie ihren Abschluss als Diplom-Ingenieurin absolvierte, sowie an der KTH in Stockholm und an der TU Berlin. Nach dem Studium war sie im Büro von David Chipperfild Architects in Berlin tätig und arbeitete unter

Gesche Gerber studied architecture at UdK Berlin, where she completed her engineering degree, as well as at KTH in Stockholm and at TU Berlin. After her studies, she worked in the office of David Chipperfield Architects in Berlin, where she worked on projects including

anderem an Projekten wie dem Museum Folkwang in Essen, dem Laborgebäude für Novartis in Basel sowie dem Wohn- und Bürohaus Joachimstraße in Berlin. 2013 ging sie als wissenschaftliche Mitarbeiterin an die TU Berlin an das Fachgebiet „Entwerfen von Krankenhäusern und Bauten des Gesundheitswesens". Seit 2015 hat sie, neben ihrer Assistentenstelle, eine leitende Position im Büro Gerber Architekten, Dortmund.

the Folkwang Museum in Essen, the laboratory building for Novartis in Basel, as well as the residential and office block on Joachimstraße in Berlin. In 2013, she joined TU Berlin as a research assistant in the department of "Design of Hospitals and Healthcare Buildings". She has held a managerial position in the office of Gerber Architekten, Dortmund since 2015, in addition to her research assistantship.

## JÖRG H. GLEITER, PROF. DR.-ING. HABIL.

Jörg H. Gleiter ist der Leiter des Fachgebiets „Architekturtheorie" und Geschäftsführender Direktor des Instituts für Architektur der Technischen Universität Berlin. Er promovierte und habilitierte an der Bauhaus-Universität Weimar. Er hatte Gastprofessuren in Tokio, Providence (RI), Weimar, Bozen und Venedig. Gleiter ist Gründer und Herausgeber der Buchserie *ArchitekturDenken* und Mitherausgeber des *International Internet Journal for Architectural Theory Cloud-Cuckoo-Land*. Unter seinen Publikationen finden sich *Architektur und Philosophie* (Jörg Gleiter und Ludger Schwarte, Hrsg., Bielefeld 2015); *Ornament Today. Digital. Material. Structural* (Jörg H. Gleiter, Hrsg., Bozen 2012); *Der philosophische Flaneur. Nietzsche und die Architektur* (Würzburg 2009).

Jörg H. Gleiter is the head of the chair of architectural theory and the managing director of the Institute for Architecture of the Technical University of Berlin. He holds a PhD and a habilitation, both from Bauhaus-Universität Weimar. He had visiting professorships in Tokyo, Providence (RI), Weimar, Bolzano and Venice. Gleiter is the founder and editor of the book series *ArchitekturDenken*, and co-editor of the *International Internet Journal for Architectural Theory Cloud-Cuckoo-Land*. Among his publications are *Architektur und Philosophie* (ed. by Jörg Gleiter and Ludger Schwarte, Bielefeld 2015); *Ornament Today. Digital. Material. Structural* (ed. by Jörg H. Gleiter, Bolzano 2012); *Der philosophische Flaneur. Nietzsche und die Architektur* (Würzburg 2009).

## DIMITRI HAIDAS, DR.-ING.

Dimitri Haidas schloss sein Architekturstudium an der Technischen Hochschule Damstadt 1993 mit dem Diplom ab. Bis 2002 war er anschließend für die Planungsbüros Architektenpartner Frankfurt und Schmucker + Partner, Mannheim an verschiedenen Krankenhausprojekten beteiligt, unter anderem für das Klinikum Mannheim, das Dr.-Erich-Rebentisch-Zentrum des Städtischen Klinikums Offenbach, das Unfallkrankenhaus Berlin-Marzahn sowie die BG-Klinik Ludwigshafen. 2009 promovierte Haidas an der Technischen Universität Berlin bei Prof. Christine Nickl-Weller mit einer Arbeit zur Krankenhaushygiene. Seit 2003 ist er Leiter der Stabsstelle Bauplanung an der Universitätsmedizin Mainz, wo er Masterplanungen sowie Bau-und Sanierungsmaßnahmen leitet. Dimitri Haidas hält Vorträge über Krankenhausbau und Krankenhaushygiene, unter anderem an der Schule für Gesundheits- und Krankenpflege in Mainz.

Dimitri Haidas graduated with a degree in Architecture from Technische Hochschule Darmstadt in 1993. Until 2002 he was then involved in various hospital projects for the planning offices Architektenpartner Frankfurt and Schmucker + Partner, Mannheim, including for Klinikum Mannheim, the Dr.-Erich-Rebentisch-Zentrum of the Städtisches Klinikum Offenbach, Unfallkrankenhaus Berlin-Marzahn and BG-Klinik Ludwigshafen. In 2009, Haidas gained his doctorate at the Technical University of Berlin under Prof. Christine Nickl-Weller, with a thesis on hospital hygiene. Since 2003, he has headed the specialist department for "Building Design" at the University Medical Center, Mainz, where he manages master planning, as well as building and renovation work. Dimitri Haidas gives talks about hospital construction and hygiene, including at the Schule für Gesundheits- und Krankenpflege in Mainz.

## LAURA LEE

Laura Lee ist Geschäftsführerin der Maggie's Cancer Caring Centres, UK. Sie wurde in Schottland geboren und durchlief eine Ausbildung als Onkologiekrankenschwester am St Bartholomew's Hospital in London. Sie arbeitete als klinische Krankenschwester im Western General Hospital in Edinburgh, wo sie Maggie Keswick Jencks chemotherapeutisch behandelte, als ihr Brustkrebs diagnostiziert wurde. Laura teilte Maggies Vision eines Zentrums zur Unterstützung Krebskranker, das in einem nicht-klinischen und angenehmen Umfeld untergebracht ist. Bis Maggie im Juli 1995 starb, waren die notwendigen Vorarbeiten geschafft um sicherzustellen, dass das erste Zentrum Realität werden konnte, und Laura übernahm die Verantwortung, Maggies Vision umzusetzen. Heute gibt es 17 Zentren und weitere sind in Großbritannien und in Übersee geplant.

Laura Lee is CEO of Maggie's Cancer Caring Centres, UK. She was born in Scotland and trained as an oncology nurse at St Bartholomew's Hospital in London. She worked as a clinical nurse specialist at the Western General Hospital in Edinburgh, where she gave chemotherapy to Maggie Keswick Jencks when her breast cancer was re-diagnosed. Laura shared Maggie's vision of a cancer support centre housed in a non-clinical and uplifting environment. By the time Maggie died in July 1995, all the necessary groundwork had been done to ensure the first centre could become a reality and Laura took on responsibility for making Maggie's vision a reality. To date there are now 17 centres with plans for future centres both in the UK and overseas.

## STEFANIE MATTHYS

Nach dem Architekturstudium an der RWTH Aachen arbeitete Stefanie Matthys mehrere Jahre als Architektin in Paris, wo sie erste Projekte des Gesundheitswesens bearbeitete. 2009 wurde sie wissenschaftliche Mitarbeiterin an der Technischen Universität Berlin im Fachgebiet „Entwerfen von Krankenhäusern und Bauten des Gesundheitswesens" (Architecture for Health) von Prof. Christine Nickl-Weller. Dort beschäftigte sie sich mit dem Forschungsbereich „Healing Architecture" und baute das European Network Architecture for Health (ENAH) mit auf. Seit 2014 arbeitet Stefanie Matthys bei der Nickl & Partner Architekten AG und ist weiterhin projektbezogen an der Technischen Universität Berlin tätig.

After completing her studies in architecture at RWTH Aachen, Stefanie Matthys worked for several years as an architect in Paris, where she worked on her first healthcare projects. In 2009, she became a research assistant at the Technical University of Berlin at Prof. Christine Nickl-Weller's "Architecture for Health" department. There, she worked in the research field of "Healing Architecture" and collaborated on setting up the European Network Architecture for Health (ENAH). Stefanie Matthys has worked at the architecture firm Nickl & Partner Architekten AG since 2014 and continues to work on projects at the Technical University of Berlin.

## HANS NICKL, PROF.

Prof. Hans Nickl studierte Architektur an der TU München. 1979 gründete er ein eigenes Architekturbüro und 1989 zusammen mit seiner Frau Prof. Christine Nickl-Weller die Architektengemeinschaft Nickl & Partner. Er wurde 1992 auf die Professur für das Lehrgebiet Konstruktives Entwerfen an die FH Erfurt berufen und hat seit 2005 eine Gastprofessur am Fachgebiet „Entwerfen von Krankenhäusern und Bauten des Gesundheitswesens" an der Technischen Universität Berlin.

Prof Hans Nickl studied architecture at the Technical University of Munich. In 1979 he set up his own architecture firm, which he expanded together with his wife Prof Christine Nickl-Weller in 1989 to form the architecture company Nickl & Partner. He was appointed Professor for Constructive Design at Erfurt University of Applied Sciences in 1992, and since 2005 has been Visiting Professor at the department for "Design of Hospitals and Healthcare Buildings" at the Technical University of Berlin.

## BENJAMIN RÄMMLER, DR.-ING.

Benjamin Rämmler schloss 2002 sein Architekturstudium an der Bauhaus-Universität Weimar ab. Von 2004 bis 2010 war er an der Technischen Universität Berlin im Fachgebiet „Entwerfen von Krankenhäusern und Bauten des Gesundheitswesen" tätig und promovierte 2010 zum Doktor der Ingenieurwissenschaften. Seit 2003 arbeitet er für die Nickl & Partner Architekten AG, übernahm 2010 die Büroleitung in der Berliner Niederlassung und ist seit 2015 zum Vorstand bestellt.

Benjamin Rämmler completed his architecture studies at Bauhaus-Universität Weimar in 2002. From 2004 to 2010, he worked at the Technical University of Berlin, in the field of "Design of Hospitals and Healthcare Buildings", and obtained his doctorate in engineering sciences in 2010. He has worked for Nickl & Partner Architekten AG since 2003, taking over office management of the Berlin branch in 2010. He was appointed to the board in 2015.

## MARCO SCHMIDT

Marco Schmidt studierte Landschaftsplanung an der Technischen Universität Berlin. Er arbeitet an diversen Projekten des ökologischen Bauens im Auftrag der Senatsverwaltung für Stadtentwicklung in Berlin, des Bundesforschungsministeriums, des Bundeswirtschaftsministeriums und der Europäischen Union. Schwerpunkt bildet die Evaluierung von Gebäuden hinsichtlich Energieverbrauch und Energieeffizienz, dem „Urban Heat Island Effect" sowie Anpassungs- und Vermeidungsstrategien zum Klimawandel basierend auf Verdunstungsprozessen. Seit 1992 ist Marco Schmidt engagiert in Lehre und Forschung an der TU Berlin zur Entwicklung von Strategien im ökologischen, energieeffizienten Bauen und in der Entwicklung und Betrieb von Forschungs- und Versuchsanlagen zu stadtökologischen Fragestellungen. Er ist Mitglied der Arbeitsgruppe „Watergy" und Fachberater für diverse Bauprojekte. Seit 2016 ist er auch angestellt im Bundesinstitut für Bau-, Stadt- und Raumforschung im Referat „Energieoptimiertes Bauen".

Marco Schmidt studied Landscape Architecture/ Environmental Planning at the Technical University of Berlin. He works on various urban ecological demonstration projects, commissioned by the Berlin Senate for Urban Development, the Ministry for Science and Technology (BMBF), the Federal Ministry of Economics and Technology (BMWi) and European Research and Development Programme. Main focus is the evaluation of buildings, especially energy consumption and energy efficiency strategies, the urban heat island effect and climate change mitigation and adaptation strategies which focus on evaporative cooling. Since 1992 Marco Schmidt has been teaching and researching at the TU Berlin on developing the necessary skills and best practice in ecological, energy efficient construction and in research and testing fields in urban ecology. He is member of the group "Watergy" and consultant of various building projects. Since 2016 he has been also employed at the Federal Institute for Research on Building, Urban Affairs and Spatial Development in the division "Energy Optimized Construction".

## RAINER SCHMIDT, PROF.

Nach Abschluss des Diplom-Studiums der Landschaftsgestaltung an der Hochschule Weihenstephan 1980 war er im Büro Gottfried Hansjakob, München, als Projekt-, später Büroleiter tätig. 1991 eröffnete er Landschaftsarchitekturbüros in München und Berlin, 1997 eine dritte Niederlassung in Bernburg/Saale. Seit 1991 ist er Professor für Landschaftsarchitektur und Entwurf an der Beuth Hochschule in Berlin. Zudem wirkte er als Gastprofessor an der Peking-Universität, China und an der University of California, Berkeley. Die Philosophie seiner Arbeiten

Having graduated as a diploma engineer in Landscape Design at the University Weihenstephan in 1980, he became project-, later on office-manager in the office Gottfried Hansjakob, Munich. In 1991, he opened the offices for Landscape Architecture in Munich and Berlin, in 1997 a third office-branch in Bernburg/Saale. He is professor for Landscape Architecture and Design at the Beuth Technical University, Berlin. He was also guest-professor at the University of Beijing, China, and at the University of California, Berkeley. The philoso-

ist es, die Landschaftsarchitektur des 21. Jahrhunderts als Anregung für Reflektionen über die Haltung der Menschen zueinander und zu der Natur zu vermitteln. Diese Anregungen setzt das Büro mit einer Balance aus Gestaltung, Funktionen und Angeboten für sinnliche Wahrnehmung in Entwürfen um.

phy of his work is, to take the landscape architecture of the 21st century as a challenge for reflecting on the position of mankind to itself and to nature. This challenge is responded in his office by concepts with a balance between design, function and offers for sensual perception.

## WOLFGANG SUNDER, DR.-ING.

Wolfgang Sunder ist diplomierter und promovierter Architekt und hat in Münster und Zürich studiert. Umfassende Berufserfahrungen hat er im Büro von Zaha Hadid in London und MRLV Architekten in Hamburg gesammelt. Seit 2008 ist er wissenschaftlicher Assistent am Institut für Industriebau und Konstruktives Entwerfen (IIKE) der TU Braunschweig. Neben seinem Fokus auf die theoretische und praktische Architekturvermittlung für Studenten leitet er verschiedene Forschungsprojekte im Themenfeld Gesundheitsbau und berät Klinikbetreiber in ihrer strategischen Ausrichtung. Seit 2013 ist er verantwortlich für den Teilbereich Bau im Forschungskonsortium InfectControl 2020. Ziel ist hier die Erarbeitung von präventivem Infektionsschutz bei der Planung von Gesundheitsbauten. Er ist Mitautor des 2015 erschienen Buches „Zukunft.Klinik.Bau – Strategische Planung von Krankenhäusern". Zudem ist er Partner im Architekturbüro APP in Hamburg.

Wolfgang Sunder is a graduate and promoted architect and studied in Münster and Zurich. He has gained extensive professional experience in the offices of Zaha Hadid in London and MRLV Architekten in Hamburg. Since 2008 he has been assistant professor at the Institute for Industrial Design and Design (IIKE) at the Technical University of Brunswick. In addition to his focus on the theoretical and practical assignment of architecture for students, he conducts various research projects in the area of healthcare and advises clinical operators in their strategic operation. Since 2013, he has been responsible for the sub-division "architecture" in the InfectControl 2020 research consortium. The aim here is the development of preventive infection protection in the planning of healthcare facilities. He is the co-author of the book „Zukunft.Klinik.Bau – Strategische Planung von Krankenhäusern" published in 2015. He is also partner in the architects office APP in Hamburg.

## MENA THEISSEN-HELLING

Mena Theißen-Helling machte ihr Diplom in Architektur an der Technischen Universität Berlin. Sie arbeitete über mehrere Jahre als Architektin an großen und kleinen Stadtentwicklungs- und Gesundheitswesenprojekten im nationalen und internationalen Kontext. Seit 2010 unterrichtet und forscht sie als wissenschaftliche Mitarbeiterin im Fachgebiet „Architecture for Health" an der TU Berlin. Zusammen mit Studenten arbeitet sie an aktuellen Gesundheitsthemen, im kleinen wie im sehr großen Rahmen. Der Kern ihrer Forschung liegt dabei auf den Faktoren gebauter Umwelt in Krankenhäusern. Ihre Methode zur Untersuchung der verschiedenen Umweltfaktoren und Akteure im Krankenhausbau ist forschungsbasiert.

Mena Theißen-Helling graduated in Architecture at the Technical University of Berlin. She worked as an architect on large and small urban transformation and healthcare projects in a national and international context for several years. Since 2010 she has been teaching and researching as an assistant at the department "Architecture for Health" at the TU Berlin. Together with students she has been working on current healthcare topics from small to very large scale. Her focus of research lies on the environmental factors of hospitals. Her method is research-based, exploring the various environmental factors and actors that shape healthcare buildings.

## ALVARO VALERA SOSA

Alvaro Valera Sosa entwickelt seit 2001 Architekturprojekte in Ländern wie Venezuela, Spanien und den VAE. 2007 konzentrierte er sich primär auf das Entwerfen im Gesundheitswesen und nahm an zahlreichen Projekten unter der Leitung des Venezolanischen Gesundheitsministeriums im Rahmen einer nationalen Instandsetzung des Krankenhausnetzwerks teil. Nach seinem Studium an der Berlin School of Public Health – Charité Universitätsmedizin konnte er 2012 evidenzbasierte Designforschung an der TU Berlin mit dem Ziel etablieren, Planungs- und Designprozesse für Projekte zu prüfen und zu begleiten, welche die Gesundheitsförderung, alle Ebenen der Prävention und die medizinische Versorgung unterstützen. Sein Lehren an der TU Berlin und an vielen weiteren großen Universitäten in Europa zentriert sich auf die Evaluierung von Umfeldern in Stadtvierteln in Hinsicht auf aktiven Transport (Walkability for Health), die Umsetzung von Netzwerken zur Prävention (MedHoods) und die Entwicklung einer Infrastruktur zur Gesundheitsförderung. Seine Hauptforschungsbereiche sind: Gesundheitsförderung, Urban Walkability und Medical Neighborhood Planung & Design.

Since 2001 has Alvaro Valera Sosa developed architectural projects in countries such as Venezuela, Spain and the UAE. In 2007 he focused primarily on healthcare design, participating in numerous projects led by the Venezuelan Ministry of Health as part of a national hospital network overhaul. In 2012, after studying at the Berlin School of Public Health – Charité Medical University, he was entitled to establish evidence-based design research at the TU Berlin with the aim of reviewing and informing planning and design processes of projects that support health promotion, all levels of disease prevention and medical care. His teaching at TU Berlin and many other major EU universities, centres on evaluating neighbourhood environments for active transport (Walkability for Health), implementing disease prevention networks (MedHoods), and developing infrastructure for health promotion. His main research areas: Health Promotion, Urban Walkability, and Medical Neighbourhood Planning & Design.

## TANJA C. VOLLMER, PROF. DR. RER. NAT.

Tanja C. Vollmer leitet seit Mai 2016 als Gastprofessorin den Bereich Architekturpsychologie am Fachgebiet „Architecture for Health" der Technischen Universität Berlin. Wahrnehmungsveränderungen körperlich Kranker und deren Einfluss auf Architektur bilden ihren Forschungsschwerpunkt. Vollmer studierte Psychologie und Biologie an der Harvard Medical School in Boston, USA und der Georg-August-Universität in Göttingen, an der sie 1997 promovierte. Vollmer forschte und lehrte an renommierten Universitäten, darunter Cornell University New York City, Technische Universität Delft und der Akademie der Bilden Künste München. Acht Jahre war Dr. Vollmer wissenschaftliche Leiterin am Klinikum der Ludwig-Maximilians-Universität München, bis sie 2008 gemeinsam mit der Architektin Gemma Koppen das Rotterdamer Architekturbüro kopvol – architecture & psychology gründete. 2010 legte ihr Buch *Die Erkrankung des Raums* den Grundstein der modernen Architekturpsychologie.

Tanja C. Vollmer was appointed visiting professor for the Architectural Psychology Section at the "Architecture for Health" department, Technical University of Berlin in May 2016. Perceptual changes of physically ill humans and their impact on architecture constitute the focus of her research. Vollmer graduated in Psychology and Biology at Harvard Medical School Boston, USA and Georg-August-University Göttingen, Germany where she obtained her PhD in 1997. Vollmer researched and taught at renowned universities, including Cornell University NYC, Technical University Delft and the Academy of Fine Arts, Munich. For eight years Vollmer was scientific leader at Ludwig-Maximilians-University Hospital Munich before she founded the Rotterdam based architecture office kopvol – architecture & psychology together with architect Gemma Koppen. In 2010 their book *Die Erkrankung des Raumes* laid the foundation of modern Architectural Psychology.

## COR WAGENAAR, PROF. DR.

Cor Wagenaar studierte Geschichte an der Universität Groningen, bevor er sich auf die Geschichte der Architektur und Städtebau spezialisierte. 1993 veröffentlichte er eine Doktorarbeit über den Wiederaufbau Rotterdams. Im Jahr 2001 trat er dem Institut für Kunstgeschichte, Architektur und Städtebau der Technischen Universität Delft bei. Seit 2014 hat er die Thomassen à Thuessink Professor an der Universität von Groningen inne, welche der Wechselwirkung zwischen Architektur, Urbanismus und Gesundheit gewidmet ist. Wagenaar kombiniert diese Position seit 2016 mit der Professur für Architektur- und Stadtbaugeschichte und -theorie an derselben Universität. Seine Arbeit entwickelt sich entlang zweier eng miteinander verknüpften Themen: Stadtbaugeschichte und -theorie seit 1750 und Architektur und Städtebau im Bereich der Gesundheitsversorgung. Cor Wagenaar lebt und arbeitet in Rotterdam und Berlin.

Cor Wagenaar studied history at the University of Groningen before specialising in the history of architecture and urbanism at the same university. In 1993 he published a dissertation on the reconstruction of Rotterdam. In 2001 he joined the Institute of History of Art, Architecture and Urbanism at Delft University of Technology. In 2014 he was appointed Thomassen à Thuessink Professor at the University of Groningen, which focuses on the relation between architecture, urbanism and health, a position he combines with a full professorship in the history and theory of architecture and urbanism at the same university since 2016. His work revolves around two closely related themes: the history and theory of urban planning since 1750, and healthcare architecture and urbanism. He lives and works in Groningen and Berlin.

Und Beiträgen von Studentinnen und Studenten des Fachgebiets „Architecture for Health", TU Berlin.

And contributions from students at the department of "Architecture for Health", TU Berlin.

The Deutsche Nationalbibliothek lists this publication in
the Deutsche Nationalbibliografie; detailed bibliographic
data are available on the Internet at http://dnb.dnb.de

ISBN 978-3-03768-230-2
© 2017 by Braun Publishing AG
www.braun-publishing.ch

1st edition 2017

Project leader and editorial staff: Stefanie Matthys
Graphic concept: Bianca Weber
Layout: Michaela Prinz
Translation: Angelika Trautmann Fremdspracheninstitut
Dresden
Copy-editing: Nele Kröger, Sophie Steybe